重庆市商品交易市场蓝皮书

CHONGQINGSHI
SHANGPIN JIAOYI SHICHANG LANPISHU (2016)

(2016)

曾庆均 等◎著

西南财经大学出版社
Southwestern University of Finance & Economics Press

图书在版编目（CIP）数据

重庆市商品交易市场蓝皮书. 2016 / 曾庆均等著 . —成都:西南财经大学出版社,2017. 10
ISBN 978 -7 -5504 -2956 -7

Ⅰ. ①重… Ⅱ. ①曾… Ⅲ. ①商品市场—研究报告—重庆—2016
Ⅳ. ①F727. 719

中国版本图书馆 CIP 数据核字(2017)第 095514 号

重庆市商品交易市场蓝皮书. 2016
曾庆均　等 著

责任编辑:张明星
助理编辑:周晓琬
封面设计:何东琳设计工作室
责任印制:封俊川

出版发行	西南财经大学出版社(四川省成都市光华村街 55 号)
网　　址	http://www.bookcj.com
电子邮件	bookcj@foxmail.com
邮政编码	610074
电　　话	028 -87353785　87352368
照　　排	四川胜翔数码印务设计有限公司
印　　刷	四川五洲彩印有限责任公司
成品尺寸	170mm × 240mm
印　　张	17. 5
字　　数	300 千字
版　　次	2017 年 10 月第 1 版
印　　次	2017 年 10 月第 1 次印刷
书　　号	ISBN 978 -7 -5504 -2956 -7
定　　价	88. 00 元

序言

XUYAN

商品交易市场是商品流通的一个重要环节和组成部分。作为交换场所，商品交易市场就是指交易规模较大的商品交换的场所，这种商品交易市场一般是在城镇集市贸易市场、专业市场的基础上发展而来的。作为一种流通组织形式，商品交易市场是指买卖双方提供经常性的、公开的、规范的以批发交易为主的商品交易，并且具有信息、结算、运输等配套服务功能的交易组织。

1. 我国商品交易市场的发展

(1) 我国商品交易市场正在快速发展。我国商品交易市场的发展大致经过了20世纪80年代的起步、90年代的发展和21世纪初至今的升级换代（整合、改造、升级、重组和功能创新）三个时期，不断适应了我国生产力发展水平。1992年以来，商品交易市场以超常规的发展速度，取得了令人瞩目的成就，为繁荣我国商贸流通，为我国"大商贸、大流通、大市场"总体格局的形成做出了重大贡献，在活跃商品流通、方便居民生活、扩大城乡就业、推动国民经济发展等方面发挥着积极的作用。国家工商总局发布的《市场规范管理工作年度报告（2015年）》显示，截至2015年年底，我国共有商品交易市场55 026个，其中，消费品市场50 866个，生产资料市场4 160个。商品交易市场作为我国社会主义初级阶段的历史产物，在商贸流通发展中具有重要的基础地位。

(2) 我国商品交易市场分类日益精细。我国商品交易市场不仅数量众多，而且不同发展水平的交易市场同时存在，呈现出以亿元交易市场为引领、中型批零市场为联结、小型集贸市场为基础的多层次共存的纵向结构。在纵向各层次，我国商品交易市场包含了露天集贸市场、室内市场、大棚市场、商场式市场、商城式市场、国际商贸城式市场等；在横向各层次，表现为消费品综合市场、农副产品市场、生产资料综合市场、农业生产资料市场等多元并存，分类日益精细。

一是从市场类型来看，消费品市场占有绝对比重，仍然是市场存在的主要业态形式。全国共有消费品市场50 866个（其中，消费品综合市场19 612个、农副产品市场23 356个、工业品消费市场5 209个、其他消费品市场2 689个），占全部市场的92.4%；生产资料市场4 160个（其中，生产资料综合市场1 074个、工业生产资料市场2 070个、农业生产资料市场468个、其他生产资料市场548个），占全部市场的7.6%。

二是从市场分布情况来看，全国市场数量排前十位的省份是山东、广东、浙江、四川、云南、江苏、河南、辽宁、广西、河北十省（区）。上述十省（区）大多位于中东部地区，经济发展活跃、人口众多，商品交易市场发展迅速，呈现出市场具有一定规模、商品交易量较大、辐射面广的优势。

三是从市场登记情况来看，全国经工商注册登记的市场为27 614个，占全部市场的50.2%；消费品市场中已登记市场为25 283个，占全部消费品市场的49.7%；生产资料市场中已登记市场为2 331个，占全部生产资料市场的56%。生产资料市场登记率明显高于消费品市场。

四是从市场经营方式来看，各类综合市场中，消费品综合市场19 612个，占全部消费品市场的38.6%；生产资料综合市场1 074个，占全部生产资料市场的25.8%。

当然，我国商品交易市场在发展过程中存在许多问题，如商品交易市场基础建设滞后、分布不均、交易方式单一、市场缺乏统一的管理与法律规范等。这些问题的存在，对商品交易市场的总体发展造成了一定的影响。尤其是在互联网+电子商务时代，商品交易市场发展面临严峻挑战，商品交易市场的完善、提升、创新、发展与现代化成为历史必然。

2. 重庆商品交易市场的发展及问题与任务

直辖以来，重庆商品交易市场进入大发展时期，整合、改造、升级、重组和创新，成为商品交易市场升级换代的主流。“十二五”期间，重庆商品交易市场更是有了突飞猛进的发展，“大市场”的总体格局已经形成。

(1) 重庆商品交易市场持续快速发展。“十二五”期间，重庆市商品交易市场数量从 1 697 个增加到 1 964 个，亿元级市场总数从 208 个增加到 312 个（其中百亿级市场 12 个）；亿元以上商品交易市场总摊位数从 93 544 个增加到 111 651 个，商品交易市场营业面积从 1 578 万平方米增加到 2 124 万平方米；商品交易市场交易额从 4 437 亿元增加到 5 510 亿元；单个亿元市场年平均成交额 223 063 万元，单个亿元市场每平方米年均成交额 4.12 万元。重庆商品交易市场在西部地区处于领先地位。重庆市政府高度重视商品交易市场健康发展工作，印发了《重庆市人民政府关于推进大型商品交易市场健康发展的指导意见》（渝府发〔2015〕30 号），实行听证、约谈、通报制度，有力地引导了商品交易市场健康发展。

（2）“两环两线”的市场空间布局正在加快形成。“十二五”期间，都市功能核心区大型商品交易市场外迁步伐加快，都市功能拓展区六大全国性、区域性市场集群和城市发展新区四大地区性市场集群发展势头良好，渝东北、渝东南生态区承接传递大都市区市场集群辐射的能力明显增强。大力实施“互联网+市场”行动计划，一批智慧市场和电子商务集聚区迅速崛起，带动重庆建设“一带一路”重要流通节点城市和长江上游地区现代商贸中心。

（3）重庆商品交易市场存在的主要问题。“十二五”期间，重庆商品交易市场在快速发展中也存在诸多问题，如市场总体产能过剩、市场布局不尽合理、市场运作方式落后、转型升级发展缓慢、市场专业化程度不高、内环市场外迁受阻、外环新建市场招商难等。

（4）重庆市商品交易市场的主要任务。“十三五”时期，重庆市商品交易市场既面临结构性产能过剩的突出问题，又面临流通现代化水平低、结构调整和转型升级任务重的突出矛盾，但我们也面临国家支持重庆建设自由贸易试验区、跨境电商综合试验区、中新示范项目等历史性机遇。我们要准确把握战略机遇期蕴含的深刻变化，更加有效地应对各种风险和挑战，深化供给侧结构性改革，加强商品交易市场去产能，加快完善“两环两线”空间布局，大力实施“互联网+市场”行动计划，积极推动商品交易市场创新驱动、转型升级，加快形成大进大出的商品流通体系。

3.《重庆市商品交易市场蓝皮书（2016）》的主要特点

《重庆市商品交易市场蓝皮书（2016）》，与之前六年的蓝皮书相较，有以下显著特点：一是不仅系统总结了2015年的商品交易市场发展情况，还全面分析总结了“十二五”时期重庆市商品交易市场发展成就；二是既对重庆商品交易市场发展环境、各功能区域空间布局结构、存在的主要问题进行了深入剖析，又对商品交易市场的主要类别、重点区域和重大项目、重大政策进行了分析研究；三是不仅对2015年重庆市商品交易市场对国民经济发展的贡献、重庆市商品交易市场综合发展指数进行了定量分析，而且对“十二五”期间的钢材、五金机电、汽摩配件、家居建材、小商品、农副产品六类规模以上的已建市场，进行了供需平衡分析；四是紧扣国家“一带一路”和长江经济带发展战略、重庆市五大功能区域发展战略以及供给侧结构性改革，对“十三五”时期重庆市商品交易市场发展趋势进行了客观研判，提出了对策建议。

蓝皮书已连续编制发行了六年，既为政府加强市场宏观调控提供了决策依据，又为市内外投资者提供了参考依据，有利于推动重庆商品交易市场持续健康发展，有利于推动重庆“一带一路”重要流通节点城市和长江上游地区现代商贸中心的加快建成。

重庆商品交易市场的明天，会更辉煌！

目录

MULU

第一部分　2015年发展篇

第二部分　“十二五”规划总结篇

第三部分　专题篇

第一部分

2015年发展篇

第一章　2015年重庆市商品交易市场整体发展概况

一、已建市场总体规模

（一）商品交易市场定义

商品交易市场，是指由市场开办者提供固定的场地、设施，集中若干经营者以各自的名义独立从事商品（包括生产资料、生活资料）交易活动和营利性服务的场所。

（二）商品交易市场分类

从销售方式看，包括批发市场和零售市场（终端消费市场）。随着商品交易需求变化，也存在批零兼营市场。

从经营的主要商品看，包括农产品交易市场、工业消费品交易市场和生产资料交易市场。

从市场形态看，包括专业市场和综合交易市场。

根据《中国商品交易市场统计年鉴》，商品交易市场有如下几种分类方法：

（1）按市场类别分组，分为：综合市场，包括生产资料综合市场，工业消费品综合市场，农产品综合市场，其他综合市场4类；专业市场，包括生产资料市场，农产品市场，食品、饮料及烟酒市场，纺织、服装、鞋帽市场，日用品及文化用品市场，黄金、珠宝、玉器等首饰市场，电器、通信器材、电子设备市场，医药、医疗用品及器材市场，家具、五金及装饰材料市场，汽车、摩托车及零配件市场，花、鸟、鱼、虫市场，旧货市场，其他专业市场13类。

（2）按营业状态分组，分为：常年营业；季节性营业；其他。

（3）按经营方式分组，分为：以批发为主；以零售为主。

（4）按经营环境分组，分为：露天式；封闭式；其他。

为便于统计分析，根据重庆商品市场的实际状况，我们把全市商品交易市场粗略划分为三类：

一是生产资料市场，包括钢材、木材、石材、玻璃、化工、皮革、农资、再生资源、五金机电、机器设备、汽车摩托车整车及配件用品的专业和综合交易市场。

二是工业消费品市场，包括纺织、服装、鞋帽、日用小商品及文化用品、电器电子通信设备、医药医疗用品、家居装饰及建材陶瓷的专业和综合交易市场。

三是农副产品市场，包括粮、油、肉、菜、果、茶、水产品、小食品及副食品以批发为主或批零兼营的专业、综合交易市场；乡镇农贸（集贸）市场和区县中心城区菜市场。

（三）商品交易市场总体规模

据统计，2015 年全市共有综合专业市场、城区菜市场、乡镇农贸市场 1 964 个，比 2014 年增加了 107 个；营业面积 2 123.62 万平方米，比 2014 年增加了 69.02 万平方米；固定经营户 29.45 万户，比 2014 年增加了 0.75 万户；从业人员 77.71 万人，比 2014 年增加了 0.91 万人；交易总额 5 509.74 亿元，比 2014 年增加了 289.14 亿元。全市商品交易市场总体规模仍然处于上升趋势。

2015 年，全市综合、专业市场（不含城区菜市场和乡镇农贸市场）共 386 个，占全部市场的 19.65%；营业面积 1 705.24 万平方米，占全部市场的 80.3%；经营户 10.98 万户，占全部市场的 37.28%；从业人员 42.06 万人，占全部市场的 54.12%；交易总额 4 882.54 亿元，占全部市场的 88.62%。具体情况见表 1-1。

表 1-1　　2015 年全市已建商品交易市场汇总表

市场大类	市场个数（个）	占比（%）	营业面积（平方米）	占比（%）	经营户数（户）	占比（%）	从业人员（人）	占比（%）	交易额（万元）	占比（%）
综合专业市场	386	19.65	17 052 420	80.3	109 820	37.28	420 603	54.12	48 825 447	88.62
城区菜市场	497	25.31	1 463 887	6.89	70 564	23.96	129 840	16.71	3 614 574	6.56
乡镇农贸市场	1 081	55.04	2 719 911	12.81	114 088	38.74	226 685	29.17	2 657 379	4.82
合计	1 964		21 236 218		294 472		777 128		55 097 400	

数据来源：根据重庆市各区县商务局提供数据整理。

二、已建大型商品交易市场

（一）交易额亿元以上商品交易市场

据统计，2015年重庆市亿元商品交易市场（含菜市场、农贸市场）共312个，比2014年增加了3个。其中，交易额上100亿元的市场共12个，与2014年持平；亿元市场交易总额达到5 078.6亿元，比2014年增加了303.1亿元；营业面积1 518.8万平方米，比2014年增加了63.5万平方米；固定经营户数12.5万个，比2014年增加了0.4万户；固定从业人员44.7万人，比2014年增加了0.9万人。总体上看，交易额亿元以上商品交易市场稳中有升。具体情况见表1-2，表1-3，表1-4。

表1-2　　全市交易额亿元以上商品交易市场汇总表（2014—2015年）

市场类别	市场数量 个		营业面积 万平方米		经营户 万户		从业人员 万人		交易额 亿元	
	2014年	2015年	2014年	2015年	2014年	2015年	2014年	2015年	2014年	2015年
综合专业市场	255	222	1 394.7	1 445.6	9.5	9.6	37.8	37.4	4 581.9	4 846.1
城区菜市场	43	63	52.3	55.4	2.1	2.1	4.8	5.6	167.7	187.1
乡镇农贸市场	11	27	8.3	17.8	0.5	0.8	1.2	1.7	25.9	43.6
合计	309	312	1 455.3	1 518.8	12.1	12.5	43.8	44.7	4 775.5	5 076.8

数据来源：根据重庆市各区县商务局提供数据整理。

表1-3　　全市交易额十亿元以上商品交易市场明细表（2015年）

序号	区县	市场名称	市场类别	营业面积（平方米）	固定经营户	固定从业者	交易额（万元）
1	渝中区	中兴塑料市场	塑料制品	15 572	700	2 000	162 400
2	渝中区	西三街水产品市场	水产	13 000	450	2 800	650 000
3	渝中区	外滩摩配交易市场	汽摩配件	46 000	560	2 100	330 000
4	渝中区	大坪新浪通信器材交易市场	通信器材	35 000	454	3 500	540 000

表1-3(续)

序号	区县	市场名称	市场类别	营业面积（平方米）	固定经营户	固定从业者	交易额（万元）
5	渝中区	城外城灯饰市场	灯饰	58 000	200	600	132 000
6	渝中区	朝天门市场群	小商品	338 000	11 312	26 691	3 708 700
7	渝中区	菜园坝水果市场	果品	48 000	1 200	3 000	275 000
8	渝中区	菜园坝农副产品市场	综合	27 000	610	1 800	205 100
9	永川区	中国永川商贸城	综合	400 000	2 000	5 000	1 194 612
10	永川区	家电批发市场	电子电器	15 000	31	223	145 098
11	万州区	银河市场	综合	68 000	930	2 000	258 235
12	万州区	小天鹅市场	综合	65 000	2 122	4 163	526 339
13	万州区	万州商贸城	综合	39 000	884	3 410	468 266
14	万州区	三峡中药城	中药材	14 100	28	150	113 805
15	万州区	宏远市场	综合	52 000	561	2 450	353 555
16	万州区	光彩大市场	装饰建材	57 000	281	832	171 356
17	潼南区	西南国际灯具城	灯饰	170 000	581	2 152	100 000
18	沙坪坝区	重庆粮油批发市场	粮油	12 000	34	222	220 000
19	沙坪坝区	马家岩建材市场群	装饰建材	380 000	2 000	7 000	955 151
20	沙坪坝区	巨龙钢材市场	钢材	73 000	353	1 250	522 272
21	沙坪坝区	金属材料现货交易市场	钢材	82 400	189	986	903 133
22	沙坪坝区	大川国际建材城	石材	290 000	309	2 000	318 383
23	荣昌区	重庆畜牧饲料交易市场	饲料	120 000	200	800	122 000
24	荣昌区	五洲国际商贸城	综合	280 000	1 350	3 600	176 000
25	荣昌区	汇宇建材市场	家居建材	280 000	750	3 500	180 000
26	南岸区	渝南火锅食材冻品市场	冻品	42 000	500	2 500	180 000
27	南岸区	医药市场	中西药品	90 000	301	2 963	3 402 769
28	南岸区	南坪旧车市场	二手车	21 000	230	1 160	107 351
29	南岸区	红星美凯龙(南坪店)	家居建材	98 000	380	1 500	127 504
30	南岸区	成车市场	汽车整车	69 000	31	2 210	817 962
31	南岸区	正扬大市场		20 000	990	960	136 317
32	开州区	渝东工业品市场	综合	15 000	315	697	214 635
33	九龙坡区	渝州五金机电城	五金机电	50 000	750	3 100	286 000

表1-3(续)

序号	区县	市场名称	市场类别	营业面积（平方米）	固定经营户	固定从业者	交易额（万元）
34	九龙坡区	渝州交易城	五金机电	60 000	2 061	5 486	389 650
35	九龙坡区	新世界建材市场	石材	70 000	350	3 368	536 800
36	九龙坡区	祥和蔬菜批发市场	蔬菜	15 000	250	4 000	145 600
37	九龙坡区	滩子口玻璃门窗材料市场	玻璃型材	100 000	460	3 000	100 000
38	九龙坡区	明品福冻品市场	冻品	55 000	376	1 350	600 000
39	九龙坡区	绿云石都建材交易市场	钢材	190 000	950	6 200	1 106 880
40	九龙坡区	金科九龙机电城	五金机电	140 000	450	2 500	156 000
41	九龙坡区	金冠捷莱五金机电市场	五金机电	24 000	210	1 500	235 600
42	九龙坡区	环球锦标建材交易市场	石材	210 000	350	3 000	180 000
43	九龙坡区	恒鑫老顶坡汽配城	汽摩配件	140 000	980	8 000	486 520
44	九龙坡区	恒胜钢材市场	钢材	42 000	308	1 130	600 000
45	九龙坡区	高新机电市场	五金机电	16 000	167	2 500	179 620
46	九龙坡区	陈家坪机电市场	五金机电	65 000	700	3 500	286 900
47	九龙坡区	佰腾数码广场	IT 数码	12 000	400	5 500	269 610
48	江津区	双福国际农贸城	综合	400 000	3 100	20 000	1 620 000
49	江津区	攀宝钢材市场	钢材	380 000	400	2 000	710 000
50	江津区	和润国际汽摩城	汽摩配件	450 000	1 300	3 000	550 000
51	江津区	几江菜市场		16 000	593	1 279	114 079
52	江北区	赛博数码广场（江北店）	IT 数码	12 000	281	570	105 213
53	江北区	观音桥农产品批发市场	综合	150 000	700	8 500	2 090 000
54	合川区	义乌小商品批发市场	小商品	150 000	1 500	7 000	136 936
55	涪陵区	新大兴农副产品交易中心	综合	89 000	530	1 420	318 543
56	涪陵区	建玛特（涪陵店）	家居建材	54 000	225	800	100 000
57	涪陵区	合智商业广场	综合	36 300	665	1 065	163 130
58	大足区	龙水五金市场群	五金机电	397 910	8 533	28 280	3 055 646
59	大渡口区	万吨冻品交易市场	冻品	78 370	380	3 000	1 550 000
60	大渡口区	四三六钢材市场	钢材	70 000	65	420	600 000
61	大渡口区	龙文钢材市场	钢材	140 000	620	1 700	1 036 252

表1-3(续)

序号	区县	市场名称	市场类别	营业面积（平方米）	固定经营户	固定从业者	交易额（万元）
62	大渡口区	杭渝陶瓷市场	装饰建材	150 000	330	1 050	112 367
63	璧山区	西部鞋都交易市场	皮革	80 000	536	5 000	400 000
64	北部新区	西部奥特莱斯	服装鞋帽	78 000			135 000
65	北部新区	汽博中心	汽车综合	200 000	600	5 000	2 800 000
66	北部新区	红星美凯龙（北环店）	家居建材	100 000	400	2 000	150 000
67	巴南区	重庆花木世界	花木	200 000	191	650	919 557
68	巴南区	渝南汽车市场	汽车整车	133 867	332	1 450	1 380 318
69	巴南区	西部机动车交易市场	汽车整车	120 000	223	1 688	658 323
70	巴南区	西部二手车交易市场	二手车	110 000	789	2 300	310 000
71	巴南区	铠恩国际家居名都	家居建材	357 000	1 018	6 610	1 393 146
	合计			8 474 519	62 909	253 135	43 685 633

数据来源：根据重庆市各区县商务局提供数据整理。

表 1-4　全市交易额百亿级商品交易市场明细表（2015 年）

序号	区县	市场名称	市场类别	营业面积（平方米）	固定经营户（户）	固定从业者（人）	交易总额（万元）
1	渝中区	朝天门市场群	小商品	338 000	11 312	26 691	3 708 700
2	南岸区	医药市场	中西药品	90 000	301	2 963	3 402 769
3	大足区	龙水五金市场群	五金机电	397 910	8 533	28 280	3 055 646
4	北部新区	汽博中心	汽车综合	200 000	600	5 000	2 800 000
5	江北区	观音桥农产品批发市场	综合	150 000	700	8 500	2 090 000
6	江津区	双福国际农贸城	综合	400 000	3 100	20 000	1 620 000
7	大渡口区	万吨冻品交易市场	冻品	78 370	380	3 000	1 550 000
8	巴南区	铠恩国际家居名都	家居建材	357 000	1 018	6 610	1 393 146
9	巴南区	渝南汽车市场	汽车整车	133 867	332	1 450	1 380 318
10	永川区	中国永川商贸城	综合	400 000	2 000	5 000	1 194 612
11	九龙坡区	绿云石都建材交易市场	钢材	190 000	950	6 200	1 106 880
12	大渡口区	龙文钢材市场	钢材	140 000	620	1 700	1 036 252
合计				2 875 147	29 846	115 394	24 338 323

数据来源：根据重庆市各区县商务局提供数据整理。

参考《重庆市统计年鉴（2016）》的统计，亿元以上商品市场交易情况，如表1-5所示。可以看出，虽然摊位数量从101 736个下降到100 207个，下降了1 529个，但交易总额从3 406.31亿元上升到3 412.87亿元，增加了6.56亿元，说明每个经营户的平均销售额在提升。

表1-5　　全市亿元以上商品市场交易情况表（2014—2015年）

指标	摊位数量（个）		总交易额（万元）	
	2014年	2015年	2014年	2015年
食品、饮料、烟酒类	27 424	27 307	7 402 780	8 697 877
服装鞋帽、针纺织品类	21 332	21 146	5 706 185	6 153 157
化妆品类	820	826	167 189	189 556
金银珠宝类	41	26	12 663	12 530
日用品类	5 472	5 474	856 584	1 103 750
五金电料类	5 826	5 991	945 986	1 056 038
体育、娱乐用品类	320	339	65 579	100 117
书报、杂志类	92	53	3 716	2 212
电子出版物及音像制品类	80	93	11 585	20 394
家用电器和音像制品类	874	1 001	335 788	394 031
中西药品类	90	74	21 433	21 484
文化办公用品类	2 431	2 474	376 193	299 779
家具类	3 748	3 228	1 665 920	1 981 307
通信器材类	1 256	1 084	439 431	360 178
木材及制品类	616	542	220 175	208 891
石油及制品类	12		120	
化工材料及制品类	262	221	77 549	77 755
金属材料类	5 145	4 289	7 404 801	5 802 460
建筑及装潢材料类	9 821	12 127	2 370 227	2 586 398
机电产品及设备类	4 504	4 408	1 328 145	1 528 488
农机类	59	59	835	875
汽车类	5 907	4 847	2 879 955	2 145 505

表1-5(续)

指标	摊位数量（个）		总交易额（万元）	
	2014 年	2015 年	2014 年	2015 年
种子饲料类	428	365	188 599	154 945
棉麻类	13	15	1 737	1 898
其他类	5 219	4 274	1 580 303	1 229 442
合计	101 736	100 207	34 063 093	34 128 682

数据来源：《重庆市统计年鉴（2016）》。

（二）营业面积上万平方米市场

据统计，2015 年重庆市营业面积在 1 万平方米以上的商品交易市场（含菜市场、农贸市场）共 310 个，比 2014 年减少了 28 个。其中，营业面积在 20 万平方米以上的市场 18 个，比 2014 年增加了 7 个；交易总额达到 5 004 亿元，比 2014 年增加了 351. 7 亿元；营业面积 1 973. 4 万平方米，比 2014 年增加了 300. 2 万平方米；固定经营户数 11. 7 万个，比 2014 年增加了 0. 3 万户；固定从业人员 41. 3 万人，比 2014 年减少了 2 万人。总体上看，营业面积在 1 万平方米以上的商品交易市场虽然市场数量减少，但交易额稳中有升。具体情况见表 1-6，表 1-7。

表 1-6　全市营业面积万平方米以上商品交易市场汇总表（2014—2015 年）

市场类别	市场数量（个）		营业面积（万平方米）		经营户（万户）		从业人员（万人）		交易额（亿元）	
	2014 年	2015 年	2014 年	2015 年	2014 年	2015 年	2014 年	2015 年	2014 年	2015 年
综合专业市场	294	273	1 596. 7	1 723. 6	9. 7	10. 3	39. 4	39. 5	4 538. 3	4 916. 7
城区菜市场	31	23	49. 3	47. 4	1. 4	1. 0	3. 3	1. 5	104. 7	76. 8
乡镇农贸市场	13	14	27. 2	22. 4	0. 3	0. 4	0. 6	0. 3	9. 3	10. 5
合计	338	310	1 673. 2	1 793. 4	11. 4	11. 7	43. 3	41. 3	4 652. 3	5 004

数据来源：根据重庆市各区县商务局提供数据整理。

表 1-7 全市营业面积 10 万平方米以上商品交易市场明细表（2015 年）

序号	区县	市场名称	市场类别	营业面积（平方米）	固定经营户（户）	固定从业者（人）	交易总额（万元）
1	渝中区	朝天门市场群	小商品	338 000	11 312	26 691	3 708 700
2	渝北区	海领国际工程机械交易中心	建筑机械	150 000	88	1 200	10 000
3	渝北区	国际五金机电城	五金机电	129 800	650	3 000	8 000
4	永川区	中国永川商贸城	综合	400 000	2 000	5 000	1 194 612
5	秀山县	福广建材市场	装饰建材	135 000	130	625	18 000
6	潼南区	西南国际灯具城	灯饰	170 000	581	2 152	100 000
7	沙坪坝区	重铁巨龙钢材市场	钢材	140 000			
8	沙坪坝区	曾家木材市场	木材	120 000	100	380	35 000
9	沙坪坝区	马家岩建材市场群	装饰建材	380 000	2 000	7 000	955 151
10	沙坪坝区	大川国际建材城	石材	290 000	309	2 000	318 383
11	荣昌区	重庆畜牧饲料交易市场	饲料	120 000	200	800	122 000
12	荣昌区	五洲国际商贸城	综合	280 000	1 350	3 600	176 000
13	荣昌区	汇宇建材市场	家居建材	280 000	750	3 500	180 000
14	梁平县	亿联建材家居五金城	家居建材	120 000	530	1 900	70 000
15	九龙坡区	走马国际石材市场（履泰）	石材	100 000	150	1 100	38 000
16	九龙坡区	走马国际石材城（中帆）	石材	200 000	300	2 200	25 000
17	九龙坡区	永动五金机电市场	五金机电	100 000	300	1 000	15 000
18	九龙坡区	滩子口玻璃门窗材料市场	玻璃型材	100 000	460	3 000	100 000
19	九龙坡区	盛吉汽配新城	汽摩配件	101 000	252	1 704	64 800
20	九龙坡区	美每家建材家居广场	装饰建材	400 000	621	1 200	60 000
21	九龙坡区	绿云石都建材交易市场	钢材	190 000	950	6 200	1 106 880
22	九龙坡区	金科九龙机电城	五金机电	140 000	450	2 500	156 000
23	九龙坡区	环球锦标建材交易市场	石材	210 000	350	3 000	180 000
24	九龙坡区	华璞城汽车时代广场	汽车综合	230 000	88	500	80 000
25	九龙坡区	恒鑫老顶坡汽配城	汽摩配件	140 000	980	8 000	486 520

表1-4(续)

序号	区县	市场名称	市场类别	营业面积（平方米）	固定经营户（户）	固定从业者（人）	交易总额（万元）
26	九龙坡区	含谷机床交易市场	机床	150 000	352	1 256	38 690
27	江津区	双福国际农贸城	综合	400 000	3 100	20 000	1 620 000
28	江津区	时代广场商品交易市场	综合	130 000	793	4 051	60 000
29	江津区	攀宝钢材市场	钢材	380 000	400	2 000	710 000
30	江津区	和润国际汽摩城	汽摩配件	450 000	1 300	3 000	550 000
31	江北区	观音桥农产品批发市场	综合	150 000	700	8 500	2 090 000
32	合川区	义乌小商品批发市场	小商品	150 000	1 500	7 000	136 936
33	合川区	北部再生资源回收利用基地	再生资源	110 000	215	2 030	11 000
34	垫江县	温州商贸城	综合	100 000	800	1 300	27 000
35	大足区	龙水五金市场群	五金机电	397 910	8 533	28 280	3 055 646
36	大渡口区	龙文钢材市场	钢材	140 000	620	1 700	1 036 252
37	大渡口区	杭渝陶瓷市场	装饰建材	150 000	330	1 050	112 367
38	北部新区	中国西部建材市场	家居建材	100 000	350	1 200	40 000
39	北部新区	汽博中心	汽车综合	200 000	600	5 000	2 800 000
40	北部新区	聚信美家居世纪城	家居建材	200 000	453	1 670	85 000
41	北部新区	红星美凯龙（北环店）	家居建材	100 000	400	2 000	150 000
42	巴南区	重庆花木世界	花木	200 000	191	650	919 557
43	巴南区	渝南汽车市场	汽车整车	133 867	332	1 450	1 380 318
44	巴南区	西部机动车交易市场	汽车整车	120 000	223	1 688	658 323
45	巴南区	西部二手车交易市场	二手车	110 000	789	2 300	310 000
46	巴南区	铠恩国际家居名都	家居建材	357 000	1 018	6 610	1 393 146
47	巴南区	巴南海宁皮草城	服装鞋帽	120 000	86	160	1 800
	合计			9 312 577	47 986	191 147	26 394 081

数据来源：根据重庆市各区县商务局提供数据整理。

（三）2015 年新开业商品交易市场

2015 年全市新开业商品交易市场 11 个，新增营业面积 98.28 万平方米，经营户 1 042 户，从业人员 6 088 人，当年交易额达到 81.48 亿元。具体情况见表 1-8。

表 1-8　　2015 年重庆市商品交易市场新开业项目统计表

序号	区县	市场名称	市场类别	开工时间	开业时间	营业面积（万平方米）	经营户（户）	从业人员（人）	交易额（亿元）
1	长寿区	新崛钢材市场	钢材	2012 年	2015 年 1 月	9.32	50	120	0.05
2	大足区	大足区二手车交易市场（一期）	二手车	2013	2015 年 4 月 26 日	3			
3	垫江县	美家美建材城	装饰建材		2015 年 10 月	2.2	60	200	0.78
4	合川区	翔骏机电城	五金机电		2015 年 1 月	0.5	30	280	0.05
5	九龙坡	华璞城汽车时代广场	汽车	2012 年	2015 年	23	88	500	12
6	九龙坡	中国西部农产品冷链物流中心（一期）	冻品	2011 年	2015 年 4 月 1 日	5.5	376	1 350	60
7	梁平县	渝惠综合农产品批发市场(一期)	农产品综合	2012 年 5 月	2015 年 1 月 30 日	1.5	70		0.4
8	梁平县	亿联建材家居五金城（二期）	农机汽摩	2011 年	2015 年 4 月 29 日	4.6	90	228	3
9	彭水县	银利源建材市场	装饰建材		2015 年 9 月	2	70	210	0.2
10	渝北区	海领国际工程机械市场（一期）	工程机械	2013 年	2015 年 10 月 30 日	9.66	88	1 200	5
11	渝北区	纵达国际汽车城（二手车、汽车用品）	汽车整车	2014 年	2015 年 9 月 19 日	34	120	2 000	
	合计					95.28	1 042	6 088	81.48

数据来源：根据重庆市各区县商务局提供数据整理。

三、已建专业市场类别分析

（一）工业消费品交易市场发展概况

据统计，2015 年重庆市工业消费品交易市场共 229 个，营业面积 792.75 万平方米，固定经营户数 6.14 万户，固定从业人员 20.1 万人，交易总额 1 825.59

亿元。其中，交易总额上亿元的市场（以下简称亿元级市场）127 个，经营面积上万平方米的市场（以下简称万平方米级市场）155 个。交易总额上亿元同时经营面积上万平方米的市场（以下简称亿元及万平方米级市场）共 112 个，交易总额为 1 927.80 亿元，固定经营户数 5.19 万户，固定从业人员 18.39 万人；营业面积 774.39 万平方米。交易额上百亿元的工业消费品交易市场 4 个，见表 1-9。

表 1-9　全市交易额上百亿元的工业消费品交易市场表（2015 年）

序号	区县	市场名称	市场类别	营业面积（平方米）	固定经营户(户)	固定从业者(人)	交易总额（万元）	
							2014 年	2015 年
1	渝中区	朝天门市场群	小商品	338 000	11 312	26 691	3 373 464	3 708 700
2	永川区	中国永川商贸城	综合	400 000	2 000	5 000	1 092 966	1 194 612
3	南岸区	医药市场	中西药品	90 000	301	2 963	3 253 125	3 402 769
4	巴南区	铠恩国际家居名都	家居建材	357 000	1 018	6 610	1 208 865	1 393 146

数据来源：根据重庆市各区县商务局提供数据整理。

（二）生产资料交易市场发展概况

据统计，2015 年重庆市生产资料交易市场共 96 个，营业面积 683.18 万平方米，固定经营户数 3.04 万户，固定从业人员 14.24 万人，交易总额 2 037.44 亿元。其中亿元级市场 52 个，万平方米级市场 64 个。亿元及万平方米级市场共 49 个，交易总额 1 849.04 亿元，固定经营户数 2.46 万户，固定从业人员 11.01 万人，营业面积 465.79 万平方米。交易额上百亿元市场 5 个，见表 1-10。

表 1-10　全市交易额上百亿元的生产资料交易市场表（2015 年）

序号	区县	市场名称	市场类别	营业面积（平方米）	固定经营户(户)	固定从业者(人)	交易总额（万元）	
							2014 年	2015 年
1	九龙坡区	绿云石都建材交易市场	钢材	190 000	950	6 200	1 367 000	1 106 880
2	大足区	龙水五金市场群	五金机电	397 910	8 533	28 280	2 713 889	3 055 646
3	大渡口区	龙文钢材市场	钢材	140 000	620	1 700	1 093 517	1 036 252
4	北部新区	汽博中心	汽车综合	200 000	600	5 000	2 500 000	2 800 000
5	巴南区	渝南汽车市场	汽车整车	133 867	332	1 450	1 305 034	1 380 318

数据来源：根据重庆市各区县商务局提供数据整理。

（三）重庆市农产品市场发展概况

1. 农产品综合专业市场

据统计，2015 年重庆市农产品综合专业市场共 61 个，营业面积 239. 24 万平方米，固定经营户数 1. 8 万户，固定从业人员 7. 72 万人，交易总额 1 021. 54 亿元。其中亿元级市场 42 个，万平方米级市场 50 个。亿元及万平方米级市场共 37 个，交易总额 999. 98 亿元，固定经营户数 1. 45 万户，固定从业人员 6. 75 万人，营业面积 190. 30 万平方米。交易额上 100 亿元农产品市场 3 个，见表 1-11。

表 1-11　　全市交易额上百亿元的农产品交易市场表（2015）

序号	区县	市场名称	市场类别	营业面积（平方米）	固定经营户（户）	固定从业者（人）	交易总额（万元）	
							2014 年	2015
1	江津区	双福国际农贸城	综合	400 000	3 100	20 000	301 000	1 620 000
2	江北区	观音桥农产品批发市场	综合	150 000	700	8 500	2 487 848	2 090 000
3	大渡口区	万吨冻品交易市场	冻品	78 370	380	3 000	1 800 000	1 550 000

数据来源：根据重庆市各区县商务局提供数据整理。

2. 乡镇农贸市场

据统计，2015 年重庆市乡镇农贸市场共 1 081 个，比 2014 年增加了 72 个；其中大棚市场 532 个，露天市场 66 个；营业面积 271. 99 万平方米，比 2014 年减少了 2. 07 万平方米；经营户数 11. 41 万户，比 2014 年增加了 0. 28 万户；从业人员 22. 67 万人，比 2014 年增加了 0. 61 万人；市场交易额 265. 74 亿元，比 2014 年增加了 11. 71 亿元。具体情况见表 1-12。

表 1-12　　全市已建乡镇农贸市场区县汇总表（2015）

序号	区县	市场总数（个）	营业面积（平方米）	经营户数（户）	从业人员（人）	交易总额（万元）
1	巴南区	41	81 483	4 960	9 920	64 014
2	北碚区	29	73 256	2 385	5 003	63 851
3	北部新区	0	0	0	0	0
4	璧山区	22	53 866	3 326	5 187	42 586

表1-12(续)

序号	区县	市场总数（个）	营业面积（平方米）	经营户数（户）	从业人员（人）	交易总额（万元）
5	城口县	17	9 120	643	1 500	4 560
6	大渡口区	16	29 720	512	2 495	4 980
7	大足区	26	70 295	3 530	6 100	138 820
8	垫江县	31	95 810	3 756	7 063	130 450
9	丰都县	28	38 650	2 670	4 680	128 605
10	奉节县	26	23 580	1 150	2 465	73 270
11	涪陵区	35	130 890	3 567	10 400	107 680
12	合川区	55	179 090	10 485	20 992	176 845
13	江北区	4	9 800	220	438	3 896
14	江津区	57	148 600	5 768	10 560	175 968
15	九龙坡区	14	59 500	2 018	7 213	44 890
16	开州区	48	226 800	5 245	8 995	60 830
17	梁平县	38	59 526	3 652	5 375	115 680
18	南岸区	3	5 500	220	680	3 685
19	南川区	26	42 298	1 631	4 267	138 684
20	彭水县	45	63 895	2 680	5 496	37 800
21	綦江区	28	71 657	4 139	7 968	56 148
22	黔江区	23	37 900	3 150	5 990	81 053
23	荣昌区	26	87 310	4 899	7 236	136 580
24	沙坪坝区	4	11 000	419	876	25 810
25	石柱县	28	38 900	1 578	2 372	23 580
26	铜梁区	35	123 174	4 285	7 101	40 533
27	潼南区	23	49 850	2 262	5 385	54 685
28	万盛经开区	8	12 110	1 006	1 884	7 071
29	万州区	49	199 216	6 784	14 883	131 000
30	巫山县	12	14 860	235	599	36 800
31	巫溪县	23	35 305	1 586	3 456	18 034

表1-12(续)

序号	区县	市场总数（个）	营业面积（平方米）	经营户数（户）	从业人员（人）	交易总额（万元）
32	武隆县	26	70 150	3 426	4 950	52 650
33	秀山县	24	73 600	4 840	8 942	83 706
34	永川区	58	195 000	3 520	5 872	146 150
35	酉阳县	37	63 580	2 556	3 215	33 560
36	渝北区	32	93 128	1 943	5 153	66 085
37	渝中区	0	0	0	0	0
38	云阳县	44	72 385	4 562	8 469	57 560
39	长寿区	12	38 277	2 035	5 895	64 630
40	忠县	28	30 830	2 445	7 610	24 650
	总计	1 081	2 719 911	114 088	226 685	2 657 379

数据来源：根据重庆市各区县商务局提供数据整理。

3. 城区菜市场

据统计，2015 年重庆市城区菜市场共 497 个，比 2014 年增加了 32 个；其中大棚市场 78 个，露天市场 14 个；营业面积 146. 39 万方米，比 2014 年增加了 6. 17 万平方米；经营户数 7. 06 万户，比 2014 年增加了 0. 3 万户；从业人员 12. 98 万人，比 2014 年增加了 0. 33 万人；市场交易额 361. 46 亿元，比 2014 年增加了 10. 39 亿元。具体情况见表 1-13。

表 1-13　　全市已建城乡菜市场区县汇总表（2015 年）

序号	区县	市场总数（个）	营业面积（平方米）	经营户数（户）	从业人员（人）	交易总额（万元）
1	巴南区	19	48 052	2 610	4 136	110 980
2	北碚区	12	33 256	1 286	2 756	81 238
3	北部新区					
4	璧山区	10	45 889	1 467	3 009	34 640
5	城口县	5	7 906	584	950	18 760
6	大渡口区	16	29 850	1 235	2 495	42 150
7	大足区	8	23 550	1 233	2 369	92 690

表1-13(续)

序号	区县	市场总数（个）	营业面积（平方米）	经营户数（户）	从业人员（人）	交易总额（万元）
8	垫江县	5	27 320	1 322	2 630	35 000
9	丰都县	3	7 210	280	468	41 670
10	奉节县	9	16 300	918	1 089	50 878
11	涪陵区	35	78 656	3 358	5 689	530 015
12	合川区	14	68 536	1 860	3 906	79 190
13	江北区	27	60 574	1 658	2 691	66 581
14	江津区	13	71 065	2 358	3 250	115 203
15	九龙坡区	30	68 858	5 515	9 010	84 125
16	开州区	11	27 680	1 142	3 000	83 210
17	梁平县	4	10 030	275	705	8 980
18	南岸区	26	113 623	4 325	6 625	276 540
19	南川区	7	18 100	1 235	2 613	49 680
20	彭水县	8	17 898	1 700	2 900	70 500
21	綦江区	9	24 037	1 565	2 852	71 455
22	黔江区	8	20 989	1 795	2 673	116 580
23	荣昌区	3	22 098	1 598	3 218	86 400
24	沙坪坝区	27	60 030	3 901	6 502	120 000
25	石柱县	9	36 850	1 523	3 989	85 380
26	铜梁区	8	21 565	1 775	2 689	53 860
27	潼南区	7	26 310	1 036	2 688	22 320
28	万盛经开区	8	20 153	1 162	3 355	64 050
29	万州区	39	106 823	4 343	9 350	265 820
30	巫山县	6	37 150	1 250	2 708	8 158
31	巫溪县	3	4 577	335	921	41 567
32	武隆县	4	9 050	278	400	48 000
33	秀山县	5	12 219	878	1 678	26 085
34	永川区	21	78 898	4 832	7 169	138 000
35	酉阳县	4	16 000	511	1 380	63 450

表1-13(续)

序号	区县	市场总数（个）	营业面积（平方米）	经营户数（户）	从业人员（人）	交易总额（万元）
36	渝北区	21	55 022	2 368	4 560	76 580
37	渝中区	16	58 083	3 330	6 385	153 800
38	云阳县	12	35 670	1 123	1 792	57 650
39	长寿区	15	24 000	1 580	3 987	215 864
40	忠县	10	20 010	1 020	1 253	27 525
	总计	497	1 463 887	70 564	129 840	3 614 574

数据来源：根据重庆市各区县商务局提供数据整理。

（四）重庆市六类市场构成分析

根据重庆市商品交易市场实际发展情况，本书选取了市场交易额、经营面积占全部市场比例较大的钢材市场、五金机电市场、汽摩配件市场、家居建材市场、服装小商品市场、农产品综合专业市场这六类市场进行具体分析。

1. 钢材市场

2015 年全市钢材市场共有 16 个，营业面积 162.7 万平方米，交易额 560.7 亿元。其中九龙坡区绿云石都建材交易市场、大渡口区龙文钢材市场为百亿元市场。由于经济结构调整等因素，2015 年除新增 1 个长寿区新崛钢材市场外，全市共关停转九龙坡区恒冠钢材市场、新合凤中钢材市场、有色金属交易市场及涪陵区钢材市场 4 个钢材市场。十亿元级钢材市场见表 1-14。

表 1-14　　全市十亿元级钢材市场明细表（2015 年）

序号	区县	市场名称	建成投运时间	营业面积（平方米）	交易总额（万元）	
					2014 年	2015 年
1	九龙坡区	绿云石都建材交易市场	2001 年 9 月	190 000	1 367 000	1 106 880
2	大渡口区	龙文钢材市场	1994 年	140 000	1 093 517	1 036 252
3	沙坪坝区	金属材料现货交易市场	1997 年	82 400	810 000	903 133
4	江津区	攀宝钢材市场	2013 年	380 000	500 000	710 000
5	九龙坡区	恒胜钢材市场	2008 年 11 月	42 000	643 360	600 000
6	大渡口区	四三六钢材市场	1998 年 12 月	70 000	650 000	600 000

表1-14（续）

序号	区县	市场名称	建成投运时间	营业面积（平方米）	交易总额（万元）	
					2014 年	2015 年
7	沙坪坝区	重庆巨龙钢材市场	2006 年 2 月 22 日	73 000	1 571 040	522 272

数据来源：根据重庆市各区县商务局提供数据整理。

2. 五金机电市场

2015 年全市五金机电市场共有 24 个，营业面积 154.98 万平方米，交易额 375.32 亿元，比 2014 年增加了 67.74 亿元。其中亿元级市场 16 个，大足区龙水五金市场群为百亿元级市场。2015 年，大足区龙水五金商贸城、渝北区海领国际工程机械交易中心、合川区翔骏机电城 3 个市场为新增市场。十亿元级五金机电市场见表 1-15。

表 1-15　全市十亿元级五金机电市场明细表（2015 年）

序号	区县	市场名称	开业时间	营业面积（平方米）	交易总额(万元)
					2015 年
1	大足区	龙水五金市场群		397 910	1 980 000
2	九龙坡区	渝州交易城	1995 年	60 000	389 650
3	九龙坡区	陈家坪机电市场	1996 年	65 000	286 900
4	九龙坡区	渝州五金机电城	2006 年 6 月	50 000	286 000
5	九龙坡区	金冠捷莱五金机电市场	2005 年 8 月	24 000	235 600
6	九龙坡区	高新机电市场	2003 年 3 月	16 000	179 620
7	九龙坡区	金科九龙机电城	2008 年 12 月	140 000	156 000

数据来源：根据重庆市各区县商务局提供数据整理。

3. 汽摩配件市场

2015 年全市营业面积 5 000 平方米以上汽摩配市场共有 31 个，营业面积 211.79 万平方米，交易额 806.3 亿元，比 2014 年增加了 89.93 亿元。其中亿元级市场 24 个，汽博中心和渝南汽车市场为百亿元级市场。2015 年，关闭 1 个铜梁区汽摩综合交易市场，新增九龙坡区华璞城汽车时代广场、大足区二手车交易市场（一期）、渝北区纵达城二手车及用品市场 3 个市场。全市汽摩配件市场类别见表 1-16。

表 1-16 全市汽摩配件市场类别明细表（2015 年）

市场类别	市场数量（个）	经营面积（万平方米）	交易总额（亿元）
汽车综合类	4	50	294.3
汽车整车	5	37.59	294.59
汽摩配件	14	102.03	163.51
汽摩用品	1	1.8	6.7
二手车	7	20.37	47.21
合计	31	211.79	806.31

数据来源：根据重庆市各区县商务局提供数据整理。

4. 家居建材市场

2015 年全市家居建材市场共有 118 个，营业面积 602.38 万平方米，交易额 661.42 亿元。其中亿元级市场 71 个，巴南区铠恩国际家居名都为百亿元级市场。2015 年，关闭渝中区家佳喜装饰市场、涪陵区福满堂装饰城 2 个市场，新增石柱县汇美家居建材市场、彭水县银利源建材市场、梁平县亿联建材家居五金城、垫江县美家美建材城、璧山区大红鼎家居建材市场 5 个市场。全市家居建材市场见表 1-17。

表 1-17 全市家居建材市场类别明细表（2015 年）

市场类别	市场数量（个）	经营面积（万平方米）	交易总额（亿元）
家居建材	53	240.57	281.32
装饰建材	41	208.27	233.18
灯饰	6	34.64	30.38
木材	10	37.9	22.26
石材	5	67	78.88
酒店用品	2	4	5.4
玻璃型材	1	10	10
合计	118	602.38	661.42

数据来源：根据重庆市各区县商务局提供数据整理。

5. 服装小商品市场

服装小商品市场主要包括工业消费品综合市场以及服装鞋帽、小商品、休闲娱乐、书刊等专业市场。2015 年全市营业面积在 5 000 平方米以上的服装小商品市场共有 50 个，营业面积 271 万平方米，交易额 790.7 亿元，比 2014 年增加了 75.09 亿元。其中亿元级服装小商品市场 32 个，朝天门市场群、中国永川商贸城为百亿元级市场。全市服装小商品市场类别见表 1-18。

表 1-18　　全市服装小商品市场类别明细表（2015 年）

市场类别	市场数量（个）	经营面积（万平方米）	交易总额（亿元）
综合类市场	22	132.28	339.66
服装鞋帽市场	9	72.39	392.43
小商品市场	14	49.32	33.82
其他市场（休闲娱乐品、塑料制品、家纺、美容美发、书刊）	5	17.16	24.84
合计	50	271.15	790.75

数据来源：根据重庆市各区县商务局提供数据整理，朝天门市场群共 29 个市场，计 1 个市场群。

6. 农产品综合专业市场

2015 年全市农产品综合专业市场共有 58 个，营业面积 237.5 万平方米，交易额 1 045.69 亿元，比 2014 年增加了 195.84 亿元。其中亿元级市场 43 个，江津区双福国际农贸城、江北区观音桥农产品批发市场、大渡口区万吨冻品交易市场为百亿元级市场。2015 年，梁平县渝惠农产品批发市场、九龙坡区明品福冻品市场、永川区吉之汇国际农贸物流城 3 个市场为新增市场，关停转永川区农副产品综合批发市场、江北区盘溪水果批发市场 2 个市场。全市农产品综合专业市场类别见表 1-19。

表 1-19　　全市农产品综合专业市场类别明细表（2015 年）

市场类别	市场数量（个）	经营面积（万平方米）	交易总额（亿元）
综合	22	120.21	491.04
蔬菜	7	18.43	30.25
冻品	4	18.94	255.80
食品	3	6	8.81

表1-19(续)

市场类别	市场数量（个）	经营面积（万平方米）	交易总额（亿元）
水产	3	5	74.90
茶叶	3	7.80	1.72
中药材	4	10.46	19.83
饲料	3	13.12	15.72
粮油	2	3.20	24.89
果品	3	6.72	29.36
花木	2	21.23	92.11
花椒	1	2.40	0.35
畜产	1	4.00	0.90
合计	58	237.51	1 045.69

数据来源：根据重庆市各区县商务局提供数据整理。

四、已建市场区域分布

（一）已建商品交易市场区域分布

2015 年，全市已建成商品交易市场（包括综合专业市场、城区菜市场、乡镇农贸市场）1 964 个，将其按五大功能区域划分情况如下，分区域汇总表及分布占比见表 1-20、表 1-21。

都市功能核心区和拓展区已建成商品交易市场 549 个，比 2014 年增加了 61 个；营业面积 1 069.18 万平方米，比 2014 年增加了 22.1 万平方米；经营户数 9.71 万户，与 2014 年持平；从业人员 31.59 万人，比 2014 年减少了 2.21 万人；交易总额 3 620.43 亿元，比 2014 年减少了 44.67 亿元。

城市发展新区已建成商品交易市场 655 个，比 2014 年增加了 18 个；营业面积 664.23 万平方米，比 2014 年增加了 30.43 万平方米；经营户数 10.75 万户，比 2014 年增加了 0.45 万户；从业人员 26.82 万人，比 2014 年增加了 2.42 万人；交易总额 1 259.46 亿元，比 2014 年增加了 270.06 亿元。

渝东北生态涵养发展区已建成商品交易市场 509 个，比 2014 年增加了 7 个；

营业面积259.05万平方米，比2014年增加了17.65万平方米；经营户数6.12万户，比2014年增加了0.12万户；从业人员13.59万人，比2014年增加了0.39万人；交易总额463.63亿元，比2014年增加了17.03亿元。

渝东南生态保护发展区已建成商品交易市场251个，比2014年增加了21个；营业面积131.16万平方米，比2014年减少了1.04万平方米；经营户数2.86万户，比2014年增加了0.16万户；从业人员5.72万人，比2014年增加了0.32万人；交易总额130.22亿元，比2014年增加了10.72亿元。

表1-20　　全市已建商品交易市场分区域汇总表（2015年）

序号	区县	市场个数（个）	营业面积（平方米）	经营户数（户）	从业人员（人）	交易额（万元）
1	渝中区	73	903 255	21 969	59 077	6 378 000
2	大渡口区	38	582 940	4 082	13 860	3 393 749
3	江北区	52	808 051	5 971	21 781	2 634 712
4	沙坪坝区	49	1 280 570	7 927	21 556	3 168 299
5	九龙坡区	98	3 454 158	24 348	102 912	6 779 255
6	南岸区	44	583 123	7 135	22 054	5 000 299
7	北碚区	51	226 976	5 864	11 417	212 389
8	渝北区	70	924 315	7 807	26 189	574 465
9	巴南区	67	1 190 402	10 241	27 154	4 838 138
10	北部新区	7	738 000	1 803	9 870	3 225 000
	都市功能核心区和拓展区合计	549	10 691 790	97 147	315 870	36 204 306
11	涪陵区	80	475 981	9 070	21 307	1 284 115
12	长寿区	30	176 817	3 786	10 360	330 794
13	江津区	82	1 683 581	15 153	47 878	3 354 960
14	合川区	81	754 076	15 995	43 107	631 326
15	永川区	89	866 220	11 303	20 744	1 829 283
16	南川区	36	104 498	3 446	8 400	238 537
17	綦江区	39	123 694	5 885	11 432	142 896
18	万盛经开区	16	32 263	2 168	5 239	71 121
19	潼南区	33	344 160	4 399	11 567	237 505

表1-20(续)

序号	区县	市场个数（个）	营业面积（平方米）	经营户数（户）	从业人员（人）	交易额（万元）
20	铜梁区	47	203 239	7 023	12 560	241 723
21	大足区	45	593 155	13 442	36 931	3 318 216
22	荣昌区	33	849 408	9 397	20 354	700 980
23	璧山区	44	435 255	6 427	18 336	573 156
	城市发展新区合计	655	6 642 347	107 494	268 215	12 954 612
24	万州区	105	851 839	17 213	40 880	2 587 927
25	梁平县	47	261 556	5 397	10 456	265 000
26	城口县	22	17 026	1 227	2 450	23 320
27	丰都县	34	123 860	3 480	6 728	204 475
28	垫江县	44	362 255	6 988	14 275	394 697
29	忠县	42	171 840	4 020	13 683	102 675
30	开州区	66	362 246	8 617	18 593	527 937
31	云阳县	63	219 405	6 626	12 473	175 905
32	奉节县	41	122 440	4 030	8 252	245 688
33	巫山县	18	52 010	1 485	3 307	44 958
34	巫溪县	27	46 008	2 131	4 768	63 701
	渝东北生态涵养发展区合计	509	2 590 485	61 214	135 865	4 636 283
35	黔江区	41	279 469	5 604	11 617	520 612
36	武隆县	30	79 200	3 704	5 350	100 650
37	石柱县	41	128 650	3 542	7 786	170 160
38	秀山县	39	545 204	7 501	17 279	281 297
39	酉阳县	46	177 280	3 816	6 540	119 180
40	彭水县	54	101 793	4 450	8 606	110 300
	渝东南生态保护发展区合计	251	1 311 596	28 617	57 178	1 302 199
	总计	1 964	21 236 218	294 472	777 128	55 097 400

数据来源：根据重庆市各区县商务局提供数据整理。此表包括综合专业市场、城区菜市场、乡镇农贸市场，除北部新区未统计菜市场。

表 1-21　五大功能区已建成商品交易市场分布及在全市占比表（2015 年）

区域	市场数量（个）	占比（%）	营业面积(万平方米）	占比（%）	经营户数（万户）	占比（%）	从业人员（万人）	占比（%）	交易总额（亿元）	占比（%）
都市功能核心区及拓展区	549	27.95	1 069.18	50.35	9.71	32.97	31.59	40.65	3 620.43	65.71
城市发展新区	655	33.35	664.23	31.28	10.75	36.5	26.82	34.51	1 295.46	23.51
渝东北生态涵养发展区	509	25.92	259.05	12.2	6.12	20.78	13.59	17.49	463.63	8.41
渝东南生态保护发展区	251	12.78	131.16	6.18	2.86	9.71	5.72	7.36	130.22	2.36
合计	1 964		2 123.62		29.45		77.71		5 509.74	

数据来源：根据重庆市各区县商务局提供数据整理。

（二）已建综合专业市场区域分布

2015 年，全市已建成综合专业市场（不含城区菜市场、乡镇农贸市场）386 个，按五大功能区域划分情况如下，分区域汇总表及在全市占比见表 1-22、表 1-23。

都市功能核心区和拓展区已建成综合专业市场 212 个，比 2014 年减少了 3 个；营业面积 980.11 万平方米，比 2014 年增加了 23.44 万平方米；经营户数 5.82 万户，比 2014 年减少了 0.17 万户；从业人员 23.89 万人，比 2014 年减少了 2.73 万人；交易总额 3 491.51 亿元，比 2014 年减少了 56.77 亿元。

城市发展新区已建成综合专业市场 86 个，与 2014 年持平；营业面积 491.71 万平方米，比 2014 年增加了 28.87 万平方米；经营户数 3.2 万户，比 2014 年增加了 0.33 万户；从业人员 12.26 万人，比 2014 年增加了 2.35 万人；交易总额 1 011.49 亿元，比 2014 年增加了 299.87 亿元。

渝东北生态涵养发展区已建成综合专业市场 58 个，比 2014 年增加了 4 个；营业面积 148.37 万平方米，比 2014 年增加了 17.06 万平方米；经营户数 1.59 万户，比 2014 年增加了 0.07 万户；从业人员 4.59 万人，比 2014 年增加了 0.3 万人；交易总额 321.56 亿元，比 2014 年增加了 16.51 亿元。

渝东南生态保护发展区已建成综合专业市场 30 个，比 2014 年增加了 2 个；营业面积 85.06 万平方米，比 2014 年减少了 4.48 万平方米；经营户数 0.37 万户，与2014年基本持平；从业人员1.32万人，比2014年增加了0.03万人；交易总额57.99亿元，比2014年增加了7.03亿元。

表1-22　全市已建综合专业市场分区域汇总表（2015年）

序号	区县	市场总数（个）		营业面积（平方米）		经营户数（户）		从业人员（人）		交易总额（万元）	
		2014年	2015年	2014年	2015年	2014年	2015年	2014年	2015年	2014年	2015年
1	渝中区	58	57	1 084 952	845 172	20 448	18 639	81 636	52 692	5 526 396	6 224 200
2	大渡口区	6	6	523 370	523 370	2 820	2 335	10 120	8 870	3 674 517	3 346 619
3	江北区	21	21	766 807	737 677	4 169	4 093	19 724	18 652	2 984 244	2 564 235
4	沙坪坝区	17	18	1 239 540	1 209 540	3 710	3 607	17 320	14 178	3 795 358	3 022 489
5	九龙坡区	56	54	2 986 741	3 325 800	17 317	16 815	84 290	86 689	6 870 860	6 650 240
6	南岸区	15	15	462 000	464 000	2 568	2 590	13 448	14 749	4 467 696	4 720 074
7	北碚区	10	10	120 488	120 464	2 023	2 193	5 338	3 658	77 198	67 300
8	渝北区	18	17	589 900	776 165	3 120	3 496	12 797	16 476	700 991	431 800
9	巴南区	7	7	738 000	1 060 867	1 596	2 671	9 800	13 098	4 504 582	4 663 144
10	北部新区	7	7	1 054 867	738 000	2 216	1 803	11 789	9 870	2 881 000	3 225 000
都市功能核心区和拓展区合计		215	212	9 566 665	9 801 055	59 987	58 242	266 262	238 932	35 482 842	34 915 101
11	涪陵区	12	10	334 000	266 435	2 036	2 145	6 142	5 218	542 644	646 420
12	长寿区	2	3	21 300	114 540	132	171	369	478	52 000	50 300
13	江津区	13	12	1 262 286	1 463 916	5 175	7 027	19 287	34 068	1 117 565	3 063 790
14	合川区	11	12	453 850	506 450	4 648	3 650	18 099	18 209	441 503	375 291
15	永川区	11	10	626 022	592 322	3 602	2 951	9 638	7 703	1 641 934	1 545 133
16	南川区	3	3	44 100	44 100	561	580	1 319	1 520	55 982	50 173
17	潼南区	3	3	268 000	268 000	900	1 101	2 842	3 494	127 000	160 500
18	铜梁区	4	4	94 000	58 500	650	963	1 400	2 770	77 314	147 330
19	大足区	10	11	489 310	499 310	6 345	8 679	24 932	28 462	2 019 688	3 086 706
20	荣昌区	4	4	692 000	740 000	2 845	2 900	9 120	9 900	466 030	478 000
21	璧山区	11	12	315 500	335 500	1 617	1 634	5 383	10 140	559 945	495 930
22	綦江区	2	2	28 000	28 000	165	181	570	612	14 563	15 293
城市发展新区合计		86	86	4 628 368	4 917 073	28 676	31 982	99 101	122 574	7 116 168	10 114 866
23	万州区	18	17	574 360	545 800	6 400	6 086	17 213	16 647	2 130 573	2 191 107
24	梁平县	3	5	42 000	192 000	890	1 470	2 100	4 376	94 438	140 340
25	丰都县	3	3	78 000	78 000	500	530	1 300	1 580	32 810	34 200
26	忠县	4	4	121 800	121 000	565	555	4 840	4 820	30 996	50 500

表1-22(续)

序号	区县	市场总数（个）		营业面积（平方米）		经营户数（户）		从业人员（人）		交易总额（万元）	
		2014年	2015年	2014年	2015年	2014年	2015年	2014年	2015年	2014年	2015年
27	开州区	7	7	120 766	107 766	2 230	2 230	6 715	6 598	344 665	383 897
28	云阳县	5	7	76 350	111 350	753	941	1 510	2 212	50 156	60 695
29	奉节县	6	6	82 560	82 560	1 932	1 962	4 617	4 698	112 367	121 540
30	巫溪县	1	1	6 126	6 126	0	210	0	391	0	4 100
31	垫江县	7	8	211 170	239 125	1 934	1 910	4 612	4 582	254 500	229 247
渝东北生态涵养发展区合计		54	58	1 313 132	1 483 727	15 204	15 894	42 907	45 904	3 050 505	3 215 626
32	黔江区	10	10	220 580	220 580	715	659	4 208	2 954	280 089	322 979
33	石柱县	2	4	40 800	52 900	526	441	1 080	1 425	43 300	61 200
34	秀山县	10	10	459 385	459 385	1 889	1 783	6 415	6 659	172 913	171 506
35	酉阳县	6	5	174 600	97 700	640	749	1 230	1 945	13 300	22 170
36	彭水县	0	1	0	20 000	0	70	0	210	0	2 000
渝东南生态保护发展区合计		28	30	895 365	850 565	3 770	3 702	12 933	13 193	509 602	579 855
合计		383	386	16 403 530	17 052 420	107 637	109 820	421 203	420 603	46 154 817	48 825 447

数据来源：根据重庆市各区县商务局提供数据整理。

表 1-23　五大功能区已建成综合专业市场分布及在全市占比表（2015 年）

区域	市场数量（个）	占比（%）	营业面积（万平方米）	占比（%）	经营户数（万户）	占比（%）	从业人员（万人）	占比（%）	交易总额（亿元）	占比（%）
都市功能核心区及拓展区	212	54. 92	980. 11	57. 48	5. 82	53. 0	23. 89	56. 8	3 491. 51	71. 51
城市发展新区	86	22. 28	491. 71	28. 84	3. 2	29. 14	12. 26	29. 15	1 011. 49	20. 72
渝东北生态涵养发展区	58	15. 03	148. 37	8. 7	1. 59	14. 48	4. 59	10. 91	321. 56	6. 59
渝东南生态保护发展区	30	7. 77	85. 06	4. 99	0. 37	3. 37	1. 32	3. 14	57. 99	1. 19
合计	386		1 705. 24		10. 98		42. 06		4 882. 54	

数据来源：根据重庆市各区县商务局提供数据整理。

五、在建市场项目

（一）在建商品交易市场总体规模

2015 年，全市商品交易市场（包括综合专业市场、城区菜市场、乡镇农贸市场）在建项目共 159 个，规划占地面积 2 880. 83 万平方米，建筑面积 3 243. 8 万平方米，计划投资 1 272. 55 亿元。平均每个项目占地 18. 12 万平方米，建筑面积 20. 4 万平方米，投资额 8 亿元。在建市场项目汇总情况，见表 1-24。

表 1-24 重庆市商品交易市场在建项目区县汇总表（2015 年）

序号	区县	市场项目数（个）	占地面积（平方米）	建筑面积（平方米）	计划投资（万元）
1	渝中区				
2	大渡口区	7	161 746	77 900	70 000
3	江北区	2	53 280	160 000	30 000
4	沙坪坝区	3	894 438	1 040 000	520 000
5	九龙坡区	7	1 744 920	3 980 000	1 650 000
6	南岸区	2	2 304 360	552 000	2 950 000
7	北碚区	2	2 000	1 900	24
8	渝北区	6	299 784	1 580 025	611 849
9	巴南区	6	15 004 908	15 421 750	2 286 800
10	两江新区①	1	666 000	300 000	100 000
都市功能核心区和拓展区合计		36	21 131 436	23 113 575	8 218 673
11	涪陵区	9	634 081	834 532	330 663
12	长寿区	2	246 420	160 000	130 000
13	江津区	7	1 079 620	747 310	834 000
14	合川区	3	267 732	390 000	150 000
15	永川区	5	506 826	625 600	232 600
16	南川区	6	642 268	597 750	262 680
17	潼南区				

① 两江新区是重庆市下辖的副省级新区、国家级新区，是继上海浦东新区、天津滨海新区后，由国务院直接批复的第三个国家级开发开放新区。

表1-24(续)

序号	区县	市场项目数（个）	占地面积（平方米）	建筑面积（平方米）	计划投资（万元）
18	铜梁区	6	125 732	166 000	58 000
19	大足区	8	577 053	852 100	665 230
20	荣昌区	7	197 624	295 650	131 050
21	璧山区	2	187 980	161 500	300 100
22	綦江区	7	63 041	125 580	64 172
23	万盛经开区	6	142 200	158 000	51 540
城市发展新区合计		68	4 670 577	5 114 022	3 210 035
24	万州区	5	215 506	454 171	100 470
25	梁平县				
26	丰都县	2	323 210	230 000	80 000
27	垫江县	1	13 320	13 000	2 000
28	忠县	1	58 608	250 000	100 000
29	开州区	2	222 444	180 000	200 000
30	云阳县	8	137 573	107 644	85 439
31	奉节县	8	204 484	284 475	73 330
32	巫山县	5	66 071	203 100	60 320
33	巫溪县	2	82 920	138 000	30 110
34	城口县	2	33 300	40 000	20 060
渝东北生态涵养发展区合计		36	1 357 436	1 900 390	751 729
35	黔江区	7	731 934	850 000	320 000
36	武隆县				
37	石柱县	2	308 892	301 000	70 095
38	秀山县	6	542 790	1 050 000	110 000
39	酉阳县				
40	彭水县	4	65 276	109 000	45 000
渝东南生态保护发展区合计		19	1 648 892	2 310 000	545 095
合计		159	28 808 341	32 437 987	12 725 532

数据来源：根据重庆市各区县商务局提供数据整理。此表包含在建综合专业市场、乡镇农贸市场、城区菜市场。

（二）在建综合专业市场

2015年，全市综合专业市场（不含城区菜市场、乡镇农贸市场）在建项目共85个（其中续建项目67个，新开工项目18个），规划占地面积2 858.30万平方米，建筑面积3 222.30万平方米，计划投资1 266.30亿元。平均每个项目占地33.63万平方米，建筑面积37.91万平方米，投资额14.90亿元。在建综合专业市场项目汇总情况，见表1-25。

表1-25　　重庆市综合专业市场在建项目区县汇总表（2015年）

序号	区县	市场项目数（个）	占地面积（万平方米）	建筑面积（平方米）	计划投资（亿元）
1	渝中区				
2	大渡口区	2	15.4	7	7
3	江北区	2	5.3	16	3
4	沙坪坝区	3	89.5	104	52
5	九龙坡区	7	174.7	398	165
6	南岸区	2	230.7	55.2	295
7	北碚区				
8	渝北区	2	28.1	157	61
9	巴南区	4	1 497.9	1 542	228
10	两江新区	1	66.7	30	10
都市功能核心区和拓展区合计		23	2 108.3	2 309.2	821
11	涪陵区	6	62.7	83	33
12	长寿区	2	24.7	16	13
13	江津区	2	106.7	70	82
14	合川区	3	26.8	39	15
15	永川区	3	50.7	61	23
16	南川区	3	63.2	59	26
17	潼南区				
18	铜梁区	2	8.5	16	5.8
19	大足区	4	55.3	83	66

表1-25(续)

序号	区县	市场项目数（个）	占地面积（万平方米）	建筑面积（平方米）	计划投资（亿元）
20	荣昌区	3	18.3	28.8	13
21	璧山区	1	18.7	16	30
22	綦江区	1	5	10	6
23	万盛经开区	2	13.3	15	5
城市发展新区合计		32	453.9	496.8	317.8
24	万州区	1	19.8	44	10
25	梁平县				
26	丰都县	2	32.4	23	8
27	垫江县	1	1.3	1.3	0.2
28	忠县	1	5.9	25	10
29	开州区	2	22.3	18	20
30	云阳县	1	12.9	10	8
31	奉节县	4	19.9	28	7.3
32	巫山县	1	6.2	20	6
33	巫溪县	1	8	13	3
34	城口县	1	3.3	4	2
渝东北生态涵养发展区合计		15	132	186.3	74.5
35	黔江区	7	73.3	85	32
36	武隆县				
37	石柱县	1	30.8	30	7
38	秀山县	6	54.3	105	11
39	酉阳县				
40	彭水县	1	5.7	10	3
渝东南生态保护发展区合计		15	164.1	230	53
合计		85	2 858.3	3 222.3	1 266.3

数据来源：根据重庆市各区县商务局提供数据整理。

（三）在建城区菜市场和乡镇农贸市场

2015 年，全市在建城区菜市场、乡镇农贸市场共 74 个，规划占地面积 25.39 万平方米，建筑面积 21.5 万平方米，摊位数 3.53 万个，服务人口 108.36 万人，服务半径 136.9 千米，计划投资 6.25 亿元。平均每个项目占地 3 430.5 平方米，建筑面积 2 905.23 平方米，摊位数 477 个，服务人口 1.46 万人，服务半径 1 850 米，投资额 881.51 万元。在建城区菜市场、乡镇农贸市场项目汇总情况，见表 1-26。

表 1-26　　重庆市在建城区菜市场、乡镇农贸市场汇总表（2015 年）

序号	区县	市场个数	占地面积（平方米）	建筑面积（平方米）	摊位数（个）	服务人口（人）	服务半径（米）	投资额（万元）
1	大渡口区	5	7 900	7 900	580			
2	北碚区	2	2 000	1 900	196	26 000	3 600	24
3	渝北区	4	18 399	10 025	153	37 090	12 000	1 849
4	巴南区	2	41 220	1 750	80	10 000	1 000	6 800
5	涪陵区	3	8 041	4 532	235	60 530	11 000	663
6	江津区	5	14 020	47 310	2 478	160 000	10 500	14 000
7	永川区	2		15 600	700			2 600
8	南川区	3	10 500	7 750	600	35 000	2 300	2 680
9	铜梁区	4	40 484	6 000				
10	大足区	4	24 273	22 100	600	104 000	7 700	5 230
11	荣昌区	4	15 140	7 650	466	88 000	19 800	1 050
12	璧山区	1	1 500	1 500		20 000	1 000	100
13	綦江区	6	13 091	25 580	419	200 000	6 300	4 172
14	万盛经开区	4	9 000	8 000	300	75 000	8 000	1 540
15	万州区	4	17 704	14 171	570	36 000	8 600	470
16	云阳县	7	9 035	7 644	727	52 315	26 420	5 439
17	奉节县	4	5 550	4 475	260	53 500	1 700	330
18	巫山县	4	3 800	3 100	25 054	25 200	4 200	320
19	巫溪县	1	3 000	8 000	800	30 000	5 000	110
20	城口县	1				1 000		60

表1-26(续)

序号	区县	市场个数	占地面积（平方米）	建筑面积（平方米）	摊位数（个）	服务人口（人）	服务半径（米）	投资额（万元）
21	石柱县	1	1 200	1 000	50	5 000	5 000	95
22	彭水县	3	8 000	9 000	1 050	65 000	2 800	15 000
	合计	74	253 857	214 987	35 318	1 083 635	136 920	62 532

数据来源：根据重庆市各区县商务局提供数据整理。

（四）新开工市场

2015 年，全市商品交易市场新增项目共 18 个，规划占地 186.5 万平方米，占全市在建项目的 6.47%；建筑面积 246 万平方米，占全市项目的 7.58%；计划投资 127.14 亿元，占全市项目的 9.99%。新开工项目中，家居建材、灯饰、木材石材类共 9 个，占全部新开工市场的一半。新开工市场情况，见表 1-27。

表 1-27　　重庆市商品交易市场新开工项目统计表（2015 年）

序号	区县	项目名称	市场类别	开工时间	占地面积（万平方米）	建筑面积（万平方米）	计划投资（亿元）
1	大渡口区	红星美凯龙生活广场	家居建材	2015—2016 年	3	3	2
2	沙坪坝	中欧智慧光都	灯饰	2015—2024 年	48.5	75	42
3	渝北区	奔力酒店用品城（二期）	酒店用品	2015—2016 年	1.5	7	1
4	长寿区	小康汽车专业市场	汽车整车	2015—2018 年	13.3	16	6
5	合川区	茂田国际建博城（三期）	家居建材	2015—2017 年	2.5	6	3
6	合川区	锦润国际商贸城	家居建材	2015—2019 年	22.6	30	11.22
7	永川区	永川红星美凯龙家悦中心	家居建材	2015—2017 年	6.1	6	3
8	永川区	川渝特色旅游综合交易市场	旅游	2015—2020 年	18	15	10
9	铜梁区	玺龙时代商城	五金机电	2015—2017 年	1	2	8
10	荣昌区	红星美凯龙生活广场	家居建材	2015—2017 年	4.1	13	8

表1-27(续)

序号	区县	项目名称	市场类别	开工时间	占地面积（万平方米）	建筑面积（万平方米）	计划投资（亿元）
11	丰都县	粮食物流园	粮油	2015—2018 年	19.0	18	5
12	垫江县	农产品批发市场	综合	2015—2016 年	1.3	1	0.2
13	开州区	渝东北农产品批发交易市场	木材石材	2015—2017 年	10.7	8	5
14	开州区	亿丰国际开州商贸城	家居建材	2015—2018 年	11.6	10	15
15	奉节县	特色农产品冷链物流展销市场	农产品	2015—2016 年	2	1	0.32
16	奉节县	奉节亿丰三峡商都汽贸城	汽摩	2015—2017 年	5.3	8	2.4
17	奉节县	奉节国际商贸城	五金机电	2015—2017 年	8	14	2
18	巫溪县	巫溪亿联建材家居五金城	家居建材	2015—2018 年	8	13	3
	合计	18			186.5	246	127.14

数据来源：根据重庆市各区县商务局提供数据整理。

六、拟建市场项目

（一）拟建综合专业市场

“十三五”期间，重庆市综合专业市场（不含乡镇农贸市场和城区菜市场）规划兴建项目共计 44 个，占地面积 523.2 万平方米，建筑面积 577 万平方米，投资规模 370 亿元。拟建综合专业市场项目汇总情况，见表 1-28。

表 1-28　全市拟建综合专业市场项目汇总表（2016—2020）

序号	区县	市场个数（个）	占地面积（万平方米）	建筑面积（万平方米）	规划投资（亿元）
1	渝北区	2	7.5		0.4
2	涪陵区	1	21.5	42	10
3	长寿区	3	52.5	43	23

表1-28(续)

序号	区县	市场个数（个）	占地面积（万平方米）	建筑面积（万平方米）	规划投资（亿元）
4	江津区	1	1	6	1
5	合川区	6	80	109	188
6	綦江区	4	62	61	20
7	璧山区	1	66.7	50	2
8	万州区	3	78.3	130	60
9	城口县	1	10	9	8
10	丰都县	2	16	25	14
11	垫江县	6	32	30	20
12	忠县	1	10	6	3
13	奉节县	5	36.7	29	8
14	巫山县	1	5.2	5	1
15	黔江区	2	7.8	10	3
16	石柱县	1	1.3	1	1
17	酉阳县	2	14.7	15	4
18	彭水县	2	0	6	4
	总计	44	523.2	577	370

数据来源：根据重庆市各区县商务局提供数据整理。

（二）拟建在区菜市场和乡镇农贸市场

“十三五”期间，全市规划兴建乡镇农贸市场和城区菜市场项目共计204个，占地面积50.99万平方米，建筑面积53.75万平方米，投资规模8.92亿元。拟建城区菜市场和乡镇农贸市场项目汇总情况，见表1-29。

表1-29 全市拟建城区菜市场和乡镇农贸市场项目汇总表（2016—2020年）

序号	区县	市场个数（个）	占地面积（平方米）	建筑面积（平方米）	投资额（万元）
1	江北区	2	9 500	2 700	500
2	九龙坡区	3	6 500	6 500	630

表1-29(续)

序号	区县	市场个数（个）	占地面积（平方米）	建筑面积（平方米）	投资额（万元）
3	北碚区	2	13 200	1 400	6
4	渝北区	1	1 500	3 000	148
5	巴南区	13	42 002	11 682	3 670
6	涪陵区	7	10 100	9 150	1 408
7	长寿区	9	17 916	27 100	0
8	江津区	13	34 729	22 771	4 588
9	合川区	18	120 200	94 800	5 100
10	綦江区	29	15 260	109 750	2 460
11	万盛经开区	1	1 200	1 200	240
12	铜梁区	1	7 000	0	0
13	大足区	5	56 631	74 419	46 325
14	荣昌区	1	2 200	1 600	80
15	万州区	15	52 300	51 000	2 690
16	梁平县	13	30 200	25 450	3 690
17	城口县	7	0	0	900
18	丰都县	1	4 000	3 500	200
19	垫江县	5	5 000	15 500	0
20	忠县	1	500	700	0
21	云阳县	7	12 547	15 527	1 533
22	奉节县	11	18 900	15 600	1 410
23	巫山县	5	11 500	12 600	1 180
24	黔江区	4	8 700	5 900	9 100
25	石柱县	5	11 350	8 700	1 500
26	酉阳县	21	17 000	17 000	1 820
27	彭水县	4	0	0	0
	总计	204	509 935	537 549	89 177

数据来源：根据重庆市各区县商务局提供数据整理。

第二章　2015 年重庆市商品交易市场对国民经济发展的贡献

消费是经济增长的主动力，所以“十二五”规划明确提出“建立扩大消费长效机制”，这也足见消费已成为近年来我国经济发展的重要手段。“十二五”期间，得益于全国和全市多项商品交易优惠政策，重庆市商品交易市场的发展取得了令人瞩目的成绩。近年来，重庆市商品交易市场发展迅速，已经形成了经营规模分层、方式分化、主体多元的商品交易市场体系，其在提高经济运行效率、活跃商品流通、扩大城乡就业、推动国民经济发展、改善民生等方面的功能进一步显现，为全市经济的发展做出了突出贡献。

一、商品交易市场对贸易额的贡献度分析

（一）商品交易市场交易额保持平稳增长

商品交易额作为衡量商品交易市场对全市经济社会发展的基础核心指标，反应了商品交易市场的基本经济情况。“十二五”期间，重庆市紧紧围绕“科学发展、富民兴渝”的总任务，主动适应经济发展新常态，引进外资和新技术，引入全新管理理念，加快商品交易市场的建设步伐。2015 年全国经济整体增速平稳，重庆市商品经济的发展亦保持平稳增长，这与宏观经济的运行状况是相匹配的。

2011—2015 年，全市商品交易市场规模不断增加，增长率也不断波动。2015 年，全市商品交易市场实现交易额 5 509.7 亿元，比上年增加了 290 亿元，上升幅度为 5.6%①，相比 2011 年超过 18%的高速增长其增速有所减缓，符合重庆市宏观经济发展的实际和趋势。

① 此处数据来源于本书课题组的调研数据。

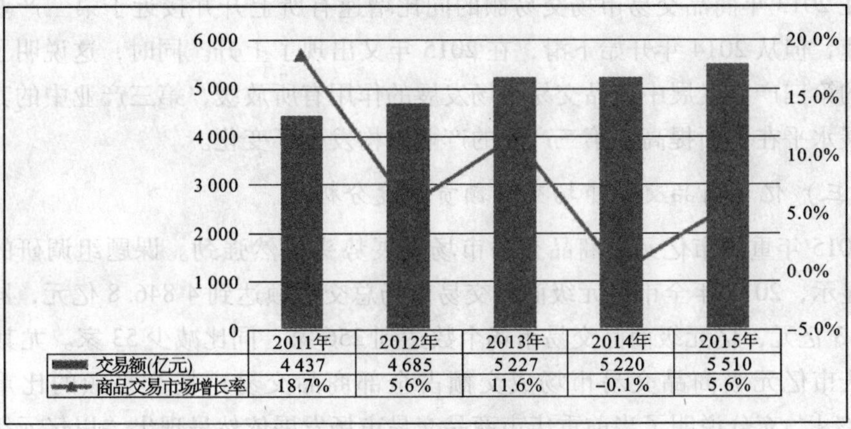

图 2-1　2011—2015 年重庆市商品交易市场交易额增长率变化曲线

（二）商品交易额增速与第三产业增加值增速的比较

商品交易额增加值作为第三产业增加值的重要组成部分，对整个第三产业的发展功不可没。从下图 2-2 中可以看出 2011—2015 年重庆市商品交易额同比增长速度的变化幅度和第三产业增加值同比增长速度的变化大致呈现正相关关系。图中只有 2011 年商品交易市场交易额同比增速高于第三产业增加值同比增速，从 2012 年开始商品交易市场交易额同比增速明显低于第三产业增加值同比增速。

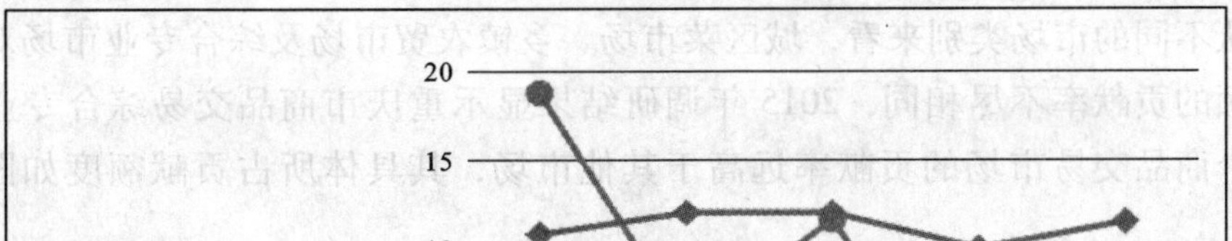

图 2-2　2011—2015 年重庆商品交易额增长率与第三产业增加值增长率变化曲线

虽然在2013年商品交易市场交易额的同比增速有所上升并接近于第三产业增加值增速，但从2014年开始下滑，在2015年又出现了上升。同时，这说明了在重庆市的第三产业发展中商品交易市场发展的作用有所放缓，第三产业中的其他产业发展水平在不断提高，第三产业的产业结构发生了变化。

（三）亿元商品交易市场交易额贡献度分析

2015年重庆市亿元级商品交易市场发展势头依然强劲。课题组调研的数据分析显示，2015年全市亿元级商品交易市场总交易额达到4 846. 8亿元，同比增加71. 3亿元，亿元级商品交易市场个数达到256家，同比减少53家。尤其2015年重庆市亿元级商品交易市场成交额占全部商品交易市场交易额的比重达到87. 97%①，充分说明了当前重庆市商品交易市场发展依然呈现出“以亿元级商品交易市场为主体，其他商品交易市场为辅”的经营格局。调研结果显示，2015年重庆市百亿元级商品交易市场主要集中在都市功能核心区及都市功能拓展区。包括重庆朝天门市场、南坪医药市场、大足龙水五金市场、汽博中心在内的12家百亿级商品交易市场的交易额达到2 433. 8亿元，占据全市商品交易额的44. 17%。这说明大型商品交易市场在整个商品交易市场起主导贡献作用，重庆市政府应考虑引导和规划大型商品交易市场的集聚发展，发挥大型商品交易市场的带头作用，鼓励和推广其成功的商业模式和经营管理理念，从而在更大区域范围内辐射联动，带动周边区域商品经济的发展。

从不同的市场类别来看，城区菜市场、乡镇农贸市场及综合专业市场对商品交易额的贡献率不尽相同，2015年调研结果显示重庆市商品交易综合专业市场对整个商品交易市场的贡献率远高于其他市场，其具体所占贡献额度如图2-3所示。

---

① 数据来源于课题组调研统计资料

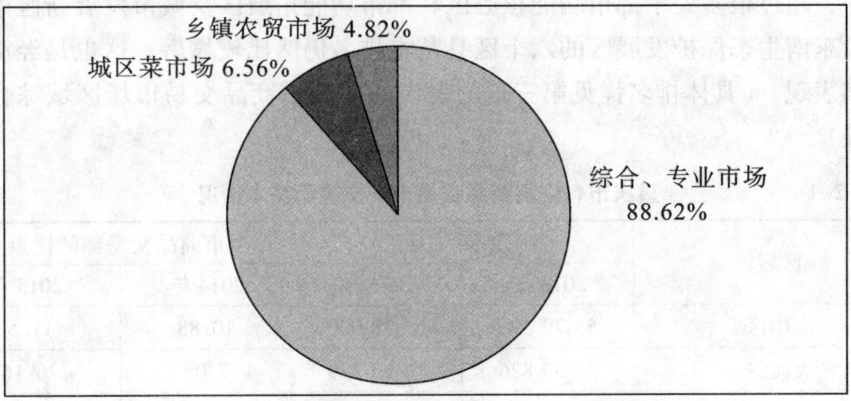

图 2-3 各类市场对商品交易市场的贡献度

（四）区县商品交易市场对交易额的贡献度分析

1. 各区县商品交易市场交易额显著上升

重庆市目前正在实施五大功能区域经济发展战略，这是对“一圈两翼”区域经济发展战略的沿革和拓展。虽然 2015 年重庆市各区县商品交易市场交易额较 2014 年有所上升，但是各功能区在商品市场发展方面的差距仍比较悬殊。总体而言，都市功能核心区及都市功能拓展区商品交易市场对全市商品交易市场的贡献度最大，各项指标均排名前列，且占绝对比例，其中九龙坡区、渝中区、南岸区、巴南区及大渡口区的贡献度突出；城市发展新区对全市商品交易市场的贡献度紧随其后，其中江津、大足、永川、涪陵较为突出；万州区是渝东北地区商品交易市场贡献度最大的区县，其次是开州区、垫江；渝东南生态保护发展区内黔江、秀山及石柱的商品交易市场贡献度较大，但区域总体贡献度偏小。

2. 各区县对交易额的贡献率分析

从表 2-1 中可以看出，从总量上来说，重庆市都市功能区、城市发展新区的商品交易总额强势高于渝东北生态涵养发展区与渝东南生态保护发展区的商品交易总额；从所占比例来讲，渝东北生态涵养发展区与渝东南生态保护发展区对商品交易额的贡献率只有 10. 77%，不足都市功能区、城市发展新区总和的八分之一。另外，从 2015 年各区县商品交易市场交易额占据全市商品交易额的比重排名来看，九龙坡区、渝中区、南岸区作为商品交易市场传统强区依然保持前三，地处渝东北生态涵养发展区的万州区其商品交易额占全市商品交易额的比重排名第十一，超过很多处于都市功能核心区、都市功能拓展区及城市发展新区中的区县，渝东南生态保护发展区的六个区县基本排名仍然比较靠后，这也是经济发展的现实表现。（具体排名详见第三章的表 3-4 重庆市商品交易市场区域综合发展排序表）

表 2-1　　重庆市各区县商品交易市场交易额基本情况

区域	交易总额（万元）		占全市商品交易额的比重（%）	
	2014 年	2015 年	2014 年	2015 年
渝中区	5 679 396	6 378 000	10. 88	11. 58
大渡口	3 680 826	3 393 749	7. 05	6. 16
江北区	3 039 374	2 634 712	5. 82	4. 78
沙坪坝	3 944 764	3 168 299	7. 56	5. 75
九龙坡区	6 999 820	6 779 255	13. 41	12. 30
南岸区	4 743 112	5 000 299	9. 09	9. 08
北碚区	202 898	212 389	0. 39	0. 39
渝北区	844 089	574 465	1. 62	1. 04
巴南区	4 616 642	4 838 138	8. 84	8. 78
北部新区	2 899 870	3 225 000	5. 55	5. 85
都市功能核心区、都市功能拓展区合计	36 650 791	36 204 306	70. 2	65. 71
涪陵区	1 115 994	1 284 115	2. 14	2. 33
长寿区	298 250	330 794	0. 57	0. 60
江津区	1 356 461	3 354 960	2. 6	6. 09
合川区	749 253	631 326	1. 44	1. 15
永川区	1 924 734	1 829 283	3. 69	3. 32
南川区	253 882	238 537	0. 49	0. 43
潼南区	201 120	237 505	0. 39	0. 43
铜梁区	178 432	241 723	0. 34	0. 44
大足区	2 248 935	3 318 216	4. 31	6. 02
荣昌区	726 153	700 980	1. 39	1. 27
璧山区	641 015	573 156	1. 23	1. 04

表2-1（续）

区域	交易总额（万元）		占全市商品交易额的比重（%）	
	2014 年	2015 年	2014 年	2015 年
綦江区	126 263	142 896	0.24	0.26
万盛经开区	73 375	71 121	0.14	0.13
城市发展新区合计	9 893 867	12 954 612	18.95	23.51
万州区	2 518 673	2 587 927	4.82	4.70
梁平县	211 788	265 000	0.41	0.48
城口县	25 728	23 320	0.05	0.04
丰都县	226 550	204 475	0.43	0.37
垫江县	428 820	394 697	0.82	0.72
忠县	78 316	102 675	0.15	0.19
开州区	480 115	527 937	0.92	0.96
云阳县	153 366	175 905	0.29	0.32
奉节县	233 367	245 688	0.45	0.45
巫山县	49 700	44 958	0.1	0.08
巫溪县	59 276	63 701	0.11	0.12
渝东北生态涵养发展区合计	4 465 699	4 636 283	8.55	8.41
黔江区	463 889	520 612	0.89	0.94
石柱县	138 800	170 160	0.27	0.31
秀山县	283 673	281 297	0.54	0.51
酉阳县	97 590	119 180	0.19	0.22
彭水县	102 410	110 300	0.2	0.20
武隆县	109 013	100 650	0.21	0.18
渝东南生态保护发展区合计	1 195 375	1 302 199	2.29	2.36

数据来源：根据重庆市各区县商务局提供数据整理。

从纵向的时间发展来看，2014 年重庆市渝东北生态涵养发展区与渝东南生态保护发展区的区县对全市商品交易市场交易额的贡献率分别是 8.55%、2.29%，而都市功能区、城市发展新区对重庆市商品交易市场交易额的贡献占绝对优势，其贡献率分别为70.2%、18.95%。发展到2015年，都市功能核心区及都市功能拓展区对重庆市商品交易市场交易额的贡献率下降到65.71%，相对2014年的贡献率下降4.49个百分点；城市发展新区对重庆市商品交易市场交易额的贡献率上升到23.51%，相对2014年的贡献率上升4.56个百分点。渝东北生态涵养发展区对全市商品交易市场交易额的贡献率略有下降，2015年下降0.14个百分点。同样的，渝东南生态保护发展区的商品交易额占比，继2015年小幅上涨之后略微上升0.07个百分点。由此可以明显看出，除都市功能核心区及都市功能拓展区、渝东北生态涵养发展区外，其余两大功能区对全市商品交易市场的贡献率逐步上升，这是全市商品经济发展的一个指向标，同时也表明重庆市在商品交易市场开办的环节更强调交易市场建设的区域规划，从而使商品交易市场的发展更加合理化、规范化。

二、商品交易市场对批发业的贡献度研究

（一）商品交易市场交易额占批发业交易额比重持续下降

商品交易市场交易额占批发业交易额的比重反映了商品交易市场在批发业中的地位和作用。“十二五”期间，重庆市商品交易市场建设进一步深化。在2015年全国经济整体缓慢发展的大前提下，全市商品经济的发展仍然呈现上升趋势，同时批发业的发展也呈现上升趋势。2015年，重庆市批发业交易额的上升幅度为16.30%，商品交易市场交易额上升幅度为5.60%，商品交易额占批发业交易额的比重呈现持续下降态势。

2011—2015年，全市商品交易市场规模不断增加，但商品交易额呈现下降趋势。2015年，全市实现批发业交易额14 306.5亿元，商品交易市场交易额占批发业交易额比重为38.51%，相比之下，2011年商品交易市场交易额占批发业交易额比重高达62.43%。“十二五”期间，商品交易额占批发业交易额比重不断下滑，这符合重庆市宏观经济发展的实际和趋势，同时也说明了传统商品交易市场的发展目前已遭遇了瓶颈，电子商务的发展壮大和物流业的迅速崛起给传统的商品交易市场带来了巨大冲击，因此传统商品交易市场亟待转型升级，尤其是传统商业模式的转型。

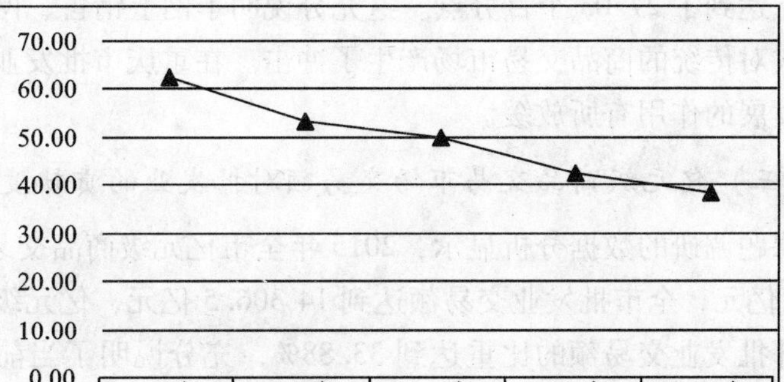

	2011年	2012年	2013年	2014年	2015年
商品交易市场交易额占批发业交易额比重(%)	62.43	53.31	50.08	42.44	38.51

图 2-4 2011—2015 年重庆市商品交易额占批发业交易额比重变化曲线

（二）商品交易额增速与批发业交易额增速的比较

商品交易额作为批发业交易额的重要组成部分，对整个批发业的贡献巨大。从图 2-5 中可以看出，2011—2015 年重庆市商品交易市场交易额同比增长速度的变化幅度和批发业交易额同比增长速度的变化呈现较为明显的正相关关系。图中“十二五”期间，商品交易市场交易额的同比增速明显低于批发业交易额同比增速。2011 年商品交易市场交易额的同比增速与批发业交易额同比增速差距

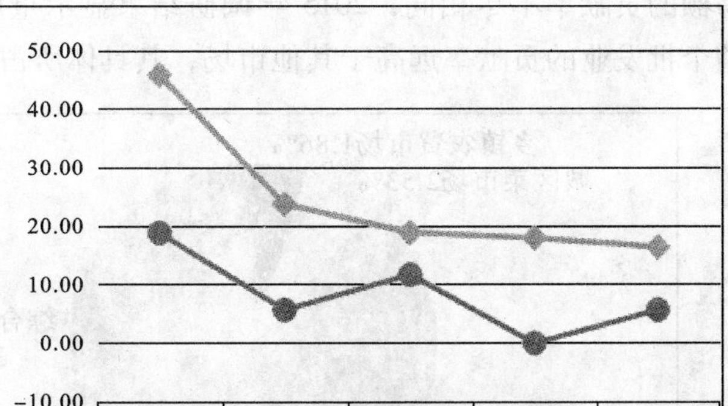

	2011年	2012年	2013年	2014年	2015年
商品市场交易额增长率（%）	18.70	5.60	11.60	-0.10	5.60
批发业交易额增长率（%）	45.73	23.65	18.79	17.85	16.30

图 2-5 2011—2015 年重庆商品交易额增长率与批发业交易额增长率变化曲线

最大，达到了27.03个百分点。这充分说明了网上销售、网络直销等新兴商品销售模式对传统的商品交易市场产生了冲击。在重庆市批发业的发展中，商品交易市场发展的作用有所放缓。

（三）亿元级商品交易市场交易额对批发业的贡献度分析

课题调研的数据分析显示，2015年全市亿元级商品交易市场总交易额达到4 846.8亿元，全市批发业交易额达到14 306.5亿元，亿元级商品交易市场成交额占全部批发业交易额的比重达到33.88%，充分说明了当前重庆市亿元商品交易市场的发展对批发业的发展起到了举足轻重的作用。课题组调研结果显示，2015年重庆市百亿元级商品交易市场主要集中在都市功能核心区及都市功能拓展区，包括重庆朝天门市场、南坪医药市场、大足龙水五金市场、汽博中心在内的12家百亿元级商品交易市场的交易额达到2 433.8亿元，占据全市批发业交易额的17.01%。这说明大型商品交易市场对批发业交易额贡献较大，重庆市政府应该着力发挥大型商品交易市场的带头作用，推广其商业模式和经营管理理念，辐射周边区域商品经济的发展，最终达到区域联动发展的效果。同时，重庆市政府推动区域市场一体化建设，拓展面向周边区域的大市场，形成内外联动的市场新格局；全面推进信息化建设，应用现代信息技术，对商品交易市场进行全面提升改造，为整合资源、提高效率、降低成本提供技术保障。

从不同的市场类别来看，城区菜市场、乡镇农贸市场及综合专业市场对批发业交易额的贡献率不尽相同，2015年调研结果显示重庆市商品交易综合专业市场对整个批发业的贡献率远高于其他市场，其具体所占贡献额度如图2-6所示。

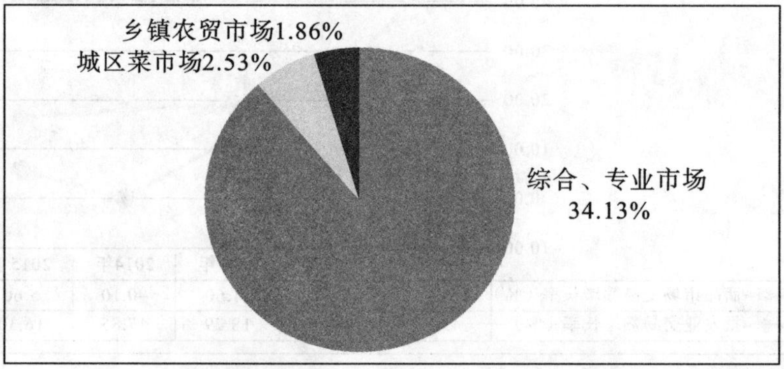

图2-6　各类市场对批发业交易额的贡献度

（四）区县商品交易市场对批发业的贡献度分析

1. 各区县商品交易市场交易额占批发额的比重持续下降

重庆市目前正在实施五大功能区域经济发展战略，在市委、市政府的坚强领导下，各区域、各区县着力推动特色发展、差异发展、协调发展，全市一体化科学发展的格局初步形成。“十二五”期间，重庆市各区县商品交易市场交易额占批发额的比重持续下降，各功能区商品经济发展对批发业的贡献度的差距悬殊很大。普遍来说，都市功能核心区及都市功能拓展区、城市发展新区商品交易市场发展的成熟度高，发展基础好，对批发业的贡献相对较大；而渝东北生态涵养发展区与渝东南生态保护发展区的商品交易市场发展基础较差但是发展潜力巨大，在批发业中的地位愈加重要。总体而言，重庆市各区县商品交易市场对整个重庆市批发市场的发展发挥了不同程度的作用。

2. 各区县交易额对批发业交易额的贡献率分析

从表2-2中各地区商品交易市场贸易额及其占据全市批发业交易额的份额这两个指标中可以看出，渝东北生态涵养发展区与渝东南生态保护发展区对批发业交易额的贡献率只有4.15%，不足都市功能核心区及都市功能拓展区、城市发展新区总和的八分之一。另外，从2015年各区县商品交易市场交易额占据全市批发业交易额的比重排名来看，九龙坡区、渝中区、南岸区作为商品交易市场传统强区依然保持前三，巴南区居于第四位，地处渝东北生态涵养发展区的万州区其商品交易市场交易额占全市批发业交易额的比重排名第十一，超过很多处于都市功能核心区及都市功能拓展区、城市发展新区中的区县，渝东南生态保护发展区的六个区县基本排名比较靠后。

表2-2 重庆市各区县商品交易市场交易额占批发业交易额比重基本情况

区域	交易总额（万元）		占全市批发业交易额的比重(%)	
	2014年	2015年	2014年	2015年
渝中区	5 679 396	6 378 000	3.97	4.46
大渡口	3 680 826	3 393 749	2.99	2.37
江北区	3 039 374	2 634 712	2.47	1.84
沙坪坝	3 944 764	3 168 299	3.21	2.21
九龙坡区	6 999 820	6 779 255	5.69	4.74

表2-2(续)

区域	交易总额（万元）		占全市批发业交易额的比重(%)	
	2014 年	2015 年	2014 年	2015 年
南岸区	4 743 112	5 000 299	3.86	3.50
北碚区	202 898	212 389	0.16	0.15
渝北区	844 089	574 465	0.69	0.40
巴南区	4 616 642	4 838 138	3.75	3.38
北部新区	2 899 870	3 225 000	2.36	2.25
都市功能核心区、都市功能拓展区合计	36 650 791	36 204 306	29.79	25.31
涪陵区	1 115 994	1 284 115	0.91	0.90
长寿区	298 250	330 794	0.24	0.23
江津区	1 356 461	3 354 960	1.10	2.35
合川区	749 253	631 326	0.61	0.44
永川区	1 924 734	1 829 283	1.56	1.28
南川区	253 882	238 537	0.21	0.17
潼南区	201 120	237 505	0.16	0.17
铜梁区	178 432	241 723	0.15	0.17
大足区	2 248 935	3 318 216	1.83	2.32
荣昌区	726 153	700 980	0.59	0.49
璧山区	641 015	573 156	0.52	0.40
綦江区	126 263	142 896	0.10	0.10
万盛经开区	73 375	71 121	0.06	0.05
城市发展新区合计	9 893 867	12 954 612	8.04	9.06
万州区	2 518 673	2 587 927	2.05	1.81
梁平县	211 788	265 000	0.17	0.19
城口	25 728	23 320	0.02	0.02
丰都县	226 550	204 475	0.18	0.14
垫江县	428 820	394 697	0.35	0.28
忠县	78 316	102 675	0.06	0.07
开州区	480 115	527 937	0.39	0.37

表2-2(续)

区域	交易总额（万元）		占全市批发业交易额的比重(%)	
	2014 年	2015 年	2014 年	2015 年
云阳县	153 366	175 905	0.12	0.12
奉节县	233 367	245 688	0.19	0.17
巫山县	49 700	44 958	0.04	0.03
巫溪县	59 276	63 701	0.05	0.04
渝东北生态涵养发展区合计	4 465 699	4 636 283	3.63	3.24
黔江区	463 889	520 612	0.38	0.36
石柱县	138 800	170 160	0.11	0.12
秀山县	283 673	281 297	0.23	0.20
酉阳县	97 590	119 180	0.08	0.08
彭水县	102 410	110 300	0.08	0.08
武隆县	109 013	100 650	0.09	0.07
渝东南生态保护发展区合计	1 195 375	1 302 199	0.97	0.91

数据来源：根据重庆市各区县商务局提供数据整理。

从纵向的时间发展来看，重庆市五大功能区对全市批发市场交易额的贡献都是逐步上升的。2014 年，重庆市渝东北生态涵养发展区与渝东南生态保护发展区对全市批发业交易额的贡献率分别是 3.63%、0.97%，而都市功能核心区及都市功能拓展区、城市发展新区对重庆市批发业交易额的贡献占绝对优势，其贡献率分别为 29.79%、8.04%。2015 年，都市功能核心区及都市功能拓展区相对 2014 年的贡献率显著下降，下降 4.48 个百分点；城市发展新区对重庆市批发市场交易额的贡献率上升到 9.06%，相对 2014 年的贡献率上升 1.02 个百分点。渝东北生态涵养发展区对全市批发业交易额的贡献率略有下降，2015 年下降到 3.24%，下降幅度在 0.4 个百分点左右。同样的，渝东南生态保护发展区的商品交易额所占比重继去年小幅下降之后继续下降，下降了 0.06 个百分点。由此可以明显看出，2015 年重庆市五大功能区商品交易市场对全市批发市场的贡献率除城市发展新区之外都在下降。这是因为商品交易手段和营销方式在不断创新，现代商业流通业态形式盛行，扩大了商品流通规模，减少了流通环节，降低了流通成本，从而对传统商品交易市场产生了冲击，这也是商品交易市场发展日趋合理化的集中体现。

三、商品交易市场对就业的贡献度研究

商品交易市场的发展不仅极大地促进了商品市场交易额、第三产业增加值的快速增长，此外，对缓解就业市场的严峻形势也做出了突出的贡献，有效地减轻了市场的就业压力。长期以来，商品交易市场就业人数是第三产业就业人数的重要组成部分，是吸纳就业人员的大户，对促进国民就业发挥着举足轻重的重要。

（一）商品交易市场吸纳就业规模小幅上升

课题组调研结果显示，2015 年全市商品交易市场从业人员达到 77.71 万人，经营面积达到 2 123.62 万平方米，经营户数达到 29.44 万户。2011—2013 年，全市商品交易市场就业人数不断增加，2014 年就业人数呈下降趋势，而 2015 年所吸纳的就业人数相比 2014 年上升 1.15 个百分点。2011—2015 年经营面积逐年增长，2015 年经营面积相比 2014 年上升 3.36 个百分点。总体来看，重庆市商品交易市场规模的不断扩大，商品交易市场建设的进一步深化，使得商品交易市场对就业人员的吸纳能力呈现上升趋势。

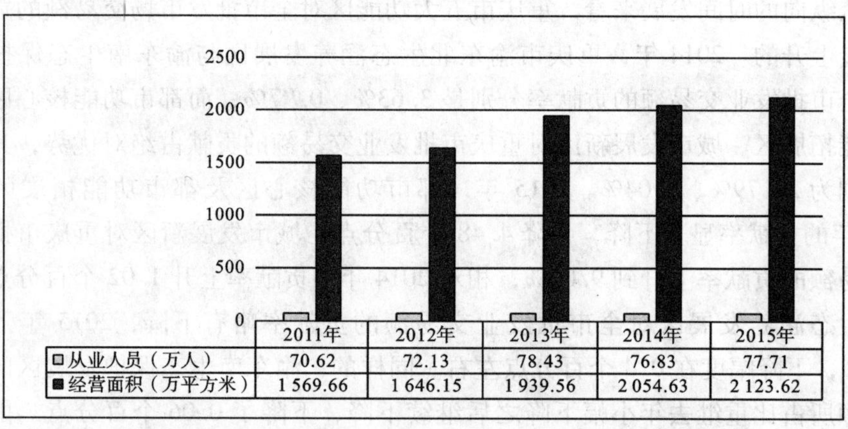

	2011年	2012年	2013年	2014年	2015年
从业人员（万人）	70.62	72.13	78.43	76.83	77.71
经营面积（万平方米）	1 569.66	1 646.15	1 939.56	2 054.63	2 123.62

图 2-7 2011—2015 年重庆市商品交易市场固定从业人数及经营面积

（二）亿元级商品交易市场对就业的贡献

课题组调研统计资料数据显示，2011—2014年亿元商品交易市场的固定经营户数占所有经营户数的比例总体保持在11%左右。2015年重庆市亿元级商品交易市场的固定经营户数达到9.58万户，上升趋势显著。2011年亿元级商品交易市场固定从业人员为43.17万人，2012年增长为46.72万人，从2013年开始就业规模不断下降，直到2015出现回升，固定从业人员上升为37.48万人，占据全市商品交易市场从业人员总数的48.23%，同比下降9.14%。但是反观其对商品交易额的贡献我们发现，2015年亿元级商品交易市场占据全市商品交易额的87.97%，而对就业的贡献仅为48.23%，这一比例相比它对贸易额的贡献低很多，这说明了中小型交易市场对就业做出的重要贡献。虽然亿元级交易市场发挥了其在广泛吸纳就业人员方面具备的辐射效应，但其对就业的贡献远小于其对商品市场交易额的贡献，因此未来重庆商品交易市场的发展应该更加重视对就业人员的吸纳，力争在提供就业和改善民生上做出与总规模相应的贡献，同时加大对中小型交易市场的扶持，增强其吸纳就业的能力。

（三）区县商品交易市场的就业贡献度分析

"五大功能区"各区县的人口、资源、环境、经济、社会、文化等条件各不相同，因而其商品交易市场的发展阶段和成熟度有较明显的差距，但对吸纳就业人员都做出了巨大的贡献。整体而言，都市功能核心区、都市功能拓展区和城市发展新区比渝东南、渝东北地区的商品交易市场提供了更多的就业发展机会，也发挥了更大的就业辐射能力，更能够带动该地区的人员就业。表2-3中的数据显示，都市功能核心区、都市功能拓展区和城市发展新区对全市商品交易市场的就业贡献最大。

表2-3　　重庆市各区县商品交易市场就业人数的基本情况

区域	经营户数（户）	固定从业人员（人）	占全市商品交易从业人员的比重（%）
渝中区	21 969	59 077	7.60
大渡口	4 082	13 860	1.78
江北区	5 971	21 781	2.80
沙坪坝	7 927	21 556	2.77

表2-3(续)

区域	经营户数（户）	固定从业人员（人）	占全市商品交易从业人员的比重（%）
九龙坡区	24 348	102 912	13. 24
南岸区	7 135	22 054	2. 84
北碚区	5 864	11 417	1. 47
渝北区	7 807	26 189	3. 37
巴南区	10 241	27 154	3. 49
北部新区	1 803	9 870	1. 27
都市功能核心区、都市功能拓展区合计	97 147	315 870	40. 65
涪陵区	9 070	21 307	2. 74
长寿区	3 786	10 360	1. 33
江津区	15 153	47 878	6. 16
合川区	15 995	43 107	5. 55
永川区	11 303	20 744	2. 67
南川区	3 446	8 400	1. 08
潼南区	4 399	11 567	1. 49
铜梁区	7 023	12 560	1. 62
大足区	13 442	36 931	4. 75
荣昌区	9 397	20 354	2. 62
璧山区	6 427	18 336	2. 36
綦江区	5 885	11 432	1. 47
万盛经开区	2 168	5 239	0. 67
城市发展新区合计	107 494	268 215	34. 51
万州区	17 213	40 880	5. 26
梁平县	5 397	10 456	1. 35
城口	1 227	2 450	0. 32
丰都县	3 480	6 728	0. 87
垫江县	6 988	14 275	1. 84
忠县	4 020	13 683	1. 76

表2-3(续)

区域	经营户数（户）	固定从业人员（人）	占全市商品交易从业人员的比重（%）
开州区	8 617	18 593	2. 39
云阳县	6 626	12 473	1. 61
奉节县	4 030	8 252	1. 06
巫山县	1 485	3 307	0. 43
巫溪县	2 131	4 768	0. 61
渝东北生态涵养发展区合计	61 214	135 865	17. 48
黔江区	5 604	11 617	1. 49
石柱县	3 542	7 786	1. 00
秀山县	7 501	17 279	2. 22
酉阳县	3 816	6 540	0. 84
彭水县	4 450	8 606	1. 11
武隆县	3 704	5 350	0. 69
渝东南生态保护发展区合计	28 617	57 178	7. 36

数据来源：根据重庆市各区县商务局提供数据整理。

从表2-3中固定从业人员人数和其占全市商品交易市场就业总人数的比重这两个指标中可以看出，重庆市都市功能核心区、都市功能拓展区和城市发展新区的固定从业人员比重之和为75.16%，明显高于渝东北和渝东南区县的总和。从时间维度来看，都市功能核心区的商品交易市场对就业的贡献下降趋势较明显，城市发展新区的商品交易市场对就业的贡献继续保持强劲的增长势头，渝东南地区和渝东北地区的商品交易市场对就业的贡献则略有下降。

第三章　2015 年重庆市商品交易市场综合发展指数

国际上通常采用商品交易市场价格指数作为研究分析商品交易市场综合指数的指标，最早出现的商品价格指数是 1957 年由美国商品研究局（Commodity Research Bureau）依据世界市场上 22 种基本的经济敏感商品价格编制的价格指数，简称 CRB 指数。著名的商品交易市场价格指数则是美国道琼斯公司编制的美国商品价格指数。在中国，则主要是中国大宗商品价格指数（China Commodity Price Index），简称 CCPI 指数，它是大宗商品现货价格的周度数据库以 2006 年 6 月为基期利用加权平均法计算的定基指数。但是，CCPI 指数仅仅是从行业的角度出发涵盖能源、钢铁、矿产品、有色金属、橡胶、农产品、牲畜、油料油脂、食糖等 9 大类别 26 种商品的价格变动以反映大宗商品现货市场的走势，不能从整个商品交易市场的角度出发来考察某个地区商品交易市场的综合发展情况。因此，为了综合考察商品交易市场的发展情况，本章根据课题组的调研数据研究分析，结合实际选取了与商品交易市场联系紧密的七大指标，应用 SPSS 数据统计软件，采用主成分分析方法选出主成分因子并赋予权重，最终得到重庆市商品交易市场综合发展指数。

一、指标选取的原则

重庆市商品交易市场的综合发展指数必须全面、客观、准确地反映重庆市商品交易市场的综合发展能力。科学合理地测算重庆市商品交易市场综合发展指数才能保证研究结果真实可靠。因此，在构建重庆市商品交易市场综合发展指数的指标体系时应遵循以下基本原则。

（一）目标一致性原则

选取的指标应与评价的目标保持高度一致，以提高指标体系的参考价值。选取的指标实际上从各自不同的角度充分体现了商品交易市场的发展状态，它对评级目标具有指导性和督促性，保持选取指标与评价目标的一致才能确保得到有效的研究结果。

（二）典型性原则

务必确保评价指标具有一定的典型性，尽可能准确地反映出特定区域商品交易市场的综合特征。指标经过精简后，要便于数据计算，有助于提高结果的可靠性。另外，评价指标体系的设置、权重在各指标间的分配及评价标准的划分都应该与重庆市商品交易市场的经济条件相适应。

（三）系统性原则

在构建评级指标的过程中，各指标之间要有一定的逻辑关系，它们不但要从不同的侧面反映商品交易市场的主要特征和状态，还要反映商品交易市场在交易额、经营面积等各个方面之间的内在联系。各指标之间既相互独立，又彼此联系，共同构成一个有机统一体，从而综合反映商品交易市场的发展情况。

（四）整体性原则

评价重庆市商品交易市场的发展实力，要从综合角度来考察。不仅要从重庆市商品交易市场的交易额来看，更要系统考虑其经营面积、从业人员、经营户数等多个因素，进行综合分析和评价。因此，指标的选取应遵循整体性原则，各评价指标应做到功能互补、协调一致，最大程度地反映重庆市商品交易市场的综合发展能力。

（五）客观性原则

各指标体系的设计及评价指标的选择必须以科学性为原则，能客观真实地反映重庆市商品交易市场的发展特点和状况，能客观全面地反映出各指标之间的真实关系。指标的选取要以客观数据资料为依据，避免指标信息遗漏，出现错误、不真实的现象，避免个人的主观判断，从而保证研究结果真实可靠。

（六）可操作性原则

指标体系的构建是为考察重庆市商品交易市场发展情况服务的，指标选取的计算量度和计算方法必须统一，各指标应尽量简单明了、微观性强、便于收集。而且，选择指标时也要考虑能否进行量化处理，以便于进行数学计算和分析。因此，各指标应该要具有很强的现实操作性和可比性，从而较为全面、客观、准确、有效地衡量和判断商品交易市场的发展情况。

二、构建指标体系

评价重庆市商品交易市场发展情况应在相应的评价层次上，全面考虑影响重庆市商品交易市场发展的诸多因素，并进行综合分析。构建商品交易市场综合发展指数不仅要从经营效益方面入手，更要从就业人数、经营面积等方面综合考虑，才能较为全面系统地反映商品交易市场的发展现状。因此，结合课题组调研的数据，在遵循指标选取的基本原则下，参考其他相关文献和已有研究成果，本章筛选出五项描述商品交易市场综合发展的变量指标，作为商品交易市场综合发展指数的指标体系。筛选出的指标包含利润收益、就业状态和经营规模三个类别：

（1）反映经营效益的指标：交易总额（V1）；

（2）反映就业状态的指标：固定经营户数（V2）、固定从业人员（V3）；

（3）反映经营规模的指标：市场个数（V4）、营业面积（V5）。

表 3-1　商品交易市场综合发展指数指标体系

目标	准则层	指标层/权重	单位	代码
商品交易市场综合发展指数	经营效益	交易总额	万元	V_1
	就业状态	经营户数	户	V_2
		从业人员	人	V_3
	经营规模	市场个数	个	V_4
		营业面积	平方米	V_5

三、研究方法及计算结果

（一）原始数据获得

课题组调研统计的原始数据如表 3-2 所示。

表 3-2　　重庆市 2015 商品交易市场综合发展原始数据

区县	交易总额（万元）	经营户数（户）	从业人员（人）	市场个数（个）	营业面积（平方米）
渝中区	6 378 000	21 969	59 077	73	903 255
大渡口区	3 393 749	4 082	13 860	38	582 940
江北区	2 634 712	5 971	21 781	52	808 051
沙坪坝区	3 168 299	7 927	21 556	49	1 280 570
九龙坡区	6 779 255	24 348	102 912	98	3 454 158
南岸区	5 000 299	7 135	22 054	44	583 123
北碚区	212 389	5 864	11 417	51	226 976
渝北区	574 465	7 807	26 189	70	924 315
巴南区	4 838 138	10 241	27 154	67	1 190 402
北部新区	3 225 000	1 803	9 870	7	738 000
涪陵区	1 284 115	9 070	21 307	80	475 981
长寿区	330 794	3 786	10 360	30	176 817
江津区	3 354 960	15 153	47 878	82	1 683 581
合川区	631 326	15 995	43 107	81	754 076
永川区	1 829 283	11 303	20 744	89	866 220
南川区	238 537	3 446	8 400	36	104 498
铜梁区	237 505	4 399	11 567	33	344 160
潼南区	241 723	7 023	12 560	47	203 239
大足区	3 318 216	13 442	36 931	45	593 155
荣昌区	700 980	9 397	20 354	33	849 408
璧山区	573 156	6 427	18 336	44	435 255
綦江区	142 896	5 885	11 432	39	123 694

表3-2(续)

区县	交易总额（万元）	经营户数（户）	从业人员（人）	市场个数（个）	营业面积（平方米）
万盛经开区	71 121	2 168	5 239	16	32 263
万州区	2 587 927	17 213	40 880	105	851 839
梁平县	265 000	5 397	10 456	47	261 556
城口县	23 320	1 227	2 450	22	17 026
丰都县	204 475	3 480	6 728	34	123 860
垫江县	394 697	6 988	14 275	44	362 255
忠 县	102 675	4 020	13 683	42	171 840
开州区	527 937	8 617	18 593	66	362 246
云阳县	175 905	6 626	12 473	63	219 405
奉节县	245 688	4 030	8 252	41	122 440
巫山县	44 958	1 485	3 307	18	52 010
巫溪县	63 701	2 131	4 768	27	46 008
黔江区	520 612	5 604	11 617	41	279 469
石柱县	170 160	3 542	7 786	41	128 650
秀山县	281 297	7 501	17 279	39	545 204
酉阳县	119 180	3 816	6 540	46	177 280
彭水县	110 300	4 450	8 606	54	101 793
武隆县	100 650	3 704	5 350	30	79 200

数据来源：根据重庆市各区县商务局提供数据整理。

（二）指标标准化

为了使选取的各项指标数据之间具有可比性，本文主要采用最大值法对原始数据进行标准化处理，因此将原始数据进行无量纲化。

模型：$I_{ij} = a_{ij}/\mathrm{Max}(a_j)$　　（3-1）

式（3-1）中，I_{ij} 为第 i 单元第 j 指标标准化值，i 为评价单元（各目标数据）数目，j 为评价指标个数，a_{ij} 为第 i 单元第 j 指标的实际值。

（三）商品交易市场综合发展指数

将各原始数据标准化后的指标值代入统计软件后通过 KMO 检验值为 0.7，

表明采用因子分析的方法较好。通过主成分分析后从五大指标中析出两大主成分因子，分别是经营效益因子和经营规模因子，这两大因子的累积贡献率达到92.01%，证明这两大主成分因子能综合反映出原始指标92.01%的信息，能比较理想地解释重庆市商品交易市场的综合发展情况。同时经过正交旋转得到因子载荷矩阵后统计软件能自动得到两大主成分的权重值和得分，最后将两大主成分的得分赋予权重并相加，即得到下表中的重庆市各个区县商品交易市场综合得分，并按照综合得分对各区县进行排名。

表3-3　2015年重庆市各区县商品交易市场综合发展指数

区域		经营效益因子得分	经营规模因子得分	综合得分	综合排名
都市功能核心区及都市功能拓展区	渝中区	2.165 0	1.422 4	1.901 8	2
	大渡口区	0.519 0	−0.854 8	0.310 7	12
	江北区	0.473 9	−0.142 1	0.361 2	9
	沙坪坝区	0.939 6	−0.159 4	0.731 1	7
	九龙坡区	4.126 3	2.740 0	3.628 2	1
	南岸区	1.069 7	−0.603 4	0.781 0	5
	北碚区	−0.630 4	0.019 9	−0.501 1	25
	渝北区	−0.058 4	0.814 0	0.052 2	15
	巴南区	1.316 7	0.354 7	1.094 7	4
	北部新区	0.701 9	−1.919 9	0.327 5	11
城市发展新区	涪陵区	−0.234 8	1.039 1	−0.061 4	16
	长寿区	−0.520 0	−0.754 3	−0.506 9	26
	江津区	1.445 0	1.523 8	1.339 0	3
	合川区	0.155 7	1.835 9	0.347 3	10
	永川区	0.097 0	1.381 5	0.245 2	13
	南川区	−0.663 2	−0.612 1	−0.604 0	31
	潼南区	−0.446 7	−0.599 0	−0.429 5	22
	铜梁区	−0.567 9	−0.011 6	−0.455 0	23
	大足区	0.932 0	0.211 0	0.770 0	6
	荣昌区	0.171 7	−0.227 5	0.109 5	14
	璧山区	−0.262 5	−0.119 3	−0.224 2	18
	綦江区	−0.614 5	−0.319 5	−0.529 5	28
	万盛经开区	−0.661 3	−1.288 2	−0.684 6	37

表3-3(续)

区域		经营效益因子得分	经营规模因子得分	综合得分	综合排名
渝东北生态涵养发展区	万州区	0.546 1	2.340 5	0.720 4	8
	梁平县	-0.587 8	-0.142 8	-0.486 8	24
	城口县	-0.783 1	-1.198 9	-0.771 0	40
	丰都县	-0.667 3	-0.679 5	-0.615 4	32
	垫江县	-0.393 2	-0.100 3	-0.326 2	20
	忠县	-0.628 1	-0.328 8	-0.541 5	29
	开州区	-0.438 2	0.671 5	-0.268 5	19
	云阳县	-0.707 8	0.433 6	-0.512 7	27
	奉节县	-0.680 1	-0.430 2	-0.595 4	30
	巫山县	-0.710 9	-1.291 2	-0.724 6	39
	巫溪县	-0.746 7	-0.975 3	-0.714 8	38
渝东南生态保护发展区	黔江区	-0.444 2	-0.324 0	-0.394 1	21
	石柱县	-0.712 4	-0.457 5	-0.624 5	33
	秀山县	-0.233 9	-0.162 9	-0.206 6	17
	酉阳县	-0.748 0	-0.299 0	-0.633 7	34
	彭水县	-0.814 8	-0.004 8	-0.651 3	35
	武隆县	-0.703 1	-0.781 6	-0.656 4	36

表 3-4　重庆市商品交易市场区域综合发展排序表

经营面积排名		交易额贡献度排名		就业贡献度排名		综合发展指数排名	
名次	区县	名次	区县	名次	区县	名次	区县
1	九龙坡区	1	九龙坡区	1	九龙坡区	1	九龙坡区
2	江津区	2	渝中区	2	渝中区	2	渝中区
3	沙坪坝区	3	南岸区	3	江津区	3	江津区
4	巴南区	4	巴南区	4	合川区	4	巴南区
5	渝北区	5	大渡口区	5	万州区	5	南岸区
6	渝中区	6	江津区	6	大足区	6	大足区
7	永川区	7	大足区	7	巴南区	7	沙坪坝区
8	万州区	8	北部新区	8	渝北区	8	万州区
9	荣昌区	9	沙坪坝区	9	南岸区	9	江北区

表3-4(续)

经营面积排名		交易额贡献度排名		就业贡献度排名		综合发展指数排名	
名次	区县	名次	区县	名次	区县	名次	区县
10	江北区	10	江北区	10	江北区	10	合川区
11	合川区	11	万州区	11	沙坪坝区	11	北部新区
12	北部新区	12	永川区	12	涪陵区	12	大渡口区
13	大足区	13	涪陵区	13	永川区	13	永川区
14	南岸区	14	荣昌区	14	荣昌区	14	荣昌区
15	大渡口区	15	合川区	15	开州区	15	渝北区
16	秀山县	16	渝北区	16	璧山区	16	涪陵区
17	涪陵区	17	璧山区	17	秀山县	17	秀山县
18	璧山区	18	开州区	18	垫江县	18	璧山区
19	垫江县	19	黔江区	19	大渡口区	19	开州区
20	开州区	20	垫江县	20	忠县	20	垫江县
21	潼南区	21	长寿区	21	铜梁区	21	黔江区
22	黔江区	22	秀山县	22	云阳县	22	潼南区
23	梁平县	23	梁平县	23	黔江区	23	铜梁区
24	北碚区	24	奉节县	24	潼南区	24	梁平县
25	云阳县	25	铜梁区	25	綦江区	25	北碚区
26	铜梁区	26	南川区	26	北碚区	26	长寿区
27	酉阳县	27	潼南区	27	梁平县	27	云阳县
28	长寿区	28	北碚区	28	长寿区	28	綦江区
29	忠县	29	丰都县	29	北部新区	29	忠县
30	石柱县	30	云阳县	30	彭水县	30	奉节县
31	丰都县	31	石柱县	31	南川区	31	南川区
32	綦江区	32	綦江区	32	奉节县	32	丰都县
33	奉节县	33	酉阳县	33	石柱县	33	石柱县
34	南川区	34	彭水县	34	丰都县	34	酉阳县
35	彭水县	35	忠县	35	酉阳县	35	彭水县
36	武隆县	36	武隆县	36	武隆县	36	武隆县
37	巫山县	37	万盛经开区	37	万盛经开区	37	万盛经开区

表3-4(续)

经营面积排名		交易额贡献度排名		就业贡献度排名		综合发展指数排名	
名次	区县	名次	区县	名次	区县	名次	区县
38	巫溪县	38	巫溪县	38	巫溪县	38	巫溪县
39	万盛经开区	39	巫山县	39	巫山县	39	巫山县
40	城口县	40	城口县	40	城口县	40	城口县

四、综合评价

2015 年，重庆市统计在内的商品交易市场交易额总量达到 5 509. 7 亿元，同比 2014 年上升了 5. 6%，固定就业人数达到 77. 7 万人，商品交易市场营业面积达到 2 123. 6 万平方米。综合各方面的数据来看都不难发现全市商品交易市场的发展速度在逐渐变缓，不再表现出 2011 年超过 18%的跳跃式发展，高速发展之后发展速度慢慢放缓越来越回归理性，这与第三产业的产业结构发生变化息息相关。虽然发展速度显著下降，但是整体来看重庆市商品交易市场依然保持较好的发展态势，各个区县也呈现出各自不同的发展态势。

（一）商品交易市场发展逐步回归理性

课题组研究发现，重庆市各区县的商品交易指数中为正值的区县相较前几年来说有所减少，全市各个区县的商品交易市场综合发展指数都开始逐步降低，尤其在第三产业产业结构发生变化的情况下，各区县商品交易市场综合发展指数普遍降低。2015 年只有排名前十五的区县其商品交易指数为正值。

2015 年，重庆市商品交易市场交易额同比增长的速度随着大环境经济的发展出现显著上升，渝东南生态保护发展区、城市发展新区的区县对全市商品交易市场交易额的贡献率有所上升，而都市功能核心区及都市功能拓展区、渝东北生态涵养发展区的区县贡献率显著下降，这也是全市商品交易市场经济发展回归理性、稳步发展的一种表现。随着“十二五”时期国家西部大开发策略的推进，重庆市主动适应经济新常态，加快区域市场一体化建设，推动不同区域和层级的商品交易市场相互促进、共同发展，加强了商品市场规划和区域衔接，促进了资源的共享。同时，重庆市政府出台多项规划优惠政策以促进商品交易市场的建设，重庆市商品交易市场的发展将会更加科学合理。

（二）商品交易市场区域差距仍明显

当前情况下重庆市各个区县之间的商品交易市场发展仍然存在一定的差距，这其中包含了历史积累的原因，也包含了时代发展的原因，当然这种差距与重庆市经济发展的实际情况基本吻合。从重庆市所部署的五大功能区域经济发展战略来看，2015 年重庆市商品交易市场综合发展指数排名前十的区县除了万州区全部都集中在都市功能核心区、都市功能拓展区及城市发展新区之内，这表明在全市商品交易的发展中，渝东北生态涵养发展区及渝东南生态保护发展区的区县还需进一步推动错位发展。

从区域上来说，虽然 2015 年重庆市都市功能核心区及都市功能拓展区的商品交易市场对全市整体商品交易市场的贡献比之去年显著下降，但是总量上仍然保持在 65%以上，而渝东北生态涵养发展区及渝东南生态保护发展区的商品交易市场对全市商品交易市场的贡献率仅占 10.77%。虽然渝东北及渝东南地区发展空间和潜力还很大，但是整体来讲还远远不够，由都市功能核心区及都市功能拓展区、城市发展新区拉动渝东北生态涵养发展区及渝东南生态保护发展区商品交易市场发展所起到的辐射效用不足。

第四章　重庆市商品交易市场供求分析

在“十二五”前期，重庆市各类大型商品交易市场处于大规模、高速扩张建设的末期，体现为商品流通频繁，城市化进程加快，现代服务业愈加繁荣。但在“十二五”后期，交易市场建设在取得显著成效的同时，逐渐暴露出因市场过度扩张而造成传统市场供需失衡的现象。本章选取重庆市极具代表性的钢材、五金机电、汽摩配件、家居建材、小商品、农副产品六类规模以上①的已建市场，对2011—2015年重庆市六类市场营业面积需求情况进行科学、合理的评估，再根据营业面积需求值和实际值进行供需平衡的深度分析。

一、各类市场营业面积需求值计算方法及思路

本章根据重庆市商品交易不同类别市场的特点，结合重庆市以及国内典型市场单位营业面积交易强度，测算出重庆市各类市场单位营业面积交易额，并综合考虑市场服务辐射能力、配套物流仓储、办公及公共服务设施面积、供给弹性以及电子商务交易对实体市场的影响等因素，最终对2011—2015年重庆市典型的六类市场的营业面积需求值进行计算，并作为各类市场供需状况分析的依据。

计算公式：$F=[V/(n+\beta)]*e*\gamma$

其中，F是指市场营业面积，V是指交易额，β是指电子商务等新型交易手段的影响系数，n是指单位营业面积交易额，e是供给弹性系数，γ是容积率。

二、各类市场营业面积需求值的计算结果

根据上述市场营业面积需求值计算思路及方法，对重庆市六类市场2011—

① 营业面积在10 000平方米以上。

2015年营业面积进行测算，计算结果如下：

（一）钢材市场

参考全国典型钢材市场相关指标，根据“十二五”期间重庆市单位营业面积交易额情况和重庆市相邻省份指标值，并结合重庆市场的实际调研情况，取单位营业面积交易额（n）为6.5万元/平方米，同时考虑到钢材市场电子商务等新型交易手段对钢材实体市场的影响逐渐增大，影响系数（β）计取0.9。此外，根据重庆市建成钢材市场容积率以及在建钢材市场容积率，本项目取容积率（γ）为1.1，供给弹性系数e取1.2，2011—2015年重庆市钢材市场交易总额分别为829.6亿元、951.9亿元、960.0亿元、878.0亿元、560.7亿元[①]。据模型计算出2011—2015年重庆市钢材市场营业面积需求值分别为148.0万平方米、169.8万平方米、171.2万平方米、156.6万平方米、100.0万平方米。

表4-1　“十二五”期间重庆市钢材市场交易额及营业面积需求值表

区域	年份（年）	市场交易额（亿元）	营业面积需求值(万平方米)
重庆市	2011	829.6	148.0
	2012	951.9	169.8
	2013	960.0	171.2
	2014	878.0	156.6
	2015	560.7	100.0

（二）五金机电市场

参考全国典型五金机电市场相关指标，结合重庆市场的实际调研情况，同时考虑电子交易等新型交易手段的影响（β取1.1），单位营业面积交易额（n）按2.8万元/平方米计算。考虑一定的供给弹性系数（e取1.25），根据重庆市已建及在建五金机电市场的面积规模，计算得出平均容积率（γ）为1.2，2011—2015年重庆市五金市场交易总额分别为263.7亿元、241.4亿元、291.4亿元、307.6亿元、375.0亿元。据模型计算出2011—2015年重庆市五金市场营业面积

① 本章相关数据源于《重庆市商品交易市场蓝皮书》（2012—2015）中交易市场营业面积上万平方米的统计数据和课题组调研数据。

需求值分别为101.4万平方米、92.8万平方米、112.1万平方米、118.3万平方米、144.2万平方米。

表4-2　“十二五”期间重庆市五金市场交易额及营业面积需求值表

区域	年份(年)	市场交易额（亿元）	营业面积需求值（万平方米）
重庆市	2011	263.7	101.4
	2012	241.4	92.8
	2013	291.4	112.1
	2014	307.6	118.3
	2015	375.0	144.2

（三）汽摩配件市场

参考全国典型汽摩配件市场相关数据，全国各地区平均单位营业面积交易额 n 为6万元/平方米，根据重庆内环市场搬迁的实际调研情况和电子交易模式的影响，本项目 β 取1.2，单位营业面积交易额 n 按4.3万元/平方米计算，弹性系数 e 取1.1。参考重庆市建成和在建汽摩配件市场的容积率，本研究容积率（γ）取1.2，2011—2015年重庆市汽摩配件市场交易总额分别为571.0亿元、562.0亿元、598.0亿元、716.0亿元、806.0亿元。据模型计算出2011—2015年重庆市汽摩配件市场营业面积需求值分别为137.0万平方米、134.9万平方米、143.5万平方米、171.8万平方米、193.4万平方米。

表4-3　“十二五”期间重庆市汽摩配件市场交易额及营业面积需求值表

区域	年份（年）	市场交易额（亿元）	营业面积需求值（万平方米）
重庆市	2011	571.0	137.0
	2012	562.0	134.9
	2013	598.0	143.5
	2014	716.0	171.8
	2015	806.0	193.4

（四）家居建材市场

参考全国典型家居建材市场相关指标，结合重庆市场的实际调研情况，考虑电子交易模式的影响（β 取 1.1），单位营业面积交易额 n 按 1.6 万元/平方米计算。根据已建及在建家居建材市场的面积规模，计算得出平均容积率为 1.2，在考虑一定的供给弹性系数（e 取 1.4）的情况下，2011—2015 年重庆市家居建材市场交易总额分别为 414.0 亿元、475.0 亿元、593.0 亿元、640.0 亿元、661.4 亿元。据模型计算出 2011—2015 年重庆市家居建材市场营业面积需求值分别为 257.6 万平方米、295.6 万平方米、369.0 万平方米、398.2 万平方米、411.5 万平方米。

表 4-4　“十二五”期间重庆市家居建材市场交易额及营业面积需求值表

区域	年份（年）	市场交易额（亿元）	营业面积需求值（万平方米）
重庆市	2011	414.0	257.6
	2012	475.0	295.6
	2013	593.0	369.0
	2014	640.0	398.2
	2015	661.4	411.5

（五）小商品市场

参考全国典型小商品市场相关指标，结合重庆市小商品产品市场近几年的单位营业面积交易额以及全国典型小商品市场的单位营业面积交易额，同时考虑电子商务模式的影响（影响系数 β 取 1.2），n 按 3.9 万元/平方米计算。考虑小商品的市场辐射半径，e 按 1.2 计算。根据已建及在建小商品市场的面积规模，计算得出平均容积率为 1.2，2011—2015 年重庆市小商品市场交易总额分别为 483.0 亿元、559.4 亿元、613.2 亿元、712.5 亿元、790.7 亿元。据模型计算出 2011—2015 年重庆市小商品市场营业面积需求值分别为 136.4 万平方米、157.9 万平方米、173.1 万平方米、201.2 万平方米、223.3 万平方米。

表 4-5　“十二五”期间重庆市小商品市场交易额及营业面积需求值表

区域	年份（年）	市场交易额（亿元）	营业面积需求值（万平方米）
重庆市	2011	483.0	136.4
	2012	559.4	157.9
	2013	613.2	173.1
	2014	712.5	201.2
	2015	790.7	223.3

（六）农副产品市场

参考全国典型农副产品市场相关指标，结合重庆市农副产品市场近几年的单位营业面积交易额以及全国典型农副产品市场的单位营业面积交易额，综合考虑电子商务模式的影响（β 取 1.2），n 按 3.6 万元/平方米计算，e 按 1.1 计算。根据已建及在建农副产品市场的面积规模，计算得出平均容积率为 0.95，2011—2015 年重庆市农副产品市场交易总额分别为 638.5 亿元、689.0 亿元、803.0 亿元、868.7 亿元、1 045.7 亿元。据模型计算出 2011—2015 年重庆市农副产品市场营业面积需求值分别为 139.0 万平方米、150.0 万平方米、174.8 万平方米、189.1 万平方米、227.7 万平方米。

表 4-6　“十二五”期间重庆市农副产品市场交易额及营业面积需求值表

区域	年份（年）	市场交易额（亿元）	营业面积需求值(万平方米)
重庆市	2011	638.5	139.0
	2012	689.0	150.0
	2013	803.0	174.8
	2014	868.7	189.1
	2015	1 045.7	227.7

三、重庆市大型商品交易市场供需平衡分析

从全市不同类别的大型商品交易市场的供需平衡来看，在“十二五”前期，六大类大型商品交易市场总体上仍然处于大规模、高速扩张建设的末期，六大类

大型商品交易市场出现小幅度的供不应求。但随着市场需求的不断下降和经济不断下行，市场逐渐由供不应求转变为供大于求的现状，截止到2015年年底，六大类大型商品交易市场均出现了不同程度的供给过剩。其中，供过于求最为严重的是钢材市场，供给规模大于需求规模达到62.7万平方米，供给超需求比例达63%。其次是家居建材市场，在整个“十二五”期间，即2011—2015年均出现了不同程度的供给大于需求的状态，2015年供给规模大于需求规模达到190.9万平方米，供给超需求比例达46%。

表4-7　　全市各类大型商品交易市场供需平衡汇总表

类别	年份（年）	供求规模现状（万平方米）		供需平衡分析（2015）	
		营业面积实际值	营业面积需求值	供需差额（万平方米）	供给超需求比例（%）
钢材	2011	108.0	148.0	-40.0	-27%
	2012	118.5	169.8	-51.3	-30%
	2013	169.7	171.2	-1.5	-1%
	2014	166.0	156.6	9.4	6%
	2015	162.7	100.0	62.7	63%
五金机电	2011	116.0	101.4	14.6	14%
	2012	116.7	92.8	23.9	26%
	2013	139.0	112.1	26.9	24%
	2014	139.0	118.3	20.7	17%
	2015	155.0	144.2	10.8	7%
汽摩配件	2011	107.0	137.0	-30.0	-22%
	2012	117.0	134.9	-17.9	-13%
	2013	146.0	143.5	2.5	2%
	2014	161.0	171.8	-10.8	-6%
	2015	212.0	193.4	18.6	10%
家居建材	2011	423.0	257.6	165.4	64%
	2012	493.0	295.6	197.4	67%
	2013	546.0	369.0	177.0	48%
	2014	566.0	398.2	167.8	42%
	2015	602.4	411.5	190.9	46%

表4-7(续)

类别	年份（年）	供求规模现状（万平方米）		供需平衡分析（2015）	
		营业面积实际值	营业面积需求值	供需差额（万平方米）	供给超需求比例(%)
小商品	2011	177.9	136.4	41.5	30%
	2012	203.2	157.9	45.3	29%
	2013	256.6	173.1	83.5	48%
	2014	271.0	201.2	69.8	35%
	2015	271.0	223.3	47.7	21%
农副产品	2011	121.0	139.0	-18.0	-13%
	2012	167.0	150.0	17.0	11%
	2013	181.0	174.8	6.2	4%
	2014	227.0	189.1	37.9	20%
	2015	238.0	227.7	10.3	5%

注：数据来源于《重庆市商品交易市场蓝皮书》（2012—2015）中交易市场营业面积上万平方米的统计数据和课题组调研数据。

（一）钢材市场供需平衡分析

从钢材市场的供需平衡来看，在考虑一定的供给弹性的情况下，2011—2015年重庆市钢材市场总建筑规模需求值分别为148.0万平方米、169.8万平方米、171.2万平方米、156.6万平方米、100.0万平方米，供给规模分别为108.0万平方米、118.5万平方米、169.7万平方米、166.0万平方米、162.7万平方米，需求规模和供给规模都呈现出先增加而后逐渐减少的趋势。在2011—2013年，钢铁市场仍然处于大规模建设的末期，供给规模小于需求规模分别为40.0万平方米、51.3万平方米、1.5万平方米，供给超需求比例分别为-27%、-30%、-1%，此时钢铁市场处于供不应求的状态，但总体上供给与需求之间的差额逐渐减小。然而，在2014—2015年期间，受全国钢铁行业经济下行的影响，钢铁市场由原来的供给小于需求的状态逐渐转变为供给大于需求的状态，供给规模大于需求规模分别为9.4、62.7万平方米，供给超需求比例分别为6%、63%，供给过剩现象较为严重。

表 4-8　　钢材市场供需平衡分析表

类别	年份（年）	供求规模现状（万平方米）		供需平衡分析	
		营业面积实际值	营业面积需求值	供需差额（万平方米）	供给超需求比例(%)
钢材	2011	108.0	148.0	-40.0	-27%
	2012	118.5	169.8	-51.3	-30%
	2013	169.7	171.2	-1.5	-1%
	2014	166.0	156.6	9.4	6%
	2015	162.7	100.0	62.7	63%

（二）五金机电产品市场平衡分析

从五金机电产品市场的供需平衡来看，在参考一定的供给弹性的情况下，2011—2015 年重庆市五金机电产品市场总建筑规模需求值分别为 101.4 万平方米、92.8 万平方米、112.1 万平方米、118.3 万平方米、144.2 万平方米，供给规模分别为 116.0 万平方米、116.7 万平方米、139.0 万平方米、139.0 万平方米、155.0 万平方米。在 2011—2012 年，受全国五金机电产品市场宏观经济环境的影响，供给规模大于需求规模分别为 14.6 万平方米、23.9 万平方米，供给超需求比例分别为 14%、26%，出现一定程度的市场供给过剩现象。在 2013—2014 年期间，由于对五金机电产品市场供求变化的迅速调整，五金机电产品市场供大于求的状况有所缓解，供给规模大于需求规模分别为 26.9、20.7 万平方米，供给超需求比例分别为 24%、17%。在 2015 年，五金机电产品市场供给规模大于需求规模为 10.8 万平方米，供给超需求比例为 7%，供给相对于需求过剩。

表 4-9　　五金机电产品市场供需平衡分析表

类别	年份（年）	供求规模现状（万平方米）		供需平衡分析	
		营业面积实际值	营业面积需求值	供需差额（万平方米）	供给超需求比例(%)
五金机电产品市场	2011	116.0	101.4	14.6	14%
	2012	116.7	92.8	23.9	26%
	2013	139.0	112.1	26.9	24%
	2014	139.0	118.3	20.7	17%
	2015	155.0	144.2	10.8	7%

（三）汽摩配件市场平衡分析

从汽摩配件市场的供需平衡来看，在考虑一定的供给弹性的情况下，2011—2015 年重庆市汽摩配件市场总建筑规模需求值分别为 137.0 万平方米、134.9 万平方米、143.5 万平方米、171.8 万平方米、193.4 万平方米，供给规模分别为 107.0 万平方米、117.0 万平方米、146.0 万平方米、161.0 万平方米、212.0 万平方米。在 2011—2012 年期间，汽摩配件市场发展态势良好，市场建设规模不断地扩大，供给规模小于需求规模分别为 30.0 万平方米、17.9 万平方米，供给超需求比例分别为-22%、-13%，虽然此时汽摩配件市场处于供不应求的状态，但市场的供给与需求之间的差额逐渐减小。在 2013 年，汽摩配件市场受到了前所未有的冲击，由原来的供给小于需求的状态逐渐转变为供给大于需求的状态，供给规模大于需求规模 2.5 万平方米，供给超需求比例为 2%，供给略大于需求。但在 2014 年，汽摩配件市场再次出现供给小于需求的状态，供给规模小于需求规模为 10.8 万平方米，供给超需求比例分别为-6%。在 2015 年，供给规模大于需求规模为 18.6 万平方米，供给超需求比例为 10%，市场供给出现小幅度过剩。

表 4-10　　汽摩配件市场供需平衡分析表

类别	年份（年）	供求规模现状（万平方米）		供需平衡分析	
		营业面积实际值	营业面积需求值	供需差额（万平方米）	供给超需求比例（%）
汽摩配件	2011	107.0	137.0	-30.0	-22%
	2012	117.0	134.9	-17.9	-13%
	2013	146.0	143.5	2.5	2%
	2014	161.0	171.8	-10.8	-6%
	2015	212.0	193.4	18.6	10%

（四）家居建材市场平衡分析

从家居建材市场的供需平衡来看，在考虑一定的供给弹性的情况下，2011—2015 年重庆市家居建材市场总建筑规模需求值分别为 257.6 万平方米、295.6 万平方米、369.0 万平方米、398.2 万平方米、411.5 万平方米，供给规模为 423.0 万平方米、493.0 万平方米、546.0 万平方米、566.0 万平方米、602.4 万平方米。重庆市家居建材市场在整个“十二五”期间，即2011—2015年均出现了不同程度的供给大于需求的状态。在2011—2012年，家居建材市场供给规模大于需求规模分别为165.4万平方米、197.4万平方米，供给超需求比例分别为64%、67%，市场供给超需求比例大，供给过剩现象严重。然而，在2013—2015年，家居建材市场供给规模大于需求规模分别为177.0万平方米、167.8万平方米、190.9万平方米，供给超需求比例分别为48%、42%、46%，市场供给过剩程度大致相同，市场供给过剩较为严重。

表4-11　　家居建材市场供需平衡分析表

类别	年份（年）	供求规模现状（万平方米）		供需平衡分析	
		营业面积实际值	营业面积需求值	供需差额（万平方米）	供给超需求比例（%）
家居建材	2011	423.0	257.6	165.4	64%
	2012	493.0	295.6	197.4	67%
	2013	546.0	369.0	177.0	48%
	2014	566.0	398.2	167.8	42%
	2015	602.4	411.5	190.9	46%

（五）小商品市场平衡分析

从小商品市场的供需平衡来看，在参考一定的供给弹性的情况下，2011—2015年重庆市小商品市场总建筑规模需求值分别为136.4万平方米、157.9万平方米、173.1万平方米、201.2万平方米、223.3万平方米，供给规模分别为177.9万平方米、203.2万平方米、256.6万平方米、271.0万平方米、271.0万平方米。根据数据分析，重庆市小商品市场在整个“十二五”期间，即2011—2015年均出现了供给略大于需求的状态。在2011—2012年，小商品市场供给规模大于需求规模分别为41.5万平方米、45.3万平方米，供给超需求比例分别为30%、29%，此时市场供给大于需求，但供给大于需求的比例几乎不变。随着市场需求的变小，在2013年，小商品市场供给规模大于需求规模为83.5万平方米，供给超需求比例为48%，但在2014—2015年，市场供需严重不平衡现象有所缓解，供给规模大于需求规模分别为69.8万平方米、47.7万平方米，供给超需求比例分别为35%、21%，市场出现一定程度的供给过剩。

表 4-12　　小商品市场供需平衡分析表

类别	年份（年）	供求规模现状（万平方米）		供需平衡分析	
		营业面积实际值	营业面积需求值	供需差额（万平方米）	供给超需求比例(%)
小商品	2011	177.9	136.4	41.5	30%
	2012	203.2	157.9	45.3	29%
	2013	256.6	173.1	83.5	48%
	2014	271.0	201.2	69.8	35%
	2015	271.0	223.3	47.7	21%

（六）农副产品市场平衡分析

从农副产品市场的供需平衡来看，在考虑一定的供给弹性的情况下，2011—2015 年重庆市农副产品市场总建筑规模需求值分别为 139.0 万平方米、150.0 万平方米、174.8 万平方米、189.1 万平方米、227.7 万平方米，供给规模分别为 121.0 万平方米、167.0 万平方米、181.0 万平方米、227.0 万平方米、238.0 万平方米。在 2011 年，农副产品市场发展迅速，供给规模小于需求规模为 18.0 万平方米，供给超需求比例为-13%。但在 2012—2013 年，农副产品市场由原来的供给小于需求的状态逐渐转变为供给大于需求的状态，供给规模大于需求规模分别为 17.0 万平方米、6.2 万平方米，供给超需求比例分别为 11%、4%，市场供给略微过剩，且供给超需求比例逐渐缩小。然而，在 2014 年，市场供给规模大于需求规模为 37.9 万平方米，供给超需求比例为 20%，市场出现一定程度的供给过剩。但在 2015 年，由于对市场供求变化进行了及时调整，农副产品市场发展状况不断改善，市场供给规模大于需求规模为 10.3 万平方米，供给超需求比例为 5%，市场供给略微过剩。

表 4-13 农副产品市场供需平衡分析表

类别	年份（年）	供求规模现状（万平方米）		供需平衡分析	
		营业面积实际值	营业面积需求值	供需差额（万平方米）	供给超需求比例(%)
农副产品	2011	121.0	139.0	-18.0	-13%
	2012	167.0	150.0	17.0	11%
	2013	181.0	174.8	6.2	4%
	2014	227.0	189.1	37.9	20%
	2015	238.0	227.7	10.3	5%

（七）总结

重庆市大型商品交易市场中不同类别的商品交易市场之间呈现出不同的供需关系，并且同一种类别的商品交易市场不同年份的供需关系也有所不同。通过对重庆市不同类别的大型商品交易市场进行供需平衡分析，总结如下：

（1）在“十二五”期间，市场总体产能过剩，不同市场的过剩程度不同。

重庆市大型商品交易市场存在不同程度的产能过剩现象，但不同年份的不同类别市场过剩程度有所不同。其中，供过于求最为严重的是钢材市场，在2015年，供给规模大于需求规模达到62.7万平方米，供给超需求比例达63%。其次是家居建材市场，在整个“十二五”期间，即2011—2015年均出现了不同程度的供给大于需求的状态，2015年供给规模大于需求规模达到190.9万平方米，供给超需求比例达46%。随后是小商品市场和汽摩配件市场，供给规模大于需求规模分别为47.7万平方米和18.6万平方米，供给超需求比例分别为21%和10%。截止到2015年年底，五金机电市场和农副产品市场供给略大于需求，供给规模大于需求规模分别为10.8万平方米和10.3万平方米，供给超需求比例分别为7%和5%。

（2）在“十二五”期间，部分商品交易市场由供不应求状态逐渐转变为供过于求的状态。

在“十二五”期间，钢铁市场、汽摩市场、农副产品市场总体上均由供不应求状态逐渐转变为供过于求的状态，但不同类别的商品交易市场供不应求转变为供过于求的年份有所不同，且供过于求的程度不同。此外，小商品市场、五金机电市场和家居建材市场在整个“十二五”期间均处于供过于求的状态，出现一定程度的供给过剩。

第二部分

“十二五”规划总结篇

第五章 “十二五”期间重庆市商品交易市场发展综述

一、总体规模及建设情况

（一）市场总体规模

“十二五”期间，重庆商品交易市场总体发展较快。据统计，从市场数量、营业面积到交易总额，总体保持了持续上升趋势。市场总数从 1 697 个增加到 1 964 个，年均增速 3.72%；营业面积从 1 578 万平方米增加到 2 124 万平方米，年均增速 7.71%；交易总额从 4 437 亿元增加到 5 510 亿元，年均增速 5.56%。市场总体情况见表 5-1。

表 5-1 重庆市商品交易市场总体情况表（2010—2015 年）

	2010 年（“十一五”期末）	2011 年	2012 年	2013 年	2014 年	2015 年
一、已建成市场情况						
（一）市场总数（个）	1 560	1 697	1 841	1 825	1 857	1 964
其中：综合专业市场（个）	225	335	317	366	383	386
城区菜市场（个）	462	482	456	460	465	497
乡镇农贸市场（个）	873	880	1 068	999	1 009	1 081
其中：亿元市场（个）	182	208	268	274	309	312
万平方市场（个）	150	218	249	300	338	310
（二）营业面积（万平方米）	1 312	1 578	1 646	1 939	2 054	2 124
其中：综合专业市场（万平方米）	944	1 220	1 260	1 529	1 640	1 705

表5-1(续)

	2010年（“十一五”期末）	2011年	2012年	2013年	2014年	2015年
城区菜市场(万平方米)	162	152	143	139	140	146
乡镇农贸市场(万平方米)	206	207	243	271	274	272
其中:亿元市场(万平方米)	803	942	1 161	1 208	1 455	1 519
万平方市场(万平方米)	788	1 063	1 265	1 555	1 673	1 973
(三)交易总额(亿元)	3 738	4 437	4 685	5 227	5 220	5 510
其中:综合专业市场(亿元)	3 330	4 003	4 101	4 651	4 615	4 883
城区菜市场(亿元)	233	236	325	329	351	361
乡镇农贸市场(亿元)	175	198	258	247	254	266
其中:亿元市场(亿元)	3 283	4 049	4 219	4 794	4 775	5 079
万平方市场(亿元)	3 083	3 836	4 066	4 580	4 652	5 004
二、在建市场项目情况						
(一)项目总数(个)	68	85	108	102	91	85
(二)占地面积(万平方米)	1 377	1 921	2 453	2 075	1 770	1 560
(三)建筑面积(万平方米)	1 199	2 054	3 070	2 700	3 985	1 585
(四)投资额度(亿元)	467	637	1 188	648	1 003	280
三、新开工项目情况						
(一)项目数量(个)					20	18
(二)项目占地(万平方米)					303	187
(三)项目建面(万平方米)					1 881	246
(四)项目投资(亿元)					423	127
四、新开业市场情况						
(一)市场数量(个)	15	20	16	18	17	11
(二)营业面积(万平方米)	50	145	25	114	140	95
(三)交易总额(亿元)						81

数据来源：根据重庆市各区县商务局提供数据整理，在建项目不包含菜市场和农贸市场项目。

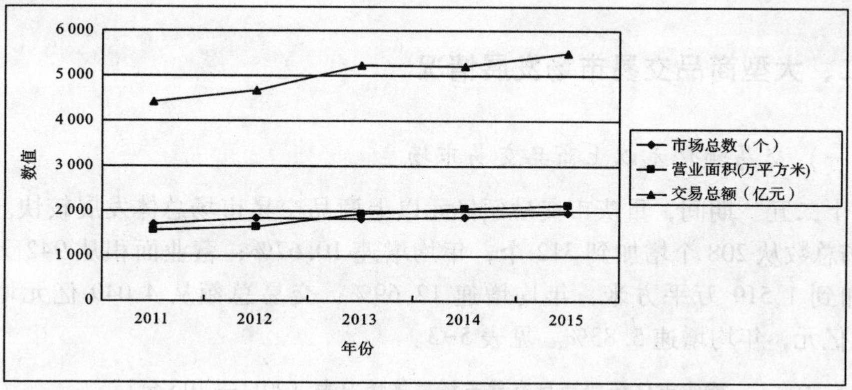

图 5-1 “十二五”期间重庆市商品交易市场总体发展情况

（二）市场项目建设情况

“十二五”期间，重庆商品交易市场项目建设总体上处于上升趋势。据统计，“十二五”期间新增项目 126 个，新增用地 2 365.7 万平方米，新增面积 3 991 万平方米，新增投资规模 1 291 亿元；但同时停建项目 26 个，停建用地 664.9 万平方米，停建面积 1 204 万平方米；建成项目 131 个，建成面积 842 万平方米。见表 5-2。

表 5-2 “十二五”期间重庆市商品交易市场项目建设情况表

序号	项目	“十二五”发展情况					五年合计
		2011 年	2012 年	2013 年	2014 年	2015 年	
	一、在建项目情况						
	新增项目（个）	46	32	17	15	16	126
	新增用地（万平方米）	1 105.5	492.5	260.3	321.7	185.7	2 365.7
	新增面积（万平方米）	899.92	635.96	388.1	1 788.5	279	3 991
	新增投资规模（亿元）	401	317.66	76.7	377.2	118.3	1 291
	二、停建项目情况						
	停建项目（个）	4	6	7	7	2	26
	停建用地（万平方米）	80.3	174.5	283.7	126.4		664.9
	停建面积（万平方米）	13	117.8	762	141	170	1 204
	三、建成项目情况						
	建成项目（个）	17	44	37	18	15	131
	建成面积（万平方米）	122.9	141.1	348.0	132.4	97.2	842

数据来源：根据重庆市各区县商务局提供数据整理。

二、大型商品交易市场发展情况

（一）交易额亿元以上商品交易市场

“十二五”期间，重庆市交易额亿元以上商品交易市场总体发展较快。亿元级市场总数从208个增加到312个，年均增速10.67%；营业面积从942万平方米增加到1 519万平方米，年均增速12.69%；交易总额从4 049亿元增加到5 079亿元，年均增速5.83%。见表5-3。

表5-3　　重庆市亿元级商品交易市场总体情况表（2011—2015年）

	2011年	2012年	2013年	2014年	2015年
市场总数（个）	208	268	274	309	312
营业面积（万平方米）	942	1 161	1 208	1 455	1 519
交易总额（亿元）	4 049	4 219	4 794	4 775	5 079

数据来源：根据重庆市各区县商务局提供数据整理。

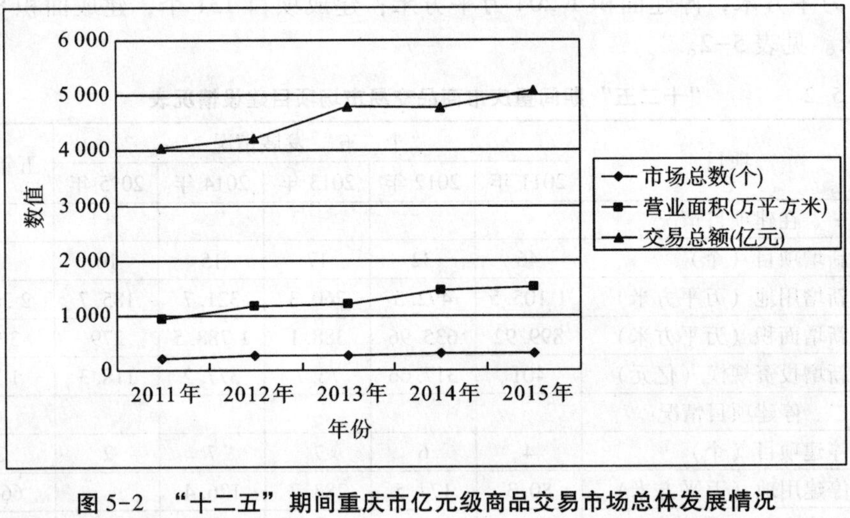

图5-2　“十二五”期间重庆市亿元级商品交易市场总体发展情况

参考《中国商品交易市场统计年鉴》的统计结果，“十二五”期间，重庆市亿元级商品交易市场总体增长趋势明显。由于统计口径原因，虽然在数据上与课题组调研结果存在差异，但发展趋势是一致的。重庆市亿元级商品交易市场总体情况见表5-4。

表 5-4 重庆市亿元级商品交易市场总体情况表

	2011 年	2012 年	2013 年	2014 年	2015 年
市场数量（个）	129	133	144	149	153
总摊位数（个）	93 544	93 117	97 100	109 363	111 651
年末出租摊位数（个）	85 298	87 047	91 490	101 736	100 207
营业面积（平方米）	6 216 028	6 550 002	7 429 990	8 060 986	8 277 138
成交额（万元）	29 873 359	31 307 225	33 072 063	34 063 093	34 128 682

数据来源：《中国商品交易市场统计年鉴》（2012—2016）。

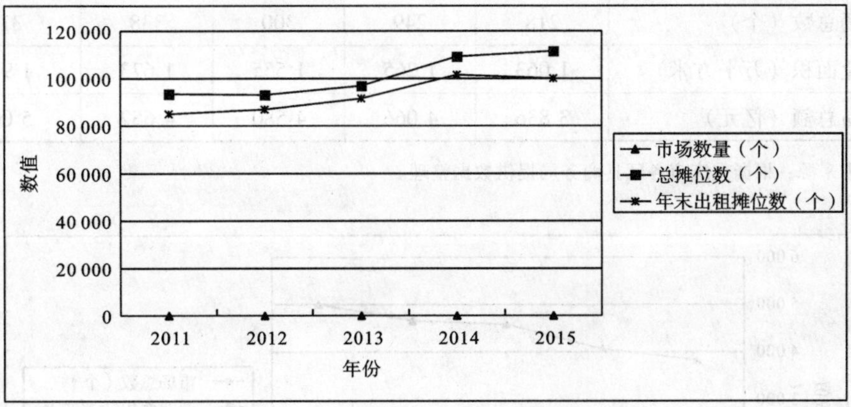

图 5-3 “十二五”期间重庆市亿元级商品交易市场总体增长情况(市场数量与摊位数)

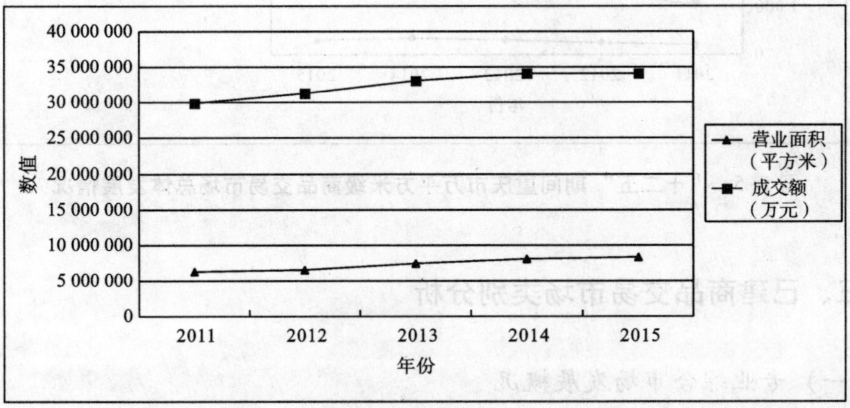

图 5-4 “十二五”期间重庆市亿元级商品交易市场总体增长情况(营业面积与成交额)

（二）营业面积上万平方米市场

“十二五”期间，重庆市营业面积上万平方米以上商品交易市场总体发展较快。万平方米级市场总数从 218 个增加到 310 个，年均增速 9.2%；营业面积从 1 063 万平方米增加到 1 973 万平方米，年均增速 16.72%；交易总额从 3 836 亿元增加到 5 004 亿元，年均增速 6.87%。重庆市万平方米级商品交易市场总体情况见表 5-5。

表 5-5　　重庆市万平方米级商品交易市场总体情况表（2011—2015 年）

	2011 年	2012 年	2013 年	2014 年	2015 年
市场总数（个）	218	249	300	338	310
营业面积（万平方米）	1 063	1 265	1 555	1 673	1 973
交易总额（亿元）	3 836	4 066	4 580	4 652	5 004

数据来源：根据重庆市各区县商务局提供数据整理。

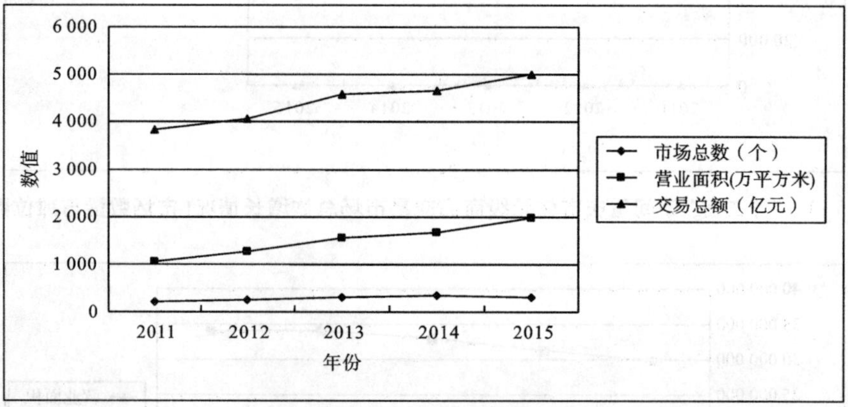

图 5-5　“十二五”期间重庆市万平方米级商品交易市场总体发展情况

三、已建商品交易市场类别分析

（一）专业综合市场发展概况

“十二五”期间，重庆市专业综合商品交易市场总体平稳增长。市场总数从

335个增加到386个，年均增速3.61%；营业面积从1 220万平方米增加到1 705万平方米，年均增速8.73%；交易总额从4 003亿元增加到4 883亿元，年均增速5.09%。重庆市专业综合商品交易市场总体情况见表5-6。

表5-6 重庆市专业综合商品交易市场总体情况表（2011—2015年）

	2011年	2012年	2013年	2014年	2015年
市场总数（个）	335	317	366	383	386
营业面积（万平方米）	1 220	1 260	1 529	1 640	1 705
交易总额（亿元）	4 003	4 101	4 651	4 615	4 883

数据来源：根据重庆市各区县商务局提供数据整理。

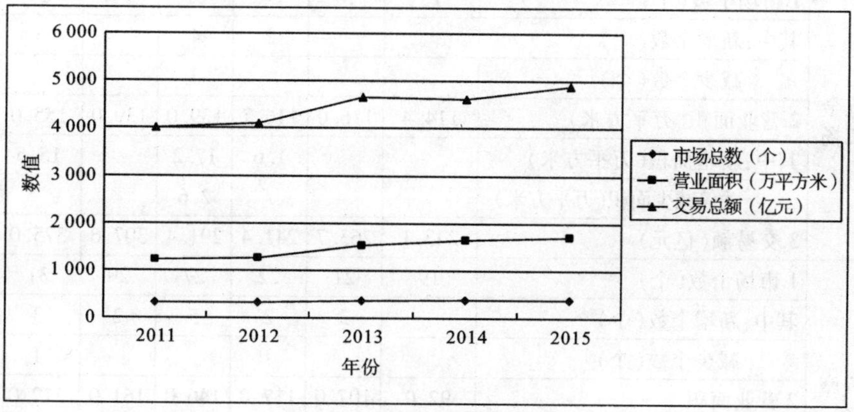

图5-6 “十二五”期间重庆市专业综合商品交易市场总体发展情况

（二）六类专业市场构成分析

根据“十二五”期间重庆市商品交易市场实际发展情况，课题组选取了具有代表性的钢材市场、五金机电市场、汽摩配件市场、家居建材市场、服装小商品市场、农副产品市场这六类市场进行具体分析。从总体上看，除了钢材市场在2014—2015年出现下降外，六大类市场在市场个数、营业面积、交易总额等主要方面都保持了上升趋势，具体发展情况见表5-7。

表 5-7　“十二五”期间重庆市六大类专业市场发展情况表

市场类型	项目	“十一五”末	“十二五”发展情况					五年合计
		2010年	2011年	2012年	2013年	2014年	2015年	
一、钢材市场	1.市场个数(个)	15	16	17	21	19	16	
	其中:新增个数(个)		1	1	5		1	8
	减少个数(个)				1	2	4	7
	2.营业面积(万平方米)	92.0	108.0	118.5	169.7	166.0	162.7	
	其中:新增面积(万平方米)		3.5	9.1	59.9		9.3	81.8
	关停减少面积(万平方米)				0.8	10.9	12.7	24.4
	3.交易额(亿元)	738.0	829.6	951.9	960.0	878.0	560.7	
二、五金机电市场	1.市场个数(个)	18	18	20	21	21	24	
	其中:新增个数(个)			2	4		3	9
	减少个数(个)				3			3
	2.营业面积(万平方米)	114.4	116.0	116.7	139.0	139.0	155.0	
	其中:新增面积(万平方米)			1.6	17.2		15.5	34.3
	关停减少面积(万平方米)				2.6			2.6
	3.交易额(亿元)	243.1	263.7	241.4	291.4	307.6	375.0	
三、汽摩配市场	1.市场个数(个)	19	21	22	27	29	31	
	其中:新增个数(个)		2	2	5	2	3	14
	减少个数(个)			1			1	2
	2.营业面积	92.0	107.0	117.0	146.0	161.0	212.0	
	其中:新增面积(万平方米)		5.0	10.0	31.7	20.8	29.0	96.5
	关停减少面积(万平方米)			1.2			4.3	5.5
	3.交易额(亿元)	504.0	571.0	562.0	598.0	716.0	806.0	
四、家居建材市场	1.市场个数(个)	76	85	107	112	115	118	
	其中:新增个数(个)		9	25	8	6	5	53
	减少个数(个)			3	3	3	2	11
	2.营业面积	326.0	423.0	493.0	546.0	566.0	602.4	
	其中:新增面积(万平方米)		94.7	68.1	77.8	16.8	21.5	278.9
	关停减少面积(万平方米)			13.8	14.4	2.1	9.0	39.3
	3.交易额(亿元)	392.0	414.0	475.0	593.0	640.0	661.4	

表5-7（续）

市场类型	项目	“十一五”末	“十二五”发展情况					五年合计
		2010年	2011年	2012年	2013年	2014年	2015年	
五、服装小商品市场	1.市场个数（个）	66	67	70	76	78	78	
	其中：新增个数（个）		3	4	6	3		16
	减少个数（个）		2	1		1		4
	2.营业面积（万平方米）	179.3	177.9	203.2	256.6	271.0	271.0	
	其中：新增面积（万平方米）		8.1	11.0	50.6	18.5		88.2
	关停减少面积（万平方米）		8.5	2.7		6.0		17.2
	3.交易额（亿元）	408.7	483.0	559.4	613.2	712.5	790.7	
六、农产品综合专业市场	1.市场个数（个）	39	39	46	51	57	58	
	其中：新增个数（个）			7	7	7	3	24
	减少个数（个）				2	1	2	5
	2.营业面积（万平方米）	121.0	121.0	167.0	181.0	227.0	238.0	
	其中：新增面积（万平方米）			25.0	14.0	64.1	17.1	120.2
	关停减少面积（万平方米）				1.9	1.2	8.8	11.9
	3.交易额（亿元）	502.8	638.5	689.0	803.0	868.7	1 045.7	

说明：1. 本表所指家居建材市场，主要指家居建材类市场和建筑材料类市场。家居建材类市场包括家居家具、装饰材料、灯饰、酒店用品市场等；建筑材料类市场包括木材、石材、玻璃门窗市场等。2. 服装小商品市场主要为工业消费品综合市场以及服装鞋帽、小商品、休闲娱乐、书刊等专业市场。

（三）城区菜市场与乡镇农贸市场发展概况

“十二五”期间，全市城区菜市场及乡镇农贸市场总体平稳增长。城区菜市场总数从482个增加到497个，年均增速0.77%；营业面积从152万平方米减少到146万平方米，逐年略有下降；交易总额从224亿元增加到362亿元，年均增速12.75%。乡镇农贸市场总数从880个增加到1 081个，年均增速5.28%；营业面积从207万平方米增加到272万平方米，年均增速7.07%；交易总额从175亿元增加到266亿元，年均增速11.04%。具体情况见表5-8。

表 5-8　　“十二五”期间全市菜市场及农贸市场发展情况表

市场类型	项目	“十一五”末	“十二五”发展情况					五年合计
		2010 年	2011年	2012年	2013年	2014年	2015年	
1. 城区菜市场	1. 市场个数（个）	462	482	456	465	465	497	
	其中：新增个数（个）		20		9		32	61
	减少个数（个）			26				26
	2. 营业面积（万平方米）	162.0	152.3	142.9	139.0	140.2	146.4	
	其中：新增面积（万平方米）					1.0		1
	关停减少面积(万平方米)		10	9	4		6	29
	3. 交易额（亿元）	232.9	224.0	325.1	328.9	351.1	361.5	
2. 乡镇农贸市场	1. 市场个数（个）	873	880	1 068	999	1 009	1 081	
	其中：新增个数（个）		7	188		10	72	277
	减少个数（个）				69			69
	2. 营业面积（万平方米）	206.4	207.3	243.3	271.5	274.1	272.0	
	其中：新增面积（万平方米）		1	36.0	28.0	3.0		68
	关停减少面积(万平方米)						2	2
	3. 交易额（亿元）	175.7	175.3	258.9	247.6	254.0	265.7	

数据来源：根据重庆市各区县商务局提供数据整理。

四、已建市场区域分布

（一）已建商品交易市场区域分布

“十二五”期间，重庆市五大功能区商品交易市场均取得了较快的发展。据统计，从市场数量、营业面积、经营户数、从业人员到交易总额，总体保持了持续上升趋势。五大功能区已建商品交易市场区域分布情况，见表 5-9。

表 5-9　“十二五”期间全市商品交易市场区域分布表

区县	项目	2010 年	2011 年	2012	2013 年	2014 年	2015 年
渝中区	1.市场个数(个)	33	49	65	74	74	73
	2.营业面积(平方米)	1 236 400	1 026 413	1 136 242	1 118 083	1 143 035	903 255
	3.经营户数(户)	22 408	23 284	24 256	22 919	23 784	21 969
	4.从业人员(人)	49 141	67 135	83 413	80 726	88 016	59 077
	5.交易额(万元)	3 811 471	4 738 455	5 505 668	5 420 000	5 679 396	6 378 000
大渡口区	1.市场个数(个)	16	21	15	19	18	38
	2.营业面积(平方米)	215 337	501 385	488 515	673 320	556 690	582 940
	3.经营户数(户)	4 212	3 252	2 641	3 171	3 665	4 082
	4.从业人员(人)	15 313	9 725	13 076	11 067	12 102	13 860
	5.交易额(万元)	1 814 926	3 236 348	3 422 427	3 916 088	3 680 826	3 393 749
江北区	1.市场个数(个)	34	41	44	44	42	52
	2.营业面积(平方米)	747 873	1 090 444	701 535	967 466	824 273	808 051
	3.经营户数(户)	10 072	13 183	10 568	8 383	5 419	5 971
	4.从业人员(人)	36 073	39 059	37 333	38 925	22 234	21 781
	5.交易额(万元)	2 427 214	2 736 875	2 624 689	3 195 665	3 039 374	2 634 712
沙坪坝区	1.市场个数(个)	51	47	45	49	49	49
	2.营业面积(平方米)	683 379	762 976	847 036	1 492 522	1 312 062	1 280 570
	3.经营户数(户)	5 927	8 585	8 589	8 745	8 155	7 927
	4.从业人员(人)	24 700	23 322	24 849	23 850	24 975	21 556
	5.交易额(万元)	4 164 051	4 866 003	4 760 815	4 403 300	3 944 764	3 168 299
九龙坡区	1.市场个数(个)	67	81	87	87	96	98
	2.营业面积(平方米)	2 241 858	3 108 722	2 708 151	3 024 850	3 118 099	3 454 158
	3.经营户数(户)	17 663	22 952	21 464	23 656	25 084	24 348
	4.从业人员(人)	70 255	80 394	87 235	120 413	100 795	102 912
	5.交易额(万元)	6 770 021	7 543 591	7 493 941	8 545 000	6 999 820	6 779 255

表5-9(续1)

区县	项目	2010年	2011年	2012	2013年	2014年	2015年
南岸区	1.市场个数(个)	37	40	44	41	41	44
	2.营业面积(平方米)	480 858	554 306	590 086	552 791	554 791	583 123
	3.经营户数(户)	5 858	8 111	8 414	7 353	6 690	7 135
	4.从业人员(人)	28 529	46 248	46 365	21 602	20 559	22 054
	5.交易额(万元)	3 092 015	3 538 062	3 768 506	4 455 925	4 743 112	5 000 299
北碚区	1.市场个数(个)	27	51	47	46	47	51
	2.营业面积(平方米)	122 600	803 944	207 421	223 567	224 055	226 976
	3.经营户数(户)	5 034	7 296	5 726	5 847	5 494	5 864
	4.从业人员(人)	6 806	17 969	10 384	11 630	12 525	11 417
	5.交易额(万元)	170 734	195 969	202 413	172 640	202 898	212 389
渝北区	1.市场个数(个)	55	69	64	69	70	70
	2.营业面积(平方米)	529 272	642 095	732 030	712 883	832 783	924 315
	3.经营户数(户)	8 749	7 919	7 802	7 857	7 762	7 807
	4.从业人员(人)	16 867	19 548	18 497	20 231	22 382	26 189
	5.交易额(万元)	699 198	696 971	800 978	918 673	844 089	574 465
巴南区	1.市场个数(个)	47	47	32	33	36	67
	2.营业面积(平方米)	797 359	893 973	982 746	1 005 825	1 155 242	1 190 402
	3.经营户数(户)	8 475	8 790	5 889	8 641	8 561	10 241
	4.从业人员(人)	19 866	28 441	18 700	27 525	23 564	27 154
	5.交易额(万元)	3 032 657	3 869 312	3 872 110	5 029 500	4 616 642	4 838 138
北部新区	1.市场个数(个)	11	15	15	15	15	7
	2.营业面积(平方米)	268 914	698 914	750 292	752 400	750 400	738 000
	3.经营户数(户)	1 198	1 198	2 809	2 296	2 301	1 803
	4.从业人员(人)	6 427	6 427	10 370	11 253	11 268	9 870
	5.交易额(万元)	1 680 545	1 841 188	1 920 806	2 028 500	2 899 870	3 225 000

表5-9(续2)

区县	项目	2010 年	2011 年	2012	2013 年	2014 年	2015 年
都市功能核心区和拓展区合计	1.市场个数(个)	378	461	458	477	488	549
	2.营业面积(平方米)	7 323 850	10 083 172	9 144 054	10 523 707	10 471 430	10 691 790
	3.经营户数(户)	89 596	104 570	98 158	98 868	96 915	97 147
	4.从业人员(人)	273 977	338 268	350 222	367 222	338 420	315 870
	5.交易额(万元)	27 662 832	33 262 774	34 372 353	38 085 291	36 650 791	36 204 306
涪陵区	1.市场个数(个)	70	104	62	62	63	80
	2.营业面积(平方米)	216 034	527 551	492 440	429 039	473 039	475 981
	3.经营户数(户)	1 414	11 660	7 014	6 842	6 888	9 070
	4.从业人员(人)	2 868	21 160	13 377	17 401	16 702	21 307
	5.交易额(万元)	273 400	974 385	1 073 293	1 030 776	1 115 994	1 284 115
长寿区	1.市场个数(个)	47	37	26	29	27	30
	2.营业面积(平方米)	312 874	189 033	129 650	108 724	90 024	176 817
	3.经营户数(户)	9 259	7 439	3 563	5 305	4 127	3 786
	4.从业人员(人)	23 421	19 000	6 856	14 800	11 081	10 360
	5.交易额(万元)	635 593	249 324	255 380	348 355	298 250	330 794
江津区	1.市场个数(个)	63	82	85	69	73	82
	2.营业面积(平方米)	202 442	202 818	217 921	767 605	1 434 593	1 683 581
	3.经营户数(户)	10 494	6 538	8 893	8 538	11 787	15 153
	4.从业人员(人)	17 917	10 627	14 686	17 995	30 317	47 878
	5.交易额(万元)	522 542	429 859	497 636	326 006	1 356 461	3 354 960
合川区	1.市场个数(个)	74	75	76	82	87	81
	2.营业面积(平方米)	147 127	458 460	487 705	675 390	729 240	754 076
	3.经营户数(户)	11 613	21 864	20 777	16 611	17 860	15 995
	4.从业人员(人)	28 092	35 209	32 304	40 513	45 021	43 107
	5.交易额(万元)	412 186	447 113	485 598	572 222	749 253	631 326

表5-9(续3)

区县	项目	2010 年	2011 年	2012	2013 年	2014 年	2015 年
永川区	1.市场个数(个)	101	91	89	91	89	89
	2.营业面积(平方米)	613 925	638 468	848 150	901 850	897 872	866 220
	3.经营户数(户)	13 544	14 177	14 156	12 481	11 687	11 303
	4.从业人员(人)	44 709	47 445	40 328	24 069	22 473	20 744
	5.交易额(万元)	837 625	1 331 369	1 535 809	1 836 500	1 924 734	1 829 283
南川区	1.市场个数(个)	35	11	43	40	40	36
	2.营业面积(平方米)	77 100	105 200	123 343	117 643	121 743	104 498
	3.经营户数(户)	3 870	2 623	7 873	4 133	4 171	3 446
	4.从业人员(人)	5 850	4 460	10 673	9 688	10 509	8 400
	5.交易额(万元)	100 500	271 655	357 932	242 708	253 882	238 537
綦江区	1.市场个数(个)	29	37	42	43	42	39
	2.营业面积(平方米)	99 840	144 702	154 800	180 870	168 870	123 694
	3.经营户数(户)	1 090	6 297	5 207	7 125	6 563	5 885
	4.从业人员(人)	7 565	9 931	9 176	14 073	13 398	11 432
	5.交易额(万元)	131 168	133 711	167 646	154 821	126 263	142 896
潼南区	1.市场个数(个)	42	41	34	33	33	33
	2.营业面积(平方米)	341 103	361 423	276 942	284 414	342 414	344 160
	3.经营户数(户)	8 171	7 948	6 011	3 747	4 255	4 399
	4.从业人员(人)	16 747	15 731	11 599	8 746	10 807	11 567
	5.交易额(万元)	105 340	101 653	116 718	152 700	201 120	237 505
铜梁区	1.市场个数(个)	49	44	43	50	51	47
	2.营业面积(平方米)	340 341	168 365	171 365	228 486	252 486	203 239
	3.经营户数(户)	6 021	6 547	6 588	7 375	7 805	7 023
	4.从业人员(人)	9 645	11 272	11 362	11 469	12 504	12 560
	5.交易额(万元)	188 322	174 189	196 800	109 146	178 432	241 723

表5-9(续4)

区县	项目	2010 年	2011 年	2012	2013 年	2014 年	2015 年
大足区	1.市场个数(个)	36	39	44	43	43	45
	2.营业面积(平方米)	324 662	475 639	858 861	580 825	580 135	593 155
	3.经营户数(户)	6 513	7 098	11 863	10 906	10 931	13 442
	4.从业人员(人)	23 017	35 505	35 904	32 721	32 937	36 931
	5.交易额(万元)	1 112 360	1 488 660	1 878 238	1 995 661	2 248 935	3 318 216
荣昌区	1.市场个数(个)	28	28	30	31	31	33
	2.营业面积(平方米)	221 052	223 650	465 855	805 210	807 210	849 408
	3.经营户数(户)	6 320	4 868	7 046	10 916	9 786	9 397
	4.从业人员(人)	14 050	15 000	18 798	23 938	19 643	20 354
	5.交易额(万元)	512 800	462 400	517 900	650 300	726 153	700 980
璧山区	1.市场个数(个)	34	35	40	39	40	44
	2.营业面积(平方米)	169 213	231 411	285 544	360 100	405 600	435 255
	3.经营户数(户)	3 899	3 932	5 022	5 753	5 143	6 427
	4.从业人员(人)	11 591	11 661	12 232	16 545	12 916	18 336
	5.交易额(万元)	1 225 341	559 258	736 100	1 460 348	641 015	573 156
万盛经开区	1.市场个数(个)	14		17	18	18	16
	2.营业面积(平方米)	60 542		29 309	35 170	35 170	32 263
	3.经营户数(户)	3 432		2 532	2 359	2 320	2 168
	4.从业人员(人)	4 776		5 100	5 273	5 354	5 239
	5.交易额(万元)	65 334	59 400	65 000	69 954	73 375	71 121
双桥区	1.市场个数(个)	6	0	0	0	0	0
	2.营业面积(平方米)	30 500	0	0	0	0	0
	3.经营户数(户)		0	0	0	0	0
	4.从业人员(人)	1 940	0	0	0	0	0
	5.交易额(万元)	25 000	0	0	0	0	0

表5-9(续5)

区县	项目	2010年	2011年	2012	2013年	2014年	2015年
城市发展新区合计	1.市场个数(个)	628	624	631	630	637	655
	2.营业面积(平方米)	3 156 755	3 726 720	4 541 885	5 475 326	6 338 396	6 642 347
	3.经营户数(户)	85 640	100 991	106 545	102 091	103 323	107 494
	4.从业人员(人)	212 188	237 001	222 395	237 231	243 662	268 215
	5.交易额(万元)	6 147 511	6 682 976	7 884 050	8 949 497	9 893 867	12 954 612
万州区	1.市场个数(个)	141	144	153	105	106	105
	2.营业面积(平方米)	982 232	946 295	906 586	858 466	882 826	851 839
	3.经营户数(户)	25 213	26 434	26 164	17 960	18 040	17 213
	4.从业人员(人)	36 959	37 437	34 687	40 930	41 343	40 880
	5.交易额(万元)	1 615 172	1 824 179	2 174 925	2 363 274	2 518 673	2 587 927
梁平县	1.市场个数(个)	40	41	41	42	43	47
	2.营业面积(平方米)	135 700	132 800	101 100	103 800	108 085	261 556
	3.经营户数(户)	4 138	3 250	2 800	4 242	4 430	5 397
	4.从业人员(人)	6 734	5 900	4 650	7 550	7 860	10 456
	5.交易额(万元)	208 000	183 000	219 900	213 000	211 788	265 000
丰都县	1.市场个数(个)	28	31	35	32	32	34
	2.营业面积(平方米)	91 000	134 500	153 000	123 000	121 000	123 860
	3.经营户数(户)	1 930	2 130	3 180	3 000	3 056	3 480
	4.从业人员(人)	1 403	1 162	4 080	6 000	6 185	6 728
	5.交易额(万元)	189 000	197 000	206 400	240 000	226 550	204 475
垫江县	1.市场个数(个)	37	37	35	45	45	44
	2.营业面积(平方米)	243 387	272 387	271 785	337 774	348 944	362 255
	3.经营户数(户)	7 115	7 115	7 301	7 205	7 379	6 988
	4.从业人员(人)	11 343	11 343	12 460	14 327	14 842	14 275
	5.交易额(万元)	213 025	250 225	238 824	449 243	428 820	394 697

表5-9(续6)

区县	项目	2010 年	2011 年	2012	2013 年	2014 年	2015 年
忠县	1.市场个数(个)	34	40	40	41	41	42
	2.营业面积(平方米)	96 597	166 811	166 811	170 230	172 030	171 840
	3.经营户数(户)	5 067	5 613	5 644	3 635	3 715	4 020
	4.从业人员(人)	8 989	12 457	12 437	13 236	13 535	13 683
	5.交易额(万元)	85 770	70 990	64 754	67 162	78 316	102 675
开州区	1.市场个数(个)	57	59	70	64	66	66
	2.营业面积(平方米)	274 450	261 950	261 816	329 371	360 137	362 246
	3.经营户数(户)	6 853	6 965	6 520	8 329	8 630	8 617
	4.从业人员(人)	12 586	12 795	14 068	18 170	18 635	18 593
	5.交易额(万元)	65 000	294 100	281 285	431 580	480 115	527 937
云阳县	1.市场个数(个)	30	40	54	54	55	63
	2.营业面积(平方米)	48 300	82 328	89 080	105 770	172 120	219 405
	3.经营户数(户)	4 263	3 089	5 419	4 988	5 535	6 626
	4.从业人员(人)	5 020	4 740	6 661	9 040	10 270	12 473
	5.交易额(万元)	328 400	91 325	101 600	101 200	153 366	175 905
奉节县	1.市场个数(个)	29	32	43	40	41	41
	2.营业面积(平方米)	122 134	116 020	138 159	117 000	120 710	122 440
	3.经营户数(户)	3 435	5 292	4 894	3 954	3 989	4 030
	4.从业人员(人)	8 612	11 357	9 788	7 977	8 167	8 252
	5.交易额(万元)	162 700	189 488	214 964	223 845	233 367	245 688
巫山县	1.市场个数(个)	31	18	22	21	21	18
	2.营业面积(平方米)	44 300	62 450	41 211	57 211	57 211	52 010
	3.经营户数(户)	1 370	2 148	1 414	1 338	1 340	1 485
	4.从业人员(人)	2 660	4 683	2 840	3 339	3 350	3 307
	5.交易额(万元)	32 000	41 675	48 060	48 277	49 700	44 958

表5-9(续7)

区县	项目	2010年	2011年	2012	2013年	2014年	2015年
巫溪县	1.市场个数(个)	10	12	26	27	28	27
	2.营业面积(平方米)	15 976	18 485	33 585	50 999	49 203	46 008
	3.经营户数(户)	1 454	1 648	2 633	2 100	2 129	2 131
	4.从业人员(人)	2 622	2 600	3 995	4 636	4 778	4 768
	5.交易额(万元)	85 520	46 730	57 000	57 986	59 276	63 701
城口县	1.市场个数(个)	8	10	19	21	24	22
	2.营业面积(平方米)	6 800	1 800	12 557	17 860	22 180	17 026
	3.经营户数(户)	636	186	912	1 120	1 395	1 227
	4.从业人员(人)	810	210	990	2 334	2 808	2 450
	5.交易额(万元)	8 850	19 420	21 315	22 615	25 728	23 320
渝东北生态涵养发展区合计	1.市场个数(个)	445	464	538	492	502	509
	2.营业面积(平方米)	2 060 876	2 195 826	2 175 690	2 271 481	2 414 446	2 590 485
	3.经营户数(户)	61 474	63 870	66 881	57 871	59 638	61 214
	4.从业人员(人)	97 738	104 684	106 656	127 539	131 773	135 865
	5.交易额(万元)	2 993 437	3 208 132	3 629 027	4 218 182	4 465 699	4 636 283
黔江区	1.市场个数(个)	22	42	38	38	40	41
	2.营业面积(平方米)	149 000	186 841	187 033	204 853	277 080	279 469
	3.经营户数(户)	272	4 029	5 309	5 281	5 452	5 604
	4.从业人员(人)	5 110	6 448	9 124	11 063	12 536	11 617
	5.交易额(万元)	176 975	245 158	418 065	393 000	463 889	520 612
武隆县	1.市场个数(个)	14	22	30	33	33	30
	2.营业面积(平方米)	44 730	28 700	53 228	85 060	85 060	79 200
	3.经营户数(户)	3 240	2 705	4 824	4 029	4 025	3 704
	4.从业人员(人)	6 091	4 280	5 707	5 638	5 630	5 350
	5.交易额(万元)	96 000	41 568	79 466	108 270	109 013	100 650

表5-9(续8)

区县	项目	2010 年	2011 年	2012	2013 年	2014 年	2015 年
石柱县	1.市场个数(个)	22	22	38	36	36	41
	2.营业面积(平方米)	114 024	85 874	106 705	108 300	109 100	128 650
	3.经营户数(户)	3 645	3 707	3 561	3 145	3 156	3 542
	4.从业人员(人)	6 724	6 613	6 195	6 845	6 865	7 786
	5.交易额(万元)	121 920	108 300	123 750	136 965	138 800	170 160
秀山县	1.市场个数(个)	17	17	31	36	38	39
	2.营业面积(平方米)	152 568	72 476	119 730	434 829	544 214	545 204
	3.经营户数(户)	2 469	2 795	5 264	7 095	7 487	7 501
	4.从业人员(人)	4 583	5 066	9 956	16 479	16 930	17 279
	5.交易额(万元)	67 912	120 241	150 511	196 417	283 673	281 297
酉阳县	1.市场个数(个)	9	21	32	34	34	46
	2.营业面积(平方米)	65 100	56 196	67 460	217 821	232 421	177 280
	3.经营户数(户)	1 080	2 610	3 601	2 781	2 675	3 816
	4.从业人员(人)	4 820	3 856	4 642	4 436	4 650	6 540
	5.交易额(万元)	69 400	95 300	106 500	89 500	97 590	119 180
彭水县	1.市场个数(个)	23	24	45	49	49	54
	2.营业面积(平方米)	37 510	27 000	62 500	74 200	74 200	101 793
	3.经营户数(户)	2 800	3 100	3 800	3 874	3 885	4 450
	4.从业人员(人)	5 050	6 500	6 000	7 841	7 875	8 606
	5.交易额(万元)	25 770	70 000	90 000	97 902	102 410	110 300
渝东南生态保护发展区合计	1.市场个数(个)	107	148	214	226	230	251
	2.营业面积(平方米)	562 932	457 087	596 656	1 125 063	1 322 075	1 311 596
	3.经营户数(户)	13 506	18 946	26 359	26 205	26 680	28 617
	4.从业人员(人)	32 378	32 763	41 624	52 302	54 486	57 178
	5.交易额(万元)	557 977	680 567	968 292	1 022 054	1 195 375	1 302 199

表5-9(续9)

区县	项目	2010年	2011年	2012	2013年	2014年	2015年
合计	1.市场个数(个)	1 558	1 697	1 841	1 825	1 857	1 964
	2.营业面积(平方米)	13 104 413	16 462 805	16 458 285	19 395 577	20 546 347	21 236 218
	3.经营户数(户)	250 216	288 377	297 943	285 035	286 556	294 472
	4.从业人员(人)	616 281	712 716	720 897	784 294	768 341	777 128
	5.交易额(万元)	37 361 757	43 834 449	46 853 722	52 275 024	52 205 732	55 097 400

数据来源：根据重庆市各区县商务局提供数据整理。

(二)已建综合专业市场区域分布

“十二五”期间，重庆市五大功能区综合专业市场均取得了较快的发展。据统计，从市场数量、营业面积、经营户数、从业人员到交易总额，总体保持了持续上升趋势。五大功能区已建综合专业市场区域分布情况，见表5-10。

表5-10　“十二五”期间全市综合专业市场区域分布表

区县	项目	2010年	2011年	2012年	2013年	2014年	2015年
渝中区	1.市场个数(个)	18	34	50	58	58	57
	2.营业面积(平方米)	1 196 200	986 413	1 077 242	1 060 000	1 084 952	845 172
	3.经营户数(户)	18 908	19 634	21 256	19 583	20 448	18 639
	4.从业人员(人)	42 341	58 935	78 213	74 352	81 636	52 692
	5.交易额(万元)	3 586 059	4 445 955	5 355 448	5 270 000	5 526 396	6 224 200
大渡口区	1.市场个数(个)	4	5	5	7	6	6
	2.营业面积(平方米)	212 812	479 642	472 065	640 000	523 370	523 370
	3.经营户数(户)	1 161	2 377	2 162	2 337	2 820	2 335
	4.从业人员(人)	4 020	8 350	12 272	9 152	10 120	8 870
	5.交易额(万元)	1 779 926	3 441 025	3 414 528	3 910 000	3 674 517	3 346 619

表5-10(续1)

区县	项目	2010 年	2011 年	2012 年	2013 年	2014 年	2015 年
江北区	1.市场个数(个)	9	16	14	23	21	21
	2.营业面积(平方米)	678 116	1 020 687	620 687	910 000	766 807	737 677
	3.经营户数(户)	6 578	9 689	6 691	7 145	4 169	4 093
	4.从业人员(人)	27 839	30 825	28 954	36 442	19 724	18 652
	5.交易额(万元)	2 326 796	2 667 763	2 542 406	3 150 000	2 984 244	2 564 235
沙坪坝区	1.市场个数(个)	9	17	13	17	17	18
	2.营业面积(平方米)	593 980	690 454	774 514	1 420 000	1 239 540	1 209 540
	3.经营户数(户)	3 474	4 185	4 189	4 345	3 710	3 607
	4.从业人员(人)	13 085	16 822	18 349	16 350	17 320	14 178
	5.交易额(万元)	4 050 238	5 045 530	4 619 189	4 260 000	3 795 358	3 022 489
九龙坡区	1.市场个数(个)	35	51	46	52	56	54
	2.营业面积(平方米)	2 129 777	2 996 641	2 603 222	2 910 000	2 986 741	3 325 800
	3.经营户数(户)	11 473	16 762	16 025	16 629	17 317	16 815
	4.从业人员(人)	61 211	71 350	81 796	106 398	84 290	86 689
	5.交易额(万元)	6 578 912	7 365 681	7 378 066	8 430 000	6 870 860	6 650 240
南岸区	1.市场个数(个)	11	16	16	15	15	15
	2.营业面积(平方米)	384 310	453 633	476 933	460 000	462 000	464 000
	3.经营户数(户)	1 717	3 134	3 205	3 239	2 568	2 590
	4.从业人员(人)	28 113	36 113	36 378	14 559	13 448	14 749
	5.交易额(万元)	2 908 835	3 267 020	3 505 157	4 210 000	4 467 696	4 720 074
北碚区	1.市场个数(个)	3	9	7	9	10	10
	2.营业面积(平方米)	31 800	88 010	80 060	120 000	120 488	120 464
	3.经营户数(户)	1 134	2 133	2 111	2 480	2 023	2 193
	4.从业人员(人)	2 268	3 796	3 555	5 084	5 338	3 658
	5.交易额(万元)	88 534	47 435	41 950	50 000	77 198	67 300

表5-10(续2)

区县	项目	2010年	2011年	2012年	2013年	2014年	2015年
渝北区	1.市场个数(个)	9	13	11	17	18	17
	2.营业面积(平方米)	386 601	506 762	505 562	470 000	589 900	776 165
	3.经营户数(户)	2 707	3 298	2 942	3 243	3 120	3 496
	4.从业人员(人)	8 569	11 500	9 506	10 937	12 797	16 476
	5.交易额(万元)	625 381	605 776	694 150	780 000	700 991	431 800
巴南区	1.市场个数(个)	5	5	4	5	7	7
	2.营业面积(平方米)	666 360	762 973	914 173	910 000	738 000	1 060 867
	3.经营户数(户)	2 525	2 840	2 589	2 573	1 596	2 671
	4.从业人员(人)	9 566	18 141	11 100	16 090	9 800	13 098
	5.交易额(万元)	2 904 657	3 796 794	3 760 000	4 920 000	4 504 582	4 663 144
北部新区	1.市场个数(个)	3	7	7	7	7	7
	2.营业面积(平方米)	256 684	616 684	738 000	740 000	1 054 867	738 000
	3.经营户数(户)	1 198	2 074	2 109	1 596	2 216	1 803
	4.从业人员(人)	6 350	9 450	9 520	9 800	11 789	9 870
	5.交易额(万元)	1 630 545	1 822 553	1 901 283	2 010 000	2 881 000	3 225 000
都市功能核心区和拓展区合计	1.市场个数(个)	106	173	173	210	215	212
	2.营业面积(平方米)	6 536 640	8 601 899	8 262 458	9 640 000	9 566 665	9 801 055
	3.经营户数(户)	50 875	66 126	63 279	63 170	59 987	58 242
	4.从业人员(人)	203 362	265 282	289 643	299 164	266 262	238 932
	5.交易额(万元)	26 479 883	32 505 532	33 212 177	36 990 000	35 482 842	34 915 101
涪陵区	1.市场个数(个)	5	26	21	11	12	10
	2.营业面积(平方米)	79 534	428 600	398 100	290 000	334 000	266 435
	3.经营户数(户)	1 414	7 401	4 322	1 974	2 036	2 145
	4.从业人员(人)	2 868	15 590	9 939	6 921	6 142	5 218
	5.交易额(万元)	173 400	602 061	528 093	480 000	542 644	646 420

表5-10(续3)

区县	项目	2010年	2011年	2012年	2013年	2014年	2015年
长寿区	1.市场个数(个)	8	6	2	4	2	3
	2.营业面积(平方米)	155 797	95 518	24 850	40 000	21 300	114 540
	3.经营户数(户)	2 999	2 573	446	1 335	132	171
	4.从业人员(人)	10 340	8 703	1 385	4 519	369	478
	5.交易额(万元)	195 422	153 465	62 000	130 000	52 000	50 300
江津区	1.市场个数(个)	2	6	6	11	13	12
	2.营业面积(平方米)	14 300	52 340	56 235	600 000	1 262 286	1 463 916
	3.经营户数(户)	645	1 065	1 102	2 071	5 175	7 027
	4.从业人员(人)	1 233	1 876	2 327	7 068	19 287	34 068
	5.交易额(万元)	25 600	69 810	181 835	100 000	1 117 565	3 063 790
合川区	1.市场个数(个)	8	7	5	11	11	12
	2.营业面积(平方米)	92 265	207 260	231 050	600 000	453 850	506 450
	3.经营户数(户)	7 064	6 624	4 561	2 071	4 648	3 650
	4.从业人员(人)	16 382	15 418	10 413	7 068	18 099	18 209
	5.交易额(万元)	227 903	146 613	144 058	100 000	441 503	375 291
永川区	1.市场个数(个)	10	11	11	13	11	10
	2.营业面积(平方米)	350 223	374 766	576 300	630 000	626 022	592 322
	3.经营户数(户)	5 734	6 367	6 122	4 447	3 602	2 951
	4.从业人员(人)	32 806	35 542	27 922	11 663	9 638	7 703
	5.交易额(万元)	597 923	1 093 035	1 264 969	1 570 000	1 641 934	1 545 133
南川区	1.市场个数(个)	1	3	5	3	3	3
	2.营业面积(平方米)	8 000	41 100	57 100	40 000	44 100	44 100
	3.经营户数(户)	790	290	1 908	530	561	580
	4.从业人员(人)	1 800	860	2 963	721	1 319	1 520
	5.交易额(万元)	64 000	30 100	148 532	50 000	55 982	50 173

表5-10(续4)

区县	项目	2010年	2011年	2012年	2013年	2014年	2015年
綦江区	1.市场个数(个)	3	7	3	3	2	2
	2.营业面积(平方米)	44 500	72 152	55 600	40 000	28 000	28 000
	3.经营户数(户)	1 090	2 559	687	786	165	181
	4.从业人员(人)	2 400	4 429	1 455	1 347	570	612
	5.交易额(万元)	68 000	97 938	63 152	50 000	14 563	15 293
潼南区	1.市场个数(个)	5	4	3	3	3	3
	2.营业面积(平方米)	84 736	105 055	208 000	210 000	268 000	268 000
	3.经营户数(户)	1 267	1 008	802	400	900	1 101
	4.从业人员(人)	3 478	2 462	2 342	842	2 842	3 494
	5.交易额(万元)	36 030	32 000	45 000	80 000	127 000	160 500
铜梁区	1.市场个数(个)	6	4	4	3	4	4
	2.营业面积(平方米)	146 816	56 500	59 500	70 000	94 000	58 500
	3.经营户数(户)	1 329	1 680	1 721	240	650	963
	4.从业人员(人)	2 332	2 888	2 978	500	1 400	2 770
	5.交易额(万元)	66 270	98 508	116 264	10 000	77 314	147 330
大足区	1.市场个数(个)	4	7	10	10	10	11
	2.营业面积(平方米)	258 610	429 170	747 010	490 000	489 310	499 310
	3.经营户数(户)	3 748	5 120	6 525	6 345	6 345	8 679
	4.从业人员(人)	17 876	31 761	25 052	24 830	24 932	28 462
	5.交易额(万元)	1 013 229	1 311 985	1 660 453	1 770 000	2 019 688	3 086 706
荣昌区	1.市场个数(个)	2	2	3	4	4	4
	2.营业面积(平方米)	124 000	124 000	367 000	690 000	692 000	740 000
	3.经营户数(户)	620	620	1 440	4 000	2 845	2 900
	4.从业人员(人)	4 000	4 000	9 900	13 500	9 120	9 900
	5.交易额(万元)	218 000	269 000	280 000	390 000	466 030	478 000

表5-10(续5)

区县	项目	2010 年	2011 年	2012 年	2013 年	2014 年	2015 年
璧山区	1.市场个数(个)	2	3	6	10	11	12
	2.营业面积(平方米)	43 000	105 200	143 333	270 000	315 500	335 500
	3.经营户数(户)	505	538	1 376	2 237	1 617	1 634
	4.从业人员(人)	1 580	1 650	1 920	9 044	5 383	10 140
	5.交易额(万元)	1 133 200	1 244 200	654 100	1 380 000	559 945	495 930
万盛经开区	1.市场个数(个)	0	0	0	0	0	0
	2.营业面积(平方米)	0	0	0	0	0	0
	3.经营户数(户)	0	0	0	0	0	0
	4.从业人员(人)	0	0	0	0	0	0
	5.交易额(万元)	0	0	0	0	0	0
双桥区	1.市场个数(个)	0	0	0	0	0	0
	2.营业面积(平方米)	0	0	0	0	0	0
	3.经营户数(户)	0	0	0	0	0	0
	4.从业人员(人)	0	0	0	0	0	0
	5.交易额(万元)	0	0	0	0	0	0
城市发展新区合计	1.市场个数(个)	56	86	79	81	86	86
	2.营业面积(平方米)	1 401 781	2 091 661	2 924 078	3 770 000	4 628 368	4 917 073
	3.经营户数(户)	27 205	35 845	31 012	27 657	28 676	31 982
	4.从业人员(人)	97 095	125 179	98 596	95 510	99 101	122 574
	5.交易额(万元)	3 818 977	5 148 715	5 148 456	6 310 000	7 116 168	10 114 866
万州区	1.市场个数(个)	15	20	17	17	18	17
	2.营业面积(平方米)	622 732	590 309	545 600	550 000	574 360	545 800
	3.经营户数(户)	7 432	6 788	6 518	6 363	6 400	6 086
	4.从业人员(人)	18 328	19 796	17 046	17 046	17 213	16 647
	5.交易额(万元)	1 219 401	1 449 116	1 743 425	1 990 000	2 130 573	2 191 107

表5-10(续6)

区县	项目	2010年	2011年	2012年	2013年	2014年	2015年
梁平县	1.市场个数(个)	5	5	3	3	3	5
	2.营业面积(平方米)	85 000	78 500	46 500	40 000	42 000	192 000
	3.经营户数(户)	1 858	1 390	890	782	890	1 470
	4.从业人员(人)	4 854	3 350	2 050	2 000	2 100	4 376
	5.交易额(万元)	120 000	107 000	92 400	100 000	94 438	140 340
丰都县	1.市场个数(个)	2	3	5	3	3	3
	2.营业面积(平方米)	40 000	80 000	92 000	80 000	78 000	78 000
	3.经营户数(户)	700	500	1 400	500	500	530
	4.从业人员(人)	1 300	1 030	2 630	1 300	1 300	1 580
	5.交易额(万元)	38 000	26 000	16 400	50 000	32 810	34 200
垫江县	1.市场个数(个)	6	6	6	7	7	8
	2.营业面积(平方米)	144 287	173 287	173 285	200 000	211 170	239 125
	3.经营户数(户)	978	978	1 664	1 784	1 934	1 910
	4.从业人员(人)	2 206	2 206	3 750	4 162	4 612	4 582
	5.交易额(万元)	130 378	130 578	137 424	280 000	254 500	229 247
忠县	1.市场个数(个)	2	3	3	4	4	4
	2.营业面积(平方米)	43 880	106 904	106 904	120 000	121 800	121 000
	3.经营户数(户)	416	432	463	485	565	555
	4.从业人员(人)	2 500	4 560	4 540	4 540	4 840	4 820
	5.交易额(万元)	32 000	35 000	22 204	20 000	30 996	50 500
开州区	1.市场个数(个)	6	5	4	5	7	7
	2.营业面积(平方米)	101 750	86 750	78 616	90 000	120 766	107 766
	3.经营户数(户)	1 502	1 575	983	1 932	2 230	2 230
	4.从业人员(人)	3 916	4 027	3 698	6 365	6 715	6 598
	5.交易额(万元)	206 400	221 300	138 985	300 000	344 665	383 897

表5-10(续7)

区县	项目	2010 年	2011 年	2012 年	2013 年	2014 年	2015 年
云阳县	1.市场个数(个)	1	6	4	4	5	7
	2.营业面积(平方米)	4 300	16 800	11 000	10 000	76 350	111 350
	3.经营户数(户)	413	626	243	243	753	941
	4.从业人员(人)	620	997	357	357	1 510	2 212
	5.交易额(万元)	12 000	17 500	5 600	0	50 156	60 695
奉节县	1.市场个数(个)	5	6	6	6	6	6
	2.营业面积(平方米)	90 125	85 186	85 186	80 000	82 560	82 560
	3.经营户数(户)	1 825	1 946	1 967	1 933	1 932	1 962
	4.从业人员(人)	4 417	4 727	4 758	4 617	4 617	4 698
	5.交易额(万元)	76 169	87 828	98 687	110 000	112 367	121 540
巫山县	1.市场个数(个)	2	2	0	0	0	0
	2.营业面积(平方米)	23 500	23 500	0	0	0	0
	3.经营户数(户)	470	525	0	0	0	0
	4.从业人员(人)	1 550	1 450	0	0	0	0
	5.交易额(万元)	24 500	23 150	0	0	0	0
巫溪县	1.市场个数(个)	0	1		1	1	1
	2.营业面积(平方米)	0	2 600		10 000	6 126	6 126
	3.经营户数(户)	0	0		0	0	210
	4.从业人员(人)	0	0		0	0	391
	5.交易额(万元)	0	0		0	0	4 100
城口县	1.市场个数(个)	0	0	0	0	0	0
	2.营业面积(平方米)	0	0	0	0	0	0
	3.经营户数(户)	0	0	0	0	0	0
	4.从业人员(人)	0	0	0	0	0	0
	5.交易额(万元)	0	0	0	0	0	0

表5-10(续8)

区县	项目	2010 年	2011 年	2012 年	2013 年	2014 年	2015 年
渝东北生态涵养发展区合计	1.市场个数(个)	44	57	48	50	54	58
	2.营业面积(平方米)	1 155 574	3 335 497	1 139 091	1 180 000	1 313 132	1 483 727
	3.经营户数(户)	15 594	14 760	14 128	14 022	15 204	15 894
	4.从业人员(人)	39 691	42 143	38 829	40 387	42 907	45 904
	5.交易额(万元)	1 858 848	2 097 472	2 255 125	2 850 000	3 050 505	3 215 626
黔江区	1.市场个数(个)	4	9	8	9	10	10
	2.营业面积(平方米)	98 000	141 780	140 280	150 000	220 580	220 580
	3.经营户数(户)	272	474	489	621	715	659
	4.从业人员(人)	2 110	2 748	2 200	2 850	4 208	2 954
	5.交易额(万元)	93 975	168 658	242 415	220 000	280 089	322 979
武隆县	1.市场个数(个)	0	0	0	0	0	0
	2.营业面积(平方米)	0	0	0	0	0	0
	3.经营户数(户)	0	0	0	0	0	0
	4.从业人员(人)	0	0	0	0	0	0
	5.交易额(万元)	0	0	0	0	0	0
石柱县	1.市场个数(个)	4	4	2	2	2	4
	2.营业面积(平方米)	70 374	40 374	40 800	40 000	40 800	52 900
	3.经营户数(户)	1 302	1 302	526	526	526	441
	4.从业人员(人)	2 893	2 893	1 100	1 080	1 080	1 425
	5.交易额(万元)	72 520	52 908	40 250	40 000	43 300	61 200
秀山县	1.市场个数(个)	2	2	3	8	10	10
	2.营业面积(平方米)	118 900	27 680	57 680	350 000	459 385	459 385
	3.经营户数(户)	757	817	937	1 507	1 889	1 783
	4.从业人员(人)	1 707	2 135	2 285	6 025	6 415	6 659
	5.交易额(万元)	38 652	48 241	69 511	90 000	172 913	171 506

表5-10(续9)

区县	项目	2010 年	2011 年	2012 年	2013 年	2014 年	2015 年
酉阳县	1.市场个数(个)	4	4	4	6	6	5
	2.营业面积(平方米)	38 200	32 200	32 200	160 000	174 600	97 700
	3.经营户数(户)	680	485	485	739	640	749
	4.从业人员(人)	2 350	1 343	1 343	1 005	1 230	1 945
	5.交易额(万元)	32 500	10 500	45 500	10 000	13 300	22 170
彭水县	1.市场个数(个)	0	0	0	0	0	1
	2.营业面积(平方米)	0	0	0	0	0	20 000
	3.经营户数(户)	0	0	0	0	0	70
	4.从业人员(人)	0	0	0	0	0	210
	5.交易额(万元)	0	0	0	0	0	2 000
渝东南生态保护发展区合计	1.市场个数(个)	14	19	17	25	28	30
	2.营业面积(平方米)	325 474	242 034	270 960	700 000	895 365	850 565
	3.经营户数(户)	3 011	3 078	2 437	3 393	3 770	3 702
	4.从业人员(人)	9 060	9 119	6 928	10 960	12 933	13 193
	5.交易额(万元)	237 647	280 307	397 676	370 000	509 602	579 855
合计	1.市场个数(个)	220	335	317	366	383	386
	2.营业面积(平方米)	9 419 469	14 271 091	12 596 587	15 290 000	16 403 530	17 052 420
	3.经营户数(户)	96 685	119 809	110 856	108 242	107 637	109 820
	4.从业人员(人)	349 208	441 723	433 996	446 021	421 203	420 603
	5.交易额(万元)	32 395 355	40 032 026	41 013 434	46 510 000	46 154 817	48 825 447

数据来源：根据重庆市各区县商务局提供数据整理。

(三) 已建菜市场与农贸市场区域分布

1. 已建菜市场区域分布

“十二五”期间，重庆市五大功能区城区菜市场的市场个数、营业面积、从业人员、交易额都有不同程度增长，各区域菜市场分布情况见表5-11。

表 5-11　　“十二五”期间全市城区菜市场区域分布表

区县	项目	2010 年	2011 年	2012 年	2013 年	2014 年	2015 年
渝中区	1.市场个数(个)	15	15	15	16	16	16
	2.营业面积(万平方米)	4.02	4	5.9	5.81	5.81	5.81
	3.从业人员(人)	6 800	8 200	5 200	6 374	6 380	6 385
	4.交易额(亿元)	16	15	15.02	15	15.3	15.38
大渡口区	1.市场个数(个)	7	7	7	8	8	16
	2.营业面积(万平方米)	0.17	1.26	1.26	2.28	2.28	2.99
	3.从业人员(人)	11 293	504	504	1 272	1 287	2 495
	4.交易额(亿元)	2.5	0.13	0.26	0.29	0.31	4.22
江北区	1.市场个数(个)	22	22	27	17	17	27
	2.营业面积(万平方米)	6.15	6.15	7.26	4.77	4.77	6.06
	3.从业人员(人)	7 886	7 886	8 031	2 071	2 080	2 691
	4.交易额(亿元)	9.73	9.73	7.82	4.18	5.13	6.66
沙坪坝区	1.市场个数(个)	25	28	28	28	28	27
	2.营业面积(万平方米)	5.49	6.15	6.15	6.15	6.15	6
	3.从业人员(人)	7 382	5 700	5 700	6 700	6 775	6 502
	4.交易额(亿元)	10.72	10.26	11.75	11.8	12.36	12
九龙坡区	1.市场个数(个)	20	20	29	25	25	30
	2.营业面积(万平方米)	4.02	4.02	5.34	6.34	6.89	6.89
	3.从业人员(人)	4 316	4 316	3 486	7 815	9 005	9 010
	4.交易额(亿元)	6.76	6.76	8.31	8.23	8.39	8.41
南岸区	1.市场个数(个)	16	22	23	23	23	26
	2.营业面积(万平方米)	7.79	9.44	10.63	8.73	8.73	11.36
	3.从业人员(人)	347	9 613	9 887	6 395	6 425	6 625
	4.交易额(亿元)	4.79	24.06	25.94	24.24	27.18	27.65
北碚区	1.市场个数(个)	10	9	10	7	7	12
	2.营业面积(万平方米)	4.5	3.71	5.26	2.87	2.87	3.33
	3.从业人员(人)	2 638	1 950	3 146	1 948	1 952	2 756
	4.交易额(亿元)	6.72	1.77	9.83	5.91	6.09	8.12

表5-11(续1)

区县	项目	2010年	2011年	2012年	2013年	2014年	2015年
渝北区	1.市场个数(个)	22	22	23	22	22	21
	2.营业面积(万平方米)	4.88	5.58	5.83	5.76	5.76	5.5
	3.从业人员(人)	5 607	4 211	4 471	4 729	4 735	4 560
	4.交易额(亿元)	6.07	5.37	6.14	7.73	7.81	7.66
巴南区	1.市场个数(个)	28	28	15	15	15	19
	2.营业面积(万平方米)	6.8	6.8	4.05	4.05	4.05	4.81
	3.从业人员(人)	6 650	6 650	3 600	3 600	3 625	4 136
	4.交易额(亿元)	9.8	11.07	10.3	10	10.15	11.1
北部新区	1.市场个数(个)	8	9	8	8	8	0
	2.营业面积(万平方米)	1.22	1.22	1.23	1.24	1.24	0
	3.从业人员(人)	77	77	850	1 453	1468	
	4.交易额(亿元)	5	5.65	1.95	1.85	1.89	0
都市功能核心区和拓展区合计	1.市场个数(个)	173	182	185	169	169	194
	2.营业面积(万平方米)	45.04	48.33	52.91	48	48.55	52.75
	3.从业人员(人)	52 996	49 107	44 875	42 357	43 732	45 160
	4.交易额(亿元)	78.09	89.8	97.32	89.23	94.61	101.2
涪陵区	1.市场个数(个)	33	41	23	33	33	35
	2.营业面积(万平方米)	6.8	6.82	4.55	7.17	7.17	7.87
	3.从业人员(人)		5 570	2 138	5 178	5 200	5 689
	4.交易额(亿元)	5.25	10	48.92	49.58	51.67	53
长寿区	1.市场个数(个)	10	10	10	10	10	15
	2.营业面积(万平方米)	4.35	3.34	4.38	1.6	1.6	2.4
	3.从业人员(人)	3 377	4 311	4 311	2 744	2 760	3 987
	4.交易额(亿元)	8.84	11.21	11.26	13.77	16.55	21.59
江津区	1.市场个数(个)	8	10	8	8	8	13
	2.营业面积(万平方米)	4.38	3.46	2.25	4.76	4.76	7.11
	3.从业人员(人)	2 012	1 841	2 334	2 535	2 350	3 250
	4.交易额(亿元)	11.7	3.76	7.2	7.15	8.13	11.52

表5-11(续2)

区县	项目	2010 年	2011 年	2012 年	2013 年	2014 年	2015 年
合川区	1.市场个数(个)	21	21	21	21	21	14
	2.营业面积(万平方米)	2	9.17	9.17	9.53	9.53	6.85
	3.从业人员(人)	4 325	9 420	9 420	5 866	5 860	3 906
	4.交易额(亿元)	16.57	17.2	17.45	10.51	13.56	7.92
永川区	1.市场个数(个)	25	25	20	20	20	21
	2.营业面积(万平方米)	7.46	7.46	7.66	7.66	7.66	7.89
	3.从业人员(人)	7 096	7 096	6 843	6 843	6 850	7 169
	4.交易额(亿元)	9.63	9.63	12.79	12.65	13.86	13.8
南川区	1.市场个数(个)	3	5	5	6	6	7
	2.营业面积(万平方米)	0.81	1.25	0.96	1.85	1.85	1.81
	3.从业人员(人)	1 050	1 200	2 700	2 417	2 420	2 613
	4.交易额(亿元)	1.8	1.64	4.44	4.19	4.56	4.97
潼南区	1.市场个数(个)	8	8	8	7	7	7
	2.营业面积(万平方米)	18.97	18.97	1.9	2.46	2.46	2.63
	3.从业人员(人)	2 514	2 514	2 583	2 583	2 585	2 688
	4.交易额(亿元)	2.05	2.07	2.11	2.1	2.14	2.23
铜梁区	1.市场个数(个)	9	9	8	10	10	8
	2.营业面积(万平方米)	7.9	2.48	2.48	2.29	2.29	2.16
	3.从业人员(人)	747	1 060	1 060	3 273	3 298	2 689
	4.交易额(亿元)	4.28	2.05	4.57	6.15	6.27	5.39
大足区	1.市场个数(个)	4	7	7	7	7	8
	2.营业面积(万平方米)	3.26	0.65	2.56	2.05	2.05	2.36
	3.从业人员(人)	1 995	894	2 376	1 872	1 900	2 369
	4.交易额(亿元)	5.84	1.87	8.09	8.87	8.95	9.27
荣昌区	1.市场个数(个)	4	4	4	5	5	3
	2.营业面积(万平方米)	4.65	1.83	2.55	2.85	2.85	2.21
	3.从业人员(人)	3 100	3 500	3 740	4 230	4 258	3 218
	4.交易额(亿元)	9.9	8	11.1	13.23	13.36	8.64

表5-11(续3)

区县	项目	2010年	2011年	2012年	2013年	2014年	2015年
璧山区	1.市场个数(个)	10	10	12	14	14	10
	2.营业面积(万平方米)	8.6	8.6	10	5.61	5.61	4.59
	3.从业人员(人)	8 512	8 512	8 512	4 015	4 068	3 009
	4.交易额(亿元)	3.43	3.84	4	4.53	4.63	3.46
綦江区	1.市场个数(个)	6	12	6	6	6	9
	2.营业面积(万平方米)	1.79	4.33	1.93	1.93	1.93	2.4
	3.从业人员(人)	1 996	2 784	1 996	1 996	2 000	2 852
	4.交易额(亿元)	3.53	4.64	3.12	3.1	3.65	7.15
万盛经开区	1.市场个数(个)	7		7	7	7	8
	2.营业面积(万平方米)	2.78		1.64	1.96	1.96	2.02
	3.从业人员(人)	3 417		3 060	3 019	3 020	3 355
	4.交易额(亿元)	2.94		5.3	5.75	6.05	6.41
双桥区	1.市场个数(个)	4					
	2.营业面积(万平方米)	2.55					
	3.从业人员(人)	1 940					
	4.交易额(亿元)	2.1					
城市发展新区合计	1.市场个数(个)	152	162	139	154	154	158
	2.营业面积(万平方米)	76.3	68.36	52.03	51.72	51.72	52.3
	3.从业人员(人)	42 081	48 702	51 073	46 571	46 569	46 794
	4.交易额(亿元)	87.86	75.91	140.35	141.58	153.38	155.35
万州区	1.市场个数(个)	36	34	34	38	38	39
	2.营业面积(万平方米)	9.95	9.1	9.1	9.67	9.67	10.68
	3.从业人员(人)	9 131	7 641	7 641	8 601	8 780	9 350
	4.交易额(亿元)	19.58	18.18	20.05	24.33	25.42	26.58
梁平县	1.市场个数(个)	3	4	4	5	5	4
	2.营业面积(万平方米)	0.57	0.93	0.93	0.93	1.16	1
	3.从业人员(人)	280	750	750	750	865	705
	4.交易额(亿元)	1.2	0.6	0.75	0.8	1.03	0.9

表5-11(续4)

区县	项目	2010 年	2011 年	2012 年	2013 年	2014 年	2015 年
丰都县	1.市场个数(个)	4	6	6	6	6	3
	2.营业面积(万平方米)	2.5	2.55	2.6	1.3	1.3	0.72
	3.从业人员(人)	88	90	900	900	900	468
	4.交易额(亿元)	5.6	5.8	7	7.2	7.34	4.17
垫江县	1.市场个数(个)	7	7	5	5	5	5
	2.营业面积(万平方米)	2.81	2.81	2.75	2.75	2.75	2.73
	3.从业人员(人)	1 927	1 927	1 500	2 500	2 545	2 630
	4.交易额(亿元)	2.4	2.8	3.1	3.3	3.4	3.5
忠县	1.市场个数(个)	11	9	9	9	9	10
	2.营业面积(万平方米)	1.9	1.52	1.52	1.94	1.94	2
	3.从业人员(人)	1 759	1 587	1 587	1 089	1 095	1 253
	4.交易额(亿元)	3.58	1.2	1.8	2.26	2.3	2.75
开州区	1.市场个数(个)	12	12	12	11	11	11
	2.营业面积(万平方米)	5.61	5.61	5.61	2.77	2.77	2.77
	3.从业人员(人)	3 427	3 478	3 480	2 916	2 920	3 000
	4.交易额(亿元)	6.4	7.03	7.08	7.5	7.98	8.32
云阳县	1.市场个数(个)	9	9	10	10	10	12
	2.营业面积(万平方米)	2.4	2.58	3.01	2.98	2.98	3.57
	3.从业人员(人)	2 600	1 432	1 882	1 430	1 435	1 792
	4.交易额(亿元)	3.5	3.89	4.5	4.92	4.97	5.77
奉节县	1.市场个数(个)	7	8	8	9	9	9
	2.营业面积(万平方米)	1.35	1.26	1.58	1.63	1.63	1.63
	3.从业人员(人)	1 876	3 249	2 657	1 085	1 100	1 089
	4.交易额(亿元)	3.78	1.63	4.39	4.38	4.78	5.09
巫山县	1.市场个数(个)	5	3	5	5	5	6
	2.营业面积(万平方米)	0.4	1.6	1.5	3.6	3.6	3.72
	3.从业人员(人)	460	1 267	860	2 541	2 540	2 708
	4.交易额(亿元)	0.25	1.22	0.62	0.64	0.66	0.82

表5-11(续5)

区县	项目	2010 年	2011 年	2012 年	2013 年	2014 年	2015 年
巫溪县	1.市场个数(个)	4	3	3	3	3	3
	2.营业面积(万平方米)	0.71	0.46	0.46	0.46	0.46	0.46
	3.从业人员(人)	1 080	920	920	920	920	921
	4.交易额(亿元)	3.7	3.06	3.78	3.78	3.85	4.16
城口县	1.市场个数(个)	5	7	4	7	7	5
	2.营业面积(万平方米)	0.5	0	0.47	0.97	1.31	0.79
	3.从业人员(人)	600	0	310	984	1 298	950
	4.交易额(亿元)	0.83	0	1.74	1.84	2.13	1.88
渝东北生态涵养发展区合计	1.市场个数(个)	103	102	100	108	108	107
	2.营业面积(万平方米)	28.7	28.42	29.53	29	29.57	30.07
	3.从业人员(人)	23 140	22 251	21 587	22 816	23 498	24 398
	4.交易额(亿元)	50.82	45.41	54.81	60.95	63.86	63.94
黔江区	1.市场个数(个)	11	8	8	7	7	8
	2.营业面积(万平方米)	4.3	1.11	1.11	1.86	1.86	2.1
	3.从业人员(人)	3 000	2 000	2 096	2 325	2 330	2 673
	4.交易额(亿元)	2.22	7	9.57	9.8	10.53	11.66
武隆县	1.市场个数(个)	4	5	5	5	5	4
	2.营业面积(万平方米)	1.87	1.75	2.09	1.1	1.1	0.91
	3.从业人员(人)	3 541	1 390	1 390	505	500	400
	4.交易额(亿元)	3.8	9.8	4.7	5.3	5.41	4.8
石柱县	1.市场个数(个)	5	5	5	6	6	9
	2.营业面积(万平方米)	1.17	1.35	2.24	2.94	2.94	3.69
	3.从业人员(人)	1 231	1 120	2 125	3 295	3 300	3 989
	4.交易额(亿元)	3.44	1.06	6.25	7.5	7.72	8.54
秀山县	1.市场个数(个)	4	5	4	4	4	5
	2.营业面积(万平方米)	1.3	1.12	1.12	1.12	1.12	1.22
	3.从业人员(人)	1 890	1 121	1 121	1 512	1 515	1 678
	4.交易额(亿元)	1.77	1.2	2.1	2.27	2.46	2.61

表5-11(续6)

区县	项目	2010 年	2011 年	2012 年	2013 年	2014 年	2015 年
酉阳县	1.市场个数(个)	2	5	3	3	3	4
	2.营业面积(万平方米)	1.77	0.4	0.62	1.57	1.57	1.6
	3.从业人员(人)	1 500	500	531	1 255	1 250	1 380
	4.交易额(亿元)	2.95	3.75	4	5.8	6.24	6.35
彭水县	1.市场个数(个)	8	8	7	9	9	8
	2.营业面积(万平方米)	1.6	1.5	1.25	1.8	1.8	1.79
	3.从业人员(人)	1 830	3 500	2 500	2 980	2 990	2 900
	4.交易额(亿元)	1.95	2	6	6.5	6.89	7.05
渝东南生态保护发展区合计	1.市场个数(个)	34	36	32	34	34	38
	2.营业面积(万平方米)	12.01	7.23	8.43	10.39	10.39	11.31
	3.从业人员(人)	12 992	9 631	9 763	11 872	11 885	13 020
	4.交易额(亿元)	16.13	24.81	32.62	37.17	39.25	41.01
合计	1.市场个数(个)	462	482	456	465	465	497
	2.营业面积(万平方米)	162.05	152.34	142.9	139.11	140.23	146.43
	3.从业人员(人)	131 209	129 691	127 298	123 616	125 684	129 372
	4.交易额(亿元)	232.9	235.93	325.1	328.93	351.1	361.5

数据来源：根据重庆市各区县商务局提供数据整理。

2. 已建农贸市场区域分布

“十二五”期间，重庆市五大功能区乡镇农贸市场的市场个数、营业面积、从业人员、交易额都有不同程度增长，各区域农贸市场分布情况见表5-12。

表5-12　“十二五”期间全市乡镇农贸市场区域分布表

区县	项目	2010 年	2011 年	2012 年	2013 年	2014 年	2015 年
大渡口区	1.市场个数(个)	5	9	3	4	4	16
	2.营业面积(万平方米)	0.09	0.92	0.39	1.05	1.05	2.97
	3.从业人员(人)		871	300	643	695	2 495
	4.交易额(亿元)	1	0.4	0.53	0.32	0.33	0.5

表5-12(续1)

区县	项目	2010 年	2011 年	2012 年	2013 年	2014 年	2015 年
江北区	1.市场个数(个)	3	3	3	4	4	4
	2.营业面积(万平方米)	0.83	0.83	0.83	0.98	0.98	0.98
	3.从业人员(人)	348	348	348	412	430	438
	4.交易额(亿元)	0.31	0.31	0.41	0.38	0.39	0.39
沙坪坝区	1.市场个数(个)	17	4	4	4	4	4
	2.营业面积(万平方米)	3.45	1.1	1.1	1.1	1.1	1.1
	3.从业人员(人)	4 233	800	800	800	880	876
	4.交易额(亿元)	2.37	2.26	2.41	2.53	2.58	2.58
九龙坡区	1.市场个数(个)	12	12	12	12	15	14
	2.营业面积(万平方米)	7.19	7.19	5.15	5.15	6.25	5.95
	3.从业人员(人)	4 728	4 728	1 953	6 200	7 500	7 213
	4.交易额(亿元)	4.65	5.11	3.27	3.27	4.51	4.49
南岸区	1.市场个数(个)	10	4	5	3	3	3
	2.营业面积(万平方米)	1.86	0.62	0.69	0.55	0.55	0.55
	3.从业人员(人)	69	522	100	648	686	680
	4.交易额(亿元)	2.03	0.58	0.39	0.35	0.36	0.37
北碚区	1.市场个数(个)	14	26	30	30	30	29
	2.营业面积(万平方米)	4.58	6.21	7.48	7.49	7.49	7.33
	3.从业人员(人)	1 900	2 773	3 683	4 598	5 235	5 003
	4.交易额(亿元)	1.5	5.08	6.22	6.35	6.48	6.39
渝北区	1.市场个数(个)	24	34	30	30	30	32
	2.营业面积(万平方米)	9.39	7.96	16.82	18.52	18.52	9.31
	3.从业人员(人)	2 691	3 837	4 520	4 565	4 850	5 153
	4.交易额(亿元)	0.71	4.75	4.54	6.13	6.5	6.61
巴南区	1.市场个数(个)	14	14	13	13	14	41
	2.营业面积(万平方米)	6.3	6.3	2.8	5.53	5.99	8.15
	3.从业人员(人)	3 650	3 650	4 000	7 835	8 150	9 920
	4.交易额(亿元)	3	3.36	0.91	0.95	1.06	6.4

表5-12(续2)

区县	项目	2010 年	2011 年	2012 年	2013 年	2014 年	2015 年
都市功能核心区和拓展区合计	1.市场个数(个)	99	106	100	100	104	143
	2.营业面积(万平方米)	33. 69	31. 13	35. 26	40. 37	41. 93	36. 34
	3.从业人员(人)	17 619	17 529	15 704	25 701	28 426	31 778
	4.交易额(亿元)	15. 57	21. 85	18. 68	20. 28	22. 21	27. 73
涪陵区	1.市场个数(个)	32	37	18	18	18	35
	2.营业面积(万平方米)	6. 85	3. 07	4. 88	6. 73	6. 73	13. 09
	3.从业人员(人)			1 300	5 302	5 360	10 400
	4.交易额(亿元)	5	8. 86	5. 6	5. 5	5. 67	10. 77
长寿区	1.市场个数(个)	29	21	14	15	15	12
	2.营业面积(万平方米)	11. 36	6. 01	6. 1	5. 27	5. 27	3. 83
	3.从业人员(人)	9 704	5 986	1 160	7 537	7 952	5 895
	4.交易额(亿元)	14. 02	6. 76	8. 08	8. 06	8. 08	6. 46
江津区	1.市场个数(个)	53	66	71	50	52	57
	2.营业面积(万平方米)	14. 43	11. 59	13. 92	12	12. 47	14. 86
	3.从业人员(人)	14 672	6 910	10 025	8 392	8 680	10 560
	4.交易额(亿元)	14. 21	13. 35	24. 38	15. 45	15. 76	17. 6
合川区	1.市场个数(个)	45	47	50	55	55	55
	2.营业面积(万平方米)	3. 49	15. 95	16. 5	18. 01	18. 01	17. 91
	3.从业人员(人)	7 385	10 371	12 471	20 092	21 062	20 992
	4.交易额(亿元)	10	16. 3	16. 7	16. 71	17. 22	17. 68
永川区	1.市场个数(个)	66	55	58	58	58	58
	2.营业面积(万平方米)	18. 91	18. 91	19. 53	19. 53	19. 53	19. 5
	3.从业人员(人)	4 807	4 807	5 563	5 563	5 985	5 872
	4.交易额(亿元)	12. 85	12. 85	14. 29	14	14. 42	14. 62
南川区	1.市场个数(个)	31	3	33	31	31	26
	2.营业面积(万平方米)	6. 1	5. 16	5. 66	5. 91	5. 91	4. 23
	3.从业人员(人)	3 000	2 400	5 010	6 550	6 770	4 267
	4.交易额(亿元)	1. 85	3. 55	16. 5	15. 08	15. 23	13. 87

表5-12(续3)

区县	项目	2010 年	2011 年	2012 年	2013 年	2014 年	2015 年
潼南区	1.市场个数(个)	29	29	23	23	23	23
	2.营业面积(万平方米)	6.67	6.67	5	4.99	4.99	4.99
	3.从业人员(人)	10 755	10 755	6 674	5 321	5 380	5 385
	4.交易额(亿元)	5.61	4.9	5.06	5.17	5.27	5.47
铜梁区	1.市场个数(个)	34	31	31	37	37	35
	2.营业面积(万平方米)	11.45	8.7	8.7	13.56	13.56	12.32
	3.从业人员(人)	6 566	7 324	7 324	7 696	7 806	7 101
	4.交易额(亿元)	4.73	3.49	3.49	3.77	3.84	4.05
大足区	1.市场个数(个)	25	25	27	26	26	26
	2.营业面积(万平方米)	3.34	3.99	8.63	7.03	7.03	7.03
	3.从业人员(人)	3 146	2 850	8 476	6 019	6 105	6 100
	4.交易额(亿元)	4.08	3.17	13.69	13.7	13.97	13.88
荣昌区	1.市场个数(个)	22	22	23	22	22	26
	2.营业面积(万平方米)	5.06	8.14	7.34	8.67	8.67	8.73
	3.从业人员(人)	6 950	7 500	5 158	6 208	6 265	7 236
	4.交易额(亿元)	11.3	14	12.69	12.8	12.65	13.66
璧山区	1.市场个数(个)	22	22	22	15	15	22
	2.营业面积(万平方米)	4.02	4.02	4.22	3.4	3.4	5.39
	3.从业人员(人)	1 499	1 499	1 800	3 486	3 465	5 187
	4.交易额(亿元)	3.6	4.03	4.2	3.5	3.48	4.26
綦江区	1.市场个数(个)	20	18	33	34	34	28
	2.营业面积(万平方米)	3.75	2.92	7.99	12.16	12.16	7.17
	3.从业人员(人)	3 169	2 718	5 725	10 730	10 828	7 968
	4.交易额(亿元)	2.79	4.28	7.33	7.38	7.52	5.61
万盛经开区	1.市场个数(个)	7	0	10	11	11	8
	2.营业面积(万平方米)	3.28	0	1.29	1.56	1.56	1.21
	3.从业人员(人)	1 359	0	2 040	2 254	2 334	1 884
	4.交易额(亿元)	2.1	0	1.2	1.25	1.29	0.71

表5-12(续4)

区县	项目	2010 年	2011 年	2012 年	2013 年	2014 年	2015 年
双桥区	1.市场个数(个)	2					
	2.营业面积(万平方米)	0.5					
	3.从业人员(人)						
	4.交易额(亿元)	0.4					
城市发展新区合计	1.市场个数(个)	417	376	413	395	397	411
	2.营业面积(万平方米)	99.21	95.13	109.76	118.82	119.29	120.26
	3.从业人员(人)	73 012	63 120	72 726	95 150	97 992	98 847
	4.交易额(亿元)	92.54	95.54	133.21	122.37	124.4	128.64
万州区	1.市场个数(个)	90	90	102	50	50	49
	2.营业面积(万平方米)	26	26.5	27	21.18	21.18	19.92
	3.从业人员(人)	9 500	10 000	10 000	15 283	15 350	14 883
	4.交易额(亿元)	20	21	23.1	13	13.39	13.1
梁平县	1.市场个数(个)	32	32	34	35	35	38
	2.营业面积(万平方米)	4.5	4.5	4.53	5.45	5.45	5.95
	3.从业人员(人)	1 600	1 800	1 850	4 800	4 895	5 375
	4.交易额(亿元)	6	10	12	10.5	10.71	11.57
丰都县	1.市场个数(个)	22	22	24	23	23	28
	2.营业面积(万平方米)	2.6	2.9	3.5	3	3	3.87
	3.从业人员(人)	15	42	550	3 800	3 985	4 680
	4.交易额(亿元)	9.5	11	12	11.8	12.03	12.86
垫江县	1.市场个数(个)	24	24	24	33	33	31
	2.营业面积(万平方米)	7.1	7.1	7.1	11.03	11.03	9.58
	3.从业人员(人)	7 210	7 210	7 210	7 665	7 685	7 063
	4.交易额(亿元)	5.86	5.86	7.04	13.62	14.03	13.05
忠县	1.市场个数(个)	21	28	28	28	28	28
	2.营业面积(万平方米)	3.37	4.47	4.47	3.08	3.08	3.08
	3.从业人员(人)	4 730	6 310	6 310	7 607	7 600	7 610
	4.交易额(亿元)	2.61	2.4	2.46	2.46	2.43	2.47

表5-12(续5)

区县	项目	2010 年	2011 年	2012 年	2013 年	2014 年	2015 年
开州区	1.市场个数(个)	39	42	54	48	48	48
	2.营业面积(万平方米)	11.66	11.91	12.71	21.17	21.17	22.68
	3.从业人员(人)	5 243	5 290	6 890	8 889	9 000	8 995
	4.交易额(亿元)	5.8	6	7.15	5.66	5.57	6.08
云阳县	1.市场个数(个)	20	25	40	40	40	44
	2.营业面积(万平方米)	2	3.98	4.8	6.6	6.6	7.24
	3.从业人员(人)	1 800	2 311	4 422	7 253	7 325	8 469
	4.交易额(亿元)	1.8	4.79	5.1	5.2	5.36	5.76
奉节县	1.市场个数(个)	17	18	29	25	26	26
	2.营业面积(万平方米)	1.85	1.82	3.72	2.07	2.19	2.36
	3.从业人员(人)	2 319	3 381	2 373	2 275	2 450	2 465
	4.交易额(亿元)	4.87	1.68	7.24	7	7.32	7.33
巫山县	1.市场个数(个)	24	13	17	16	16	12
	2.营业面积(万平方米)	1.68	2.3	2.62	2.12	2.12	1.49
	3.从业人员(人)	650	1 966	1 980	798	810	599
	4.交易额(亿元)	0.5	1.99	4.19	4.19	4.31	3.68
巫溪县	1.市场个数(个)	6	8	23	23	24	23
	2.营业面积(万平方米)	0.89	1.13	2.9	3.64	3.85	3.53
	3.从业人员(人)	1 542	1 680	3 075	3 716	3 858	3 456
	4.交易额(亿元)	3.12	1.62	1.92	2.02	2.08	1.8
城口县	1.市场个数(个)	3	3	15	16	17	17
	2.营业面积(万平方米)	0.18	0.18	0.79	0.82	0.91	0.91
	3.从业人员(人)	210	210	680	1 350	1 510	1 500
	4.交易额(亿元)	0.06	0.07	0.39	0.42	0.45	0.46
渝东北生态涵养发展区合计	1.市场个数(个)	298	305	390	337	340	344
	2.营业面积(万平方米)	61.83	66.79	74.14	80.16	80.58	80.61
	3.从业人员(人)	34 819	40 200	45 340	63 436	64 468	65 095
	4.交易额(亿元)	60.12	66.41	82.59	75.87	77.68	78.16

表5-12(续6)

区县	项目	2010年	2011年	2012年	2013年	2014年	2015年
黔江区	1.市场个数(个)	7	25	22	22	23	23
	2.营业面积(万平方米)	0.8	3.4	3.57	3.63	3.79	3.79
	3.从业人员(人)		1 700	4 828	5 888	5 998	5 990
	4.交易额(亿元)	0.3	2	8	7.5	7.85	8.11
武隆县	1.市场个数(个)	10	17	25	28	28	26
	2.营业面积(万平方米)	2.6	1.12	3.23	7.41	7.41	7.02
	3.从业人员(人)	2 550	2 890	4 317	5 133	5 130	4 950
	4.交易额(亿元)	3.2	5.88	3.25	5.53	5.49	5.27
石柱县	1.市场个数(个)	13	13	31	28	28	28
	2.营业面积(万平方米)	3.2	3.2	4.35	3.89	3.89	3.89
	3.从业人员(人)	2 600	2 600	2 970	2 470	2 485	2 372
	4.交易额(亿元)	1.5	1.5	2.1	2.2	2.26	2.36
秀山县	1.市场个数(个)	11	10	24	24	24	24
	2.营业面积(万平方米)	2.07	3.36	5.08	7.36	7.36	7.36
	3.从业人员(人)	986	1 810	6 550	8 942	9 000	8 942
	4.交易额(亿元)	1.16	2.5	6	8.37	8.62	8.37
酉阳县	1.市场个数(个)	3	12	25	25	25	37
	2.营业面积(万平方米)	0.92	2	2.91	4.21	4.21	6.36
	3.从业人员(人)	970	2 013	2 768	2 176	2 170	3 215
	4.交易额(亿元)	0.32	0.68	2.1	2.15	2.19	3.36
彭水县	1.市场个数(个)	15	16	38	40	40	45
	2.营业面积(万平方米)	2.15	1.2	5	5.62	5.62	6.39
	3.从业人员(人)	3 220	3 000	3 500	4 861	4 885	5 496
	4.交易额(亿元)	1.01	1.2	3	3.29	3.36	3.78
渝东南生态保护发展区合计	1.市场个数(个)	59	93	165	167	168	183
	2.营业面积(万平方米)	11.74	14.28	24.14	32.12	32.28	34.81
	3.从业人员(人)	10 326	14 013	24 933	29 470	29 668	30 965
	4.交易额(亿元)	7.49	13.76	24.45	29.04	29.77	31.25

表5-12(续7)

区县	项目	2010 年	2011 年	2012 年	2013 年	2014 年	2015 年
合计	1.市场个数(个)	873	880	1 068	999	1 009	1 081
	2.营业面积(万平方米)	206.47	207.33	243.3	271.47	274.08	272.02
	3.从业人员(人)	135 776	134 862	158 703	213 757	220 554	226 685
	4.交易额(亿元)	175.72	197.56	258.93	247.56	254.06	265.78

数据来源：根据重庆市各区县商务局提供数据整理，其中渝中区无乡镇农贸市场。

第六章 “十二五”期间重庆市商品交易市场地位分析

一、在全国的地位

“十二五”期间，全国商品交易市场发展稳定增长，全国市场数量平均增速1%，总摊位数平均增速2%，年末出租摊位数平均增速1%，营业面积平均增速3.5%，成交额平均增速5.1%。重庆市商品交易市场发展速度除了成交额外总体上略高于全国平均水平，全市市场数量平均增速4.36%，总摊位数平均增速4.52%，年末出租摊位数平均增速4.11%，营业面积平均增速7.42%，成交额平均增速3.39%。全国商品交易市场发展情况见表6-1，重庆市商品交易市场发展情况见表6-2。

表6-1 全国商品交易市场发展情况表（2010—2015年）

年份	市场数量（个）	总摊位数（个）	年末出租摊位数（个）	营业面积（平方米）	成交额（万元）
2010	4 940	3 547 581	3 193 365	248 323 113	727 035 303
2011	5 075	3 659 520	3 334 787	262 345 039	820 172 688
2012	5 194	3 819 270	3 494 122	278 993 712	930 237 663
2013	5 089	3 879 613	3 488 170	288 683 344	983 651 254
2014	5 023	3 956 270	3 534 757	295 679 201	1 003 099 019
2015	4 952	3 946 112	3 468 638	300 657 328	1 001 337 865
平均增速(%)	1	2	1	3.5	5.1

数据来源：《中国商品交易市场统计年鉴》（2011—2016）。

表 6-2　　重庆市商品交易市场发展情况表（2010—2015 年）

	2010 年	2011 年	2012 年	2013 年	2014 年	2015 年	平均增速（%）
市场数量(个)	119	129	133	144	149	153	4.36
总摊位数(个)	89 250	93 544	93 117	97 100	109 363	111 651	4.52
年末出租摊位数(个)	80 570	85 298	87 047	91 490	101 736	100 207	4.11
营业面积（平方米）	5 860 050	6 216 028	6 550 002	7 429 990	8 060 986	8 277 138	7.42
成交额（万元）	24 579 490	29 873 359	31 307 225	33 072 063	34 063 093	34 128 682	3.39

数据来源：《中国商品交易市场统计年鉴》（2011—2016）。

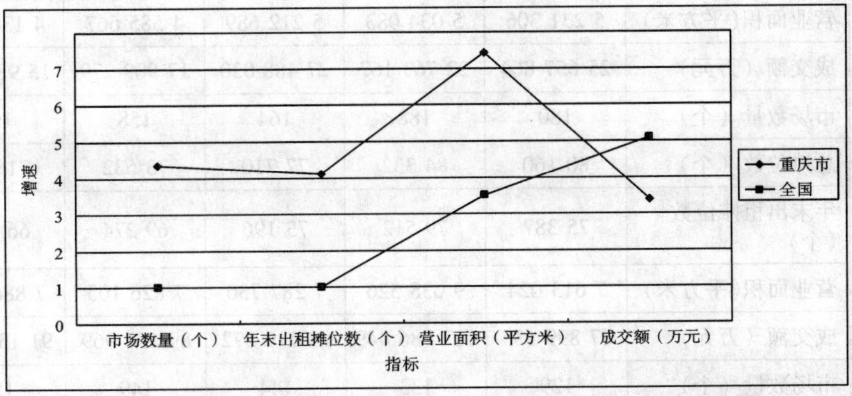

图 6-1　“十二五”期间重庆市与全国商品交易市场增长情况

二、在直辖市的地位

“十二五”期间，在北京、上海、天津、重庆四大直辖市中，重庆市商品交易市场在市场数量、总摊位数、年末出租摊位数、营业面积、成交额主要指标方面表现突出，总体发展水平位居第二。各直辖市商品交易市场发展情况见表 6-3。

表 6-3　　“十二五”期间各直辖市商品交易市场发展情况表

		2011 年	2012 年	2013 年	2014 年	2015 年
北京	市场数量（个）	140	143	140	131	125
	总摊位数（个）	133 098	133 332	129 132	122 894	113 312
	年末出租摊位数（个）	116 505	115 526	113 914	108 167	97 157
	营业面积(平方米)	7 377 453	7 370 820	7 249 819	6 927 201	6 922 556
	成交额（万元）	25 477 997	30 457 075	33 527 247	33 902 706	34 824 865
天津	市场数量（个）	77	78	75	65	56
	总摊位数（个）	53 944	53 718	48 609	46 402	42 197
	年末出租摊位数（个）	51 119	49 450	43 403	41 839	38 460
	营业面积(平方米)	5 231 306	5 034 083	5 212 689	4 585 667	4 136 845
	成交额（万元）	25 657 864	22 763 167	27 488 030	17 909 279	15 983 591
上海	市场数量（个）	180	188	164	158	155
	总摊位数（个）	80 160	84 332	77 710	73 532	71 932
	年末出租摊位数（个）	75 387	79 512	73 196	69 274	66 210
	营业面积(平方米)	7 613 024	9 638 526	7 287 730	7 826 105	7 886 774
	成交额（万元）	67 899 138	107 786 449	94 719 572	89 167 969	91 139 008
重庆	市场数量（个）	129	133	144	149	153
	总摊位数（个）	93 544	93 117	97 100	109 363	111 651
	年末出租摊位数（个）	85 298	87 047	91 490	101 736	100 207
	营业面积(平方米)	6 216 028	6 550 002	7 429 990	8 060 986	8 277 138
	成交额（万元）	29 873 359	31 307 225	33 072 063	34 063 093	34 128 682

数据来源：《中国商品交易市场统计年鉴》（2011—2016）。

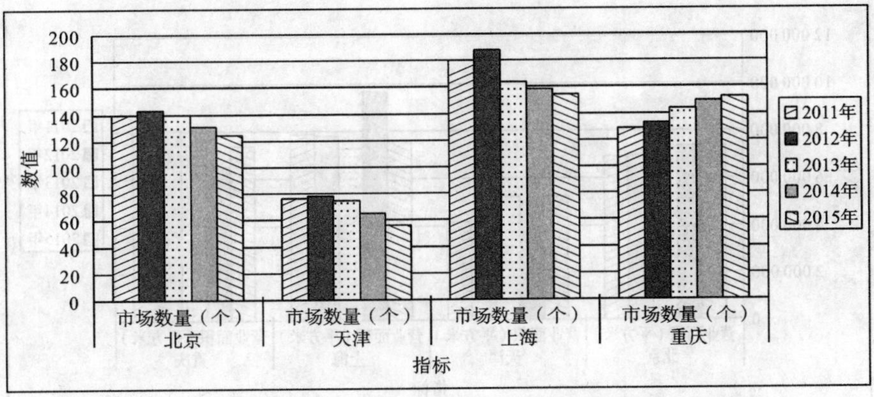

图 6-2 “十二五”期间各直辖市商品交易市场数量发展情况

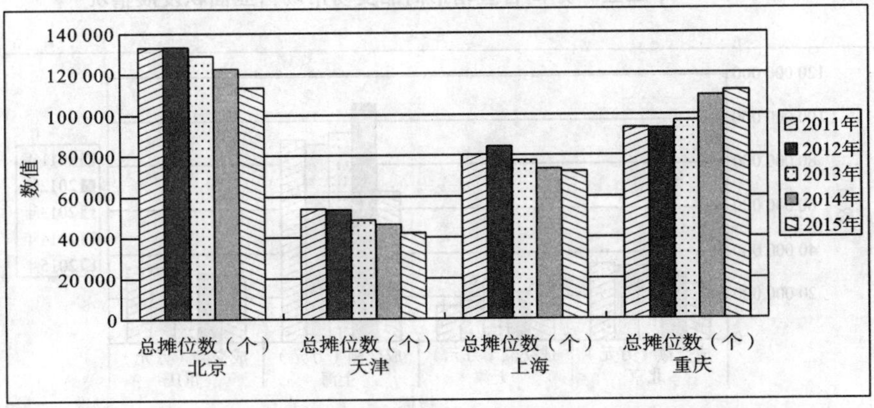

图 6-3 “十二五”期间各直辖市商品交易市场总摊位数发展情况

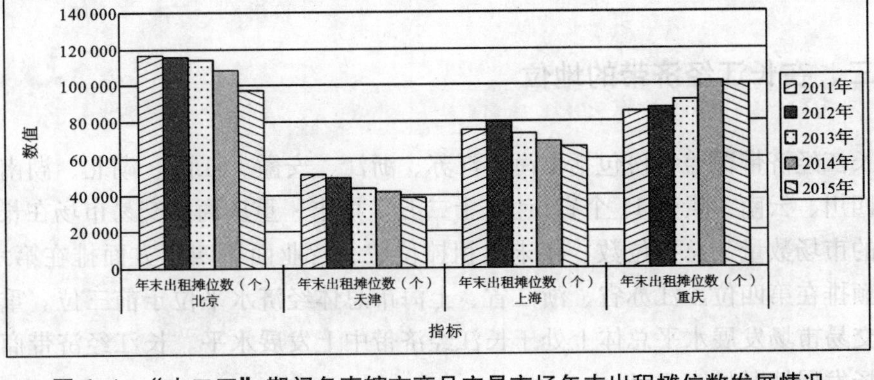

图 6-4 “十二五”期间各直辖市商品交易市场年末出租摊位数发展情况

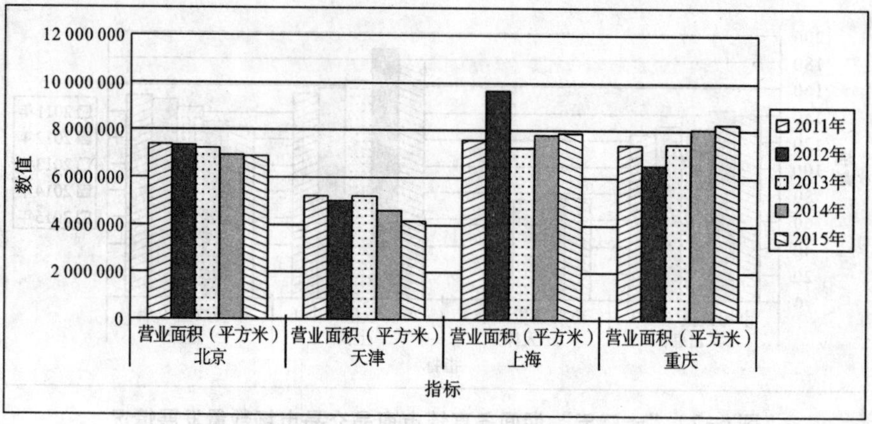

图 6-5 “十二五”期间各直辖市商品交易市场营业面积发展情况

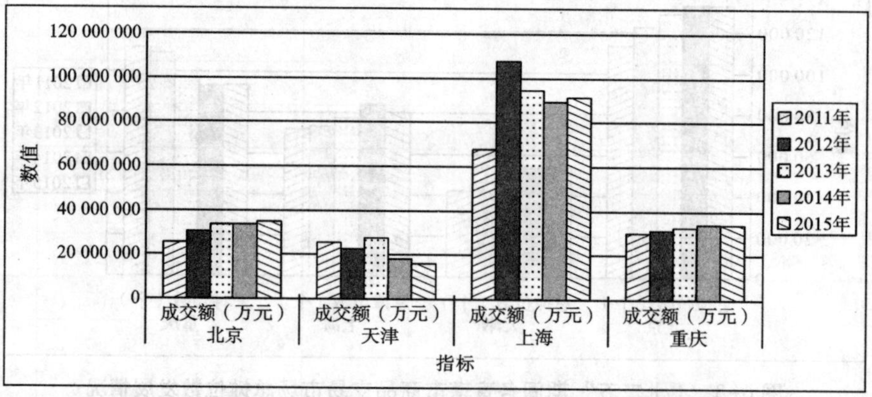

图 6-6 “十二五”期间各直辖市商品交易市场成交额发展情况

三、在长江经济带的地位

长江经济带覆盖省份包括上海、江苏、浙江、安徽、江西、湖北、湖南、重庆、四川、云南、贵州 11 个省市。“十二五”期末，重庆商品交易市场在长江经济带的市场数量、总摊位数、年末出租摊位数、营业面积四个方面排在第六位，成交额排在第四位。江苏省、浙江省、上海市总体经济水平位于前三位。重庆市商品交易市场发展水平总体上处于长江经济带中上发展水平。长江经济带商品交易市场发展情况见表 6-4。

表 6-4 “十二五”期间长江经济带商品交易市场发展情况表

		2011 年	2012 年	2013 年	2014 年	2015 年
上海	市场数量（个）	180	188	164	158	155
	总摊位数（个）	80 160	84 332	77 710	73 532	71 932
	年末出租摊位数（个）	75 387	79 512	73 196	69 274	66 210
	营业面积（平方米）	7 613 024	9 638 526	7 287 730	7 826 105	7 886 774
	成交额（万元）	67 899 138	107 786 449	94 719 572	89 167 969	91 139 008
江苏	市场数量（个）	575	562	547	536	513
	总摊位数（个）	386 182	390 154	393 826	393 990	394 860
	年末出租摊位数（个）	346 988	355 612	351 917	353 900	349 680
	营业面积（平方米）	30 276 340	33 146 860	32 946 936	32 666 137	31 837 270
	成交额（万元）	140 073 129	156 592 420	165 958 217	170 849 489	159 731 075
浙江	市场数量（个）	730	764	767	766	751
	总摊位数（个）	480 596	505 883	510 608	515 910	496 206
	年末出租摊位数（个）	431 884	457 275	463 648	466 119	445 835
	营业面积（平方米）	28 760 526	28 746 728	29 804 686	30 152 892	30 623 322
	成交额（万元）	130 997 099	137 692 506	148 403 313	155 249 661	161 314 431
安徽	市场数量（个）	135	143	138	130	136
	总摊位数（个）	104 960	124 007	125 209	127 388	134 502
	年末出租摊位数（个）	94 122	112 124	111 894	115 681	120 733
	营业面积（平方米）	9 091 407	16 082 938	10 932 741	11 399 428	12 929 602
	成交额（万元）	21 909 498	242 887 860	29 033 322	26 972 390	25 668 795
江西	市场数量（个）	95	95	95	94	93
	总摊位数（个）	71 097	74 191	74 606	76 512	76 737
	年末出租摊位数（个）	64 818	67 904	68 855	71 021	70 449
	营业面积（平方米）	3 594 187	3 640 174	3 660 873	4 129 663	4 135 120
	成交额（万元）	13 171 535	14 402 052	16 834 517	17 629 400	18 087 331

表6-4(续)

		2011 年	2012 年	2013 年	2014 年	2015 年
湖北	市场数量（个）	176	182	169	153	157
	总摊位数（个）	89 248	97 018	89 980	82 595	87 244
	年末出租摊位数（个）	81 416	89 202	83 467	77 351	78 934
	营业面积（平方米）	5 614 849	5 963 991	5 936 397	5 543 419	6 235 705
	成交额（万元）	14 590 694	18 554 642	18 601 267	20 954 880	20 303 708
湖南	市场数量（个）	313	320	327	326	328
	总摊位数（个）	193 102	198 402	197 044	197 269	196 945
	年末出租摊位数（个）	182 225	184 624	185 758	185 316	179 398
	营业面积（平方米）	9 670 724	10 367 863	10 587 290	10 555 795	10 928 379
	成交额（万元）	24 886 043	29 696 555	31 691 542	31 900 324	32 562 413
重庆	市场数量（个）	129	133	144	149	153
	总摊位数（个）	93 544	93 117	97 100	109 363	111 651
	年末出租摊位数（个）	85 298	87 047	91 490	101 736	100 207
	营业面积（平方米）	6 216 028	6 550 002	7 429 990	8 060 986	8 277 138
	成交额（万元）	29 873 359	31 307 225	33 072 063	34 063 093	34 128 682
四川	市场数量（个）	112	114	118	125	134
	总摊位数（个）	108 414	130 900	176 831	190 869	194 735
	年末出租摊位数（个）	102 610	112 559	129 962	144 245	146 431
	营业面积（平方米）	5 834 361	6 374 404	9 344 475	11 878 458	11 897 887
	成交额（万元）	15 168 120	17 141 622	21 504 978	27 040 900	27 489 289
云南	市场数量（个）	55	56	50	48	49
	总摊位数（个）	70 234	72 629	69 408	68 147	59 108
	年末出租摊位数（个）	55 050	64 430	61 991	59 187	51 210
	营业面积（平方米）	3 908 702	4 088 303	3 792 883	3 726 094	3 519 887
	成交额（万元）	7 336 234	6 901 580	7 499 277	7 258 919	6 137 433

表6-4(续)

		2011 年	2012 年	2013 年	2014 年	2015 年
贵州	市场数量（个）	33	39	47	62	60
	总摊位数（个）	20 978	22 758	26 847	46 383	41 342
	年末出租摊位数（个）	20 086	21 680	25 621	36 736	31 945
	营业面积(平方米)	1 194 274	1 463 109	1 969 237	3 022 294	2 858 678
	成交额（万元）	3 705 490	4 180 301	4 691 304	6 915 943	6 863 355

数据来源：《中国商品交易市场统计年鉴》（2011—2016）。

第七章 “十二五”期间重庆市商品交易市场存在的问题与对策建议

一、基本结论

商品交易市场是重庆建设“一带一路”重要流通节点和长江上游现代商贸中心的重要载体。“十二五”期间，重庆市商品交易市场发展迅速，市场类型多样，大型商品交易市场众多，基本上形成了较为完备的商品交易市场体系，为重庆市现代商贸服务业的发展做出了较大贡献。《中国商品交易市场统计年鉴》显示，近年来在西部地区交易额靠前的100家商品交易市场中，30%左右位于重庆市。随着重庆战略地位的提升，主城区三环时代的来临，“三基地四港区”物流基地以及两江新区、西永保税区等的建设，未来重庆商品交易市场发展前景仍然十分广阔。

本部分根据商品交易市场发展的主要指标，从市场数量、市场结构、总摊位数、年末出租摊位数、市场摊位出租率、市场营业面积、市场成交额、市场经营规模、市场经营绩效等主要方面，对重庆市“十二五”期间市场发展成就进行基本评价。

（一）市场数量稳定增长

从商品交易市场总数量来看，“十二五”期间，重庆市商品交易市场数量从1 697个增加到1 964个，年均增速3.72%；新增市场项目126个，新增投资规模1 291亿元；亿元市场总数从208个增加到312个，年均增速10.67%；万平方米级市场总数从218个增加到310个，年均增速9.2%；综合专业市场从335个增加到386个，年均增速3.61%；城区菜市场总数从482个增加到497个，年均增速0.77%；乡镇农贸市场总数从880个增加到1 081个，年均增速5.28%。以上分析表明，无论是在市场总量，还是在综合市场与专业市场数量上，重庆市商品交易市场发展都处于稳定增长状态。

（二）市场结构日趋完善

就商品交易市场内部结构来看，“十二五”期间，重庆市具有代表性的钢材市场、五金机电市场、汽摩配件市场、家居建材市场、服装小商品市场、农副产品市场六大类专业市场取得了长足的发展。六大类市场在市场个数、营业面积、交易总额等方面在重庆专业市场中占据了主要地位。其中，五金机电市场从18个增加到24个，营业面积从116万平方米增加到155万平方米，交易额从264亿元增加到375亿元；汽摩配市场从21个增加到31个，营业面积从107万平方米增加到212万平方米，交易额从571亿元增加到806亿元；家居建材市场从85个增加到120个，营业面积从423万平方米增加到621万平方米，交易额从414亿元增加到772亿元；服装小商品市场从67个增加到78个，营业面积从178万平方米增加到271万平方米，交易额从483亿元增加到791亿元；农产品综合专业市场从39个增加到58个，营业面积从121万平方米增加到238万平方米，交易额从639亿元增加到1 046亿元；只有钢材市场因为全国性经济结构因素的影响有所减少，市场数量从16个减少到15个，交易额从830亿元减少到450亿元，但营业面积从108万平方米增加到144万平方米。六大类专业市场的发展，奠定了重庆商品市场在直辖市、长江经济带、西部地区乃至全国的地位。

（三）总摊位数和年末出租摊位数逐年上升

据《中国商品交易市场统计年鉴》统计，“十二五”期间，重庆市亿元级商品交易市场总摊位数从93 544个增加到111 651个，平均增速4.52%，高于全国平均增速2%的水平；市场年末出租摊位数从85 298个增加到100 207个，平均增速4.11%，高于全国平均增速1%的水平。据此，测算出重庆市亿元级商品交易市场年末摊位出租率为90%，高于全国88%的水平。

（四）市场营业面积增加较大

就商品交易市场营业面积来看，“十二五”期间，重庆市商品交易市场营业面积从1 578万平方米增加到2 124万平方米，年均增速7.71%；新增市场项目用地2 365.6万平方米，新增面积3 991万平方米；亿元级市场营业面积从942万平方米增加到1 519万平方米，年均增速12.69%；万平方米级市场营业面积从 1 063 万平方米增加到 1 973 万平方米，年均增速 16. 72%；综合专业市场营业面积从 1 220 万平方米增加到 1 705 万平方米，年均增速 8. 73%；城区菜市场营业面积从 152 万平方米减少到 146 万平方米，逐年略有下降；乡镇农贸市场营业面积从 207 万平方米增加到 272 万平方米，年均增速 7. 07%。以上分析表明，“十二五”期间，重庆市商品交易市场营业面积得到了较大增长。

（五）市场交易额增长较快

从商品交易市场成交额来看，“十二五”期间，重庆市商品交易市场交易额从 4 437 亿元增加到 5 510 亿元，年均增速 5. 56%；亿元级市场交易额从 4 049 亿元增加到 5 079 亿元，年均增速 5. 83%；万平方米级市场交易额从 3 836 亿元增加到 5 004 亿元，年均增速 6. 87%；综合专业市场交易额从 4 003 亿元增加到 4 883 亿元，年均增速 5. 09%；城区菜市场交易额从 224 亿元增加到 362 亿元，年均增速 12. 75%；乡镇农贸市场交易额从 175 亿元增加到 266 亿元，年均增速 11. 04%。以上分析表明，“十二五”期间，重庆市商品交易市场交易额增长较快，高于全国 5. 1%的平均水平。

（六）市场经营规模与经营绩效不断优化

据《中国商品交易市场统计年鉴》统计，按营业面积计算的商品交易市场规模来看，“十二五”期末，全国亿元级市场平均规模为 60 714 平方米/个，重庆市亿元级市场平均规模为 54 099 平方米/个，略低于全国平均水平。

市场经营绩效分别以单个市场年均成交额和每平方米年均成交额来表示。据《中国商品交易市场统计年鉴》统计，“十二五”期末，全国单个亿元级市场年平均成交额 202 209 万元，重庆为市单个亿元级市场年平均成交额 223 063 万元；全国单个亿元级市场每平方米年均成交额 3. 33 万元，重庆市单个亿元级市场每平方米年均成交额为 4. 12 万元。分析表明，无论是单个市场年均成交额，还是市场每平方米年均成交额，重庆市的市场绩效远高于全国平均水平。

二、存在的问题

“十二五”期间，重庆市商品交易市场虽然取得了很大发展，但也存在诸多问题，面临诸多挑战。

（一）市场总体产能过剩，市场布局不尽合理

1. 市场规模过度扩张，投资主体单一

重庆大型商品交易市场过快的建设速度和过度的建设规模，在一些地区和一些类别中已经超出了消费承载力和市场需求，截至“十二五”期末，重庆市在建商品交易市场建筑面积 3 243.8 万平方米，已超过了已建市场的营业总面积。如此庞大的建设规模，与日益稀缺紧张、成本不断攀升的土地供应，与市场经营主体的形成和培育、消费需求的增长不相适应。当前，重庆大部分商品交易市场投资主体单一，缺乏同时具备商户渠道资源、物流配送资源、市场运营经验的企业参与市场开发。

2. 办市场抢项目，缺乏协调发展

一些区县为了局部利益，不顾地区经济、地域环境和资源条件的约束，都在市场建设上大做文章，相继规划了一批市场项目，特别是一些热门市场成为抢手货。“十二五”期末，在建成的市场项目中，钢材类市场项目 15 个，五金机电市场 24 个，汽摩类市场项目 31 个，家居建材类市场项目多达 120 个，且基本个个都是大体量、大投入的项目。其中，有的地区尚不具备类似市场建设的基本条件，有的则同一门类市场过于集中，重复布局，相邻地区缺乏协调发展，强调辐射周边，追求大而全，存在较大的主观性和盲目性。

3. 市场建筑面积大，空置率较高

一定范围内占地面积大、建筑开发量超大、产品同质化的市场项目重复布局，重庆市全市大型商品交易市场的整体空置率大致在 5%左右。部分市场建成后招商不足、闲置严重，如位于九龙坡区的盛吉汽配新城，建筑面积 10 万平方米，但空置率达到 60%；位于江津区的双福国际农贸城、大足的双桥长三角钢材市场等空置率都比较高。

4. 市场空间布局不尽合理，同质化竞争严重

随着重庆“三环时代”的到来，城市发展新区及部分区县抓紧机遇，自行招商建设，商品交易市场投资建设空前高涨。但同一区县和相邻地区重复布局多个功能雷同的市场，同质化竞争严重，加剧了市场恶性竞争，难以发挥规模集群效应。

一些相邻区县彼此都强调对周边地区的辐射和吸引，其实是脱离实际追求市场功效，致使市场定位不准，业态雷同；一些地区盲目招商引资，乱批乱建市

场，导致市场遍地开花和低水平重复布局。同一或相邻地区同质化市场布局过多，经营业态重复雷同。

（二）市场运作方式落后，转型升级发展缓慢

目前全市部分市场转型升级虽已取得初步成效，但转型升级步履艰难。总体看，我市商品市场传统运作方式仍占据主导，市场配套的基础、服务设施建设都比较滞后，市场经营管理发育水平发展不平衡，导致市场的整体结构不尽合理。一些市场热衷于招商和出租摊位，满足于做“房东”，把市场建设简单地等同于物业经营。相当部分市场规模狭小、手段落后，服务功能单一，管理水平粗放。相当部分中小市场缺乏发展现代商品流通意识，交易方式仍停留在传统的“三现”交易阶段，现代化交易方式更是少见。市场功能和作用难以得到充分发挥，市场转型升级之路依然十分漫长。一些市场开始纷纷借助“互联网+”模式，尝试电子商务，但电子商务交易模式前期投入大，回报期长，很多批发市场无法承担，这让想要自建电商平台的批发市场望而却步，导致电子商务、交易资源整合和服务创新等新兴商业模式尚处于艰难探索中。

（三）市场专业化程度不高，品牌知名度不大

“十二五”期末，我市专业市场营业面积和交易额分别占全部交易市场的80%和89%的比重，但其专业细分化程度不高，尤其是具有鲜明特色的市场不多，经营商品雷同现象比较普遍。此外，我市大多市场自创品牌意识不强，据调查，经工商注册商标的市场不足20家，除老牌的观农贸、朝天门、铠恩国际等市场外，重庆商品交易市场在全国的名声并不大，在全国的排名也较靠后。同时，市场内经营的知名品牌与自主品牌，无论在数量上还是种类上，都有待进一步培育和发展，假冒伪劣的防范和知识产权的保护任重道远。

（四）内环市场外迁受阻，外环新建市场招商难

重庆市各大型商品交易市场受利益分配的影响，内环市场外迁和外环在建市场招商的对接存在一定矛盾，不能形成有效对接，导致内环市场外迁整体呈现零散、缓慢状态，而且外环新建市场招商难，商铺空置率高。

一些市场出于自身发展的需要已经主动和提早做了搬迁准备，而大多数市场或无搬迁意愿或处于观望等待之中。一些承接搬迁的新市场建设进度缓慢，一些基本建成的市场频繁到现有市场进行招商活动，影响到市场的正常经营；有的市

场因搬迁问题的不确定性，面临人心不稳、市场动荡的影响和冲击：一些市场商户不愿投入装修铺面，一些市场管理方也不愿花钱对存在的隐患进行治理和整改。更令人忧虑的是，市场分流、商家流失现象开始显现，有的商家开始寻求外地发展，有的在主城其他地方另立门户招商经营，其低档次的市场设置难免引发再度搬迁。

（五）配套设施建设滞后，商业氛围不足

新建重点商品交易市场大都位于各区县城市拓展区域，距离中心城市区域较远，交通连接干道、公共交通、文教卫生、餐饮住宿等配套设施滞后于市场建设，直接或间接影响着市场建设进度、招商进度和商业氛围的形成。如团结村铁路物流基地的巨龙钢材市场、大川建材市场，虽然已有部分商户进入，但由于大学城隧道拥堵等交通条件较恶劣及入住商户餐饮住宿、子女入学等基础配套设施和政策滞后，形成了已进入商户苦苦支撑，欲进入的商户迟迟未进的状态，从而导致市场群建设进度慢、招商难、商业氛围人气不足等问题。

（六）管理升级值得期待

目前，在我市商品交易市场中，摊位制仍是大多数市场普遍采用的办法，以物业式管理为主，服务管理相对滞后。由此，相应地导致缺乏包装加工、储运物流、信息服务等专业配套服务设施，市场信息能力、融资能力、辐射带动能力弱，不具备现代化市场管理的水准，缺乏竞争力。同时，各市场为了生存，无序竞争日趋激烈。有的市场用优惠的条件争夺同类客户。我市某中药材市场搬迁后一分为二，难以再继辉煌。某些农产品批发市场竞争更是空前激烈，内耗严重。新市场到旧市场挖商户、抢客户成为普遍现象。正是诸如此类的无序竞争，导致市场业务不但没有做大，反而缩小。甚至出现小的挤垮大的、近的挤垮远的，造成土地、资金和商业资源的极大浪费。一些投入大、上规模的商品交易市场未能在良好的竞争环境下培育和发展，给招商引资带来负面效应。

要实现管理升级，必须充分认识到商品交易市场是一种业态，而且商品交易市场业态是多样的，需要加强管理，从而改变现有的“管理就是收费”的陈旧方式，采取先进的理念、先进的技术、先进的管理方式，经营好商户、管理好商户、服务好商户。对于我市商品交易市场发展而言，管理升级的核心任务表现在两个方面：一是市场本身需要积极探索管委会-公司、市场服务中心、股份制、会员制、商业街区型、园区型等商品交易市场发展模式，促进我市商品交易市场向第三代、第四代过渡，实现商品交易市场的全面提升。二是从宏观层面，通过布局规划和政策引导，促进我市商品交易市场在一定地理空间上集聚，形成既相互独立、又相互依存、具有特殊关系的市场集群，发挥市场联盟和市场协会等中立组织作为社会治理力量的作用，按照“市场——市场集群——市场联盟——市场行业协会——现代市场体系”的逻辑和路径，实现市场集群、市场联盟与产业集群互动，加快我市现代商品交易市场体系的建立进程，更好地为我市经济与社会发展服务。

（七）市场专业人才培养滞后

随着我市商品交易市场的规模发展，市场专业人才严重不足的矛盾开始显现。一是管理型人才不足。据了解，具有职业资质的中层管理人员普遍不到20%，高层管理师更是凤毛麟角。同时，市场对人才重视不够，舍不得投入培养，行业内也缺乏对市场管理人才的资质培训、认定、使用、管理和储备的完善机制，致使人才流动、流失现象频繁发生。一些新开张市场因急需管理人才而不惜高薪挖别的市场的人才，一些市场因缺乏专业或复合型人才影响到经营管理服务水平的提升。二是研究型人才匮乏。能够从事市场基础理论和实践发展研究的为数不多，现有专家学者的智囊作用也未能充分发挥。尤其是对当前出现的一些新情况新课题，缺乏有针对性的分析和研究，不能及时提供导向意见和决策参考依据，导致我市商品市场的理论和实践发展研究长期处于滞后状态。

（八）政府调控手段缺乏，应加大立法力度

政府宏观调控缺乏有效手段。市场类项目审批权限全面下放区县，项目招商落地主导权仍在区县，市场布局与城市规划、产业定位不符时，市级层面前置审批缺乏依据，对市场控制力度不够。区县政府招商引资仍然存在本位考虑和短视效益，对开发商缺乏选择、对同质化布局缺乏认真审视，往往以各种优惠政策吸引投资建设后又得花大量的扶持措施进行市场的培育，最终还不一定有成效。

三、发展趋势

“十二五”期间，重庆商品交易市场发展呈现出八大趋势：

（一）集聚化趋势

市场将出现空间集聚的趋势。按照五大功能区规划布局，市政府出台了《重庆市人民政府关于推进大型商品交易市场健康发展的指导意见》，明确了各个功能区商品交易市场的发展定位，今后，全市大型商品交易市场将重点沿“两环”和“两线”进行规划布局。未来重庆商品交易市场在空间分布上将相互聚拢、相对集中，呈现集群、集聚、集约化发展格局，加快形成六大市场集聚区和若干区域性市场集群。

（二）规范化趋势

国家及重庆市相继出台了一系列规范市场发展的政策，如国家工商总局《关于加强商品交易市场规范管理的指导意见》《重庆市人民政府关于推进大型商品交易市场健康发展的指导意见》（渝府发〔2015〕30号）等文件，对商品交易市场的规范运营提出了更为严格的监管要求，对商品交易市场的违规行为明确了更为严厉的处罚措施。这意味着市场的开办者将承担起更大的社会责任和管理责任。无论从法律法规赋予的义务、监管部门的要求以及市场自身提升发展的需求来看，都将促使商品交易市场开办者更好履行主体责任，加强市场管理与服务，促使商品交易市场更加注重诚信建设、经营规范、质量安全和消费维权。市场开办者和市场经营者联手共建，共同打造，推进市场的规范有序运行，将成为市场发展的主流。

（三）多功能化趋势

近年来，随着经营品种、规模、条件的变化，重庆商品批发市场呈现出市场形态多样化和市场功能多元化趋势。随着同类市场的日益增多，市场间的竞争将成为常态化，并促成市场形态的多样化。主城一些批发市场的批发功能将逐步弱化，更加注重终端消费，更加突出专业特色，向专业特色街发展，形成新型的“场街结合”模式；一些以零售为主的商品交易市场，将进一步调整业态，引进异业，或转型商业综合体，或演变成仓储式商场、专业超市、配送中心等新型流通业态；农贸市场将逐渐向“生鲜超市”“便利店”或“农加超”演变。同时，一批大型专业市场积极进行市场功能创新，不少市场开始从单一商品交换的功能向产品展示、信息交换、价格形成、造产引导、商品配送、资金结算等多功能方向发展。

（四）电商化趋势

面对电商、网商等新型营销方式的挑战，传统的实体市场一方面将长期客观存在，并不会消亡退出历史舞台；另一方面，将更加注重和发挥其直观的体验式消费、及时的资金结算和便捷的售后服务等优势，通过调整经营结构，创新商业模式，引进现代信息技术和理念，巩固实体市场的地位。除市场开办主体的努力外，市场的经营主体也将大量触网，依托实体市场，多形式、全方位地涉足网络营销，促使传统市场向现代市场蜕变，实体市场与网络市场融合，线上交易与线下体验共生，这将成为各类商品交易市场努力的发展方向。

（五）标准化趋势

根据相关规范与规划，制定和推广各类专业市场的建设标准，形成和国际接轨的现代专业市场标准化体系。鼓励和支持行业组织通过制定和出台标准，包括专业市场在建筑、经营、管理、服务、交易模式、信用等方面的基础指标，对市场的开发强度、容积率，产权结构、配套服务设施等做出要求，设定量化的标准。引导专业市场的开发建设和转型升级，制定现代专业市场标准化体系。

（六）外迁化趋势

主城市场外迁趋势已势在必行。城市化进程加快，城市中心原有大型市场日益受城市环境、交通和土地资源的制约而难以扩容提升空间，其批发辐射功能大打折扣，同时日趋攀高的土地级差地租与低水平的市场租金收入也越来越不成正比。城市发展和自身提升的双重需要，迫使市场转向外围发展。近年来，重庆市政府积极引导主城市场外迁，盘溪蔬菜批发市场、恒冠钢材市场等分布在主城中心的大型商品交易市场已完成外迁。市中心的功能型大型批发市场外迁已成新常态。

（七）投资多元化趋势

随着投资主体的逐渐多元化，批发市场普遍采用股份制这种现代制度，使出资人与管理人、行政管理人与经营管理人相分离，改变批发市场的治理结构，以利于市场本身的经营和管理。未来重庆批发市场发展将向企业化趋势发展。

（八）国际化趋势

随着渝新欧铁路大通道的建设，未来重庆将成为全国对欧洲出口商品的主要集散地，欧洲及中亚国家商品对华出口的中转站。团结村铁路口岸的肉类、水果、汽车、粮食、汽车整车等特殊商品进境指定口岸等大通关的建设，两路寸滩保税港区、西永综合保税区、两江新区等政策性平台的建设，使得未来重庆商品交易市场将成为国内产品销往国际市场的重要渠道，同时会有大量的外国商品、外国商人进入重庆商品市场，为重庆商品交易市场走向国际化提供强大的支撑。

四、对策建议

“十三五”期间，政府应积极推进商品市场转型发展。一是要盘活优化存量，严格控制增量，加强与周边地区的衔接协作，增强重庆大型商品交易市场的区域集聚辐射功能。二是坚持从严控制新建大型商品交易市场，对商品市场用地和总建筑面积实行总量控制，明确各类市场投入产出强度标准，促进土地资源节约高效利用。三是开展商品交易市场转型升级示范创建，重点培育具有现代交易手段和交易服务功能的新型商品交易市场，形成全国有影响力的西部现代交易聚集区。

（一）规划引领

充分考虑和依托重庆市的区位与资源优势，依据现有的产业和未来的产业发展布局，由市商委牵头制定全市大型商品交易市场发展规划，明确方向，突出重点，增强规划的权威性和导向性，控制重复建设。

（二）政策导向

按照《关于优化全市产业布局加快五大功能区建设的实施意见》（渝府发〔2013〕83 号）有关精神，重庆市政府认真贯彻执行《重庆市人民政府关于推进大型商品交易市场健康发展的指导意见》（渝府发〔2015〕30 号），对已建市场、在建市场和拟建市场分类管理。已建市场管理重点在于推动主城核心区市场平稳外迁，建立跨区县市场搬迁存量税收分享机制。在建市场和拟建市场要提高市场投资方的资本金比例、市场资产自持比例，并明确市场投入产出强度。全面落实重庆市各级政府出台的扶持市场发展的各项优惠政策，尤其是各个区县针对各自的商品交易市场又好又快发展的优惠政策，同时，根据商品交易市场的发展实际，有针对性地制定、出台新的优惠政策。针对不同类型的商品交易市场，工商、税务、检测等部门在经营户办证、培训收费等方面应给予便利，做到“放水养鱼，先建市后旺市”“先繁荣再规范”，通过优化投资环境、减少办事环节、降低税费措施，共同推动商品交易市场健康快速发展。

（三）控制规模

加强宏观调控，合理控制市场建设规模，包括用地规模、建设规模及单体规模。用地规模必须与城市土地利用总体规划紧密连接，合理安排市场项目用地，严格控制市场规模。

（四）加强听证

要严格控制新建续建大型商品交易市场。对不同功能区、不同规模不同类别的新建、续建大型商品交易市场需实行听证制度，由各区县（自治县）人民政府提出听证申请，报市商委组织听证，市商委出具听证意见供提出申请的区县（自治县）人民政府和市级国土房管、规划、城乡建设等部门参考。达到听证条件而未实行听证的，或者不采纳听证意见的区县（自治县）人民政府，由市商委进行约谈。

（五）土地集约

严格控制商品交易市场的开发强度，采用高效、集中、集约的建设模式，控制土地资源要素供应。严格控制商品交易市场配套办公、住宅、商务、酒店，以及物流、仓储等设施用地比例，避免以市场建设之虚，兴商住开发之实。强化商品交易市场与现有及新建城市功能设施的有效衔接，充分整合和利用城市（镇）公共资源。对于开发建设体量大、占用土地资源过多的市场项目，严格实施分期建设和分期供地。

（六）内环外迁

以“拆、迁、调、建”为基本手段，推进内环市场外迁与外环市场培育的有序对接。坚持统一政策、统筹布局、双向选择、正向激励的原则，对迁出市场实施扶持政策、对承接市场实施支持政策、对搬迁经营户实施激励政策并进行专项引导资金支持，有计划、有步骤地推进市场外迁工作。

（七）智慧升级

促进实体交易市场与电信、联通等运营商深度合作，实现市场内无线网络全覆盖，移动终端便捷入网，为商户和用户提供便捷及时的信息服务。打造线上+线下信息互动（O2O）平台。通过 O2O 应用，使得商家和消费者通过互联网传递供应和需求信息，并完成信息发布到线上支付的环节，在线下完成实体配送或服务。以互联网为依托，搭建供应商和采购商的信息交流平台。

（八）设施配套

加强对新建市场区内道路、交通、电力等基础设施的投入和建设力度，加快对老市场区停车场和其他市政设施的改造建设步伐，尤其重视配套的停车场建设，完善与市场规划相关的其他各类综合配套设施，如水、电、气、排污、综合管网系统以及市场相关服务网点与设施。加强市场秩序整治力度，净化和规范市场经营环境，加强产品质量和价格管理、治安管理、诚信体系建设等，规范市场行为，提高市场主体素质，构建功能完善的监督管理体系，提升商品交易市场运营品质和形象。

第三部分

专题篇

专题一 重庆商品交易市场供给侧结构性改革路径分析

近年来，重庆商品交易市场发展迅速、数量大增、规模翻番，但是规模过剩、同质竞争、大而不强、大而不优、有场无市问题突出。尽管经过各方努力，过快增长势头得到初步遏制，但是面对过剩风险，亟须深化供给侧结构改革，推动市场转型升级。

一、改革举措

按照市委、市政府推进供给侧结构性改革“1+4+X”工作体系总体部署，市商务委坚持“市场导向、靶向施策、立足实际、积极稳妥、重在落实”的原则，通过去库存、降成本、补短板，深化供给侧改革，市场体系逐步完善，交易方式日趋现代化，盲目投资、粗放扩张的势头得到初步遏制。市商务委在商务部召开的市场建设工作会议上作交流发言，其有关经验做法，被中国政府网转载。

（一）增加有效供给

一是强化顶层设计。《重庆市国民经济和社会发展第十三个五年规划纲要》要求，加快商品市场转型发展，基本完成都市功能核心区大市场外迁，在都市功能拓展区和城市发展新区布局形成一批区域性市场集群，在渝东北生态涵养发展区和渝东南生态保护发展区形成商品市场延伸线；推动汽摩配件、医药及农产品等大宗商品交易市场开展网上现货交易。《重庆市现代商贸服务业发展“十三五”规划》规定，完善“两环两线”商品市场空间布局，严格大型商品交易市场规划管控，继续完善“主城区—区县（自治县）—乡镇（社区）”农产品市场体系。推动商品交易市场利用互联网创新商业模式，建成行业性电子商务公共服务平台，做强交易撮合、商品集散、价格发现和信息交互等传统功能，增强物流配送、金融服务、展览展示等新型功能，引导商品交易市场向电子商务园区、物流园区转型。

二是重点培育百亿级市场和千亿级市场集群。2015 年年底，双福农贸城交易规模达到 162 亿元，新跻身百亿级市场行列。截至“十二五”期末，重庆百亿元级市场达到 13 个。双福农贸城、和润汽摩城、攀宝钢材投运，英利五金、双福建材城等项目加快建设，双福千亿级市场集群初具规模。明品福、九州汽摩城建成开业，奥捷五金机电城、赣江五金机电城等市场即将建成，白市驿千亿级市场集群加速形成。大川建材城、重铁巨龙钢材市场相继开业，名陶家居物流中心开工建设，团结村千亿级市场集群正在崛起。华南城、铁公鸡等大型市场陆续开业，南彭千亿级市场集群正式起步。

三是积极打造迎龙商务区市场集群。迎龙片区规划了东站高铁枢纽、货运枢纽，是未来重庆铁空、铁水、铁公等多式联运中心之一，正在创建保税物流中心（B 型），也是未来重庆自贸试验区的重要功能板块，将形成全市重要的商贸集聚区。全力支持朝天门商贸城、迎龙医药城建设、招商，集聚各类传统货物贸易和新兴转口贸易、总部贸易、跨境电商贸易等贸易业态。朝天门商贸城已正式开业，老朝天门市场裤业、女装、童装、小商品等 8 000 余户商户已入驻。迎龙医药城一期市场 14 万平方米主体工程基本建成，正在筹备一期市场开盘销售。

（二）去除无效供给

一是控制总量。运用供需平衡分析方法，分析预测市场需求规模，对明显供过于求的汽摩配件、小商品、家居建材、农副产品、钢材、五金机电六大类市场，指导区县对市场用地和总建筑面积实行总量控制，淘汰过剩产能，力争到 2020 年分别将规模控制在 1 000 万平方米、1 200 万平方米、1 400 万平方米、800 万平方米、700 万平方米、600 万平方米。近年来，西部纸制品博览交易中心、赫乾鑫邦钢材城、晋愉·奥特莱斯等市场相继关停。

二是放缓增量。严格落实新建、续建大型商品交易市场听证约谈制度，严格执行商品交易市场指导目录，规模明显过剩的主城九区和江津双福原则上不再布局大型市场，防止形成新的产能过剩。2015 年 7 月 30 日，举办了首场新建市场听证会，将钢谐项目用地规模由 100 万平方米压缩到约 33 万平方米。方运钢材物流中心、永翔钢铁服务总部基地、鑫润雨综合建材交易市场、国际金属材料交易中心等市场停建缓建或撤项退出，缩减建设规模约 365 万平方米。截至 2015

年年底，在建项目数量、占地面积、建筑面积、投资额度较高峰时期的2012年、2013年均大幅下降。

三是盘活存量。运用市场手段，协调推进内环市场外迁和外环市场建设，通过调向一批、整合一批、外迁一批，缓解核心区交通和人口承载压力，降低拓展区市场空置率、闲置率。为了推进朝天门综合交易市场业态调整，渝中区政府制定了《朝天门市场业态调整和环境综合整治工作方案》，明确了朝天门市场业态调整三年目标任务。协调推进龙文钢材、绿云石都、上桥粮油、南坪医药市场群、盘溪观农贸水果市场、菜园坝市场群、老顶坡汽摩城、滩子口玻璃门窗市场、华福路木材市场、万隆小商品市场等市场外迁。支持万商国际贸易中心、恒通国际汽摩城、中钢钢材市场等项目调整转型，引导奥捷五金机电城与赣江五金机电城强强联合，共建白市驿千亿级五金机电市场。推进朝天门商贸城、迎龙医药城、华南城等承接市场建设招商。近年来，恒冠钢材市场整体关闭，盘溪农产品市场整体搬迁到双福农贸城，巨龙钢材市场整体搬迁到重铁巨龙，金材市场整体搬迁到果园港大宗商品交易市场，马家岩大川建材市场搬迁到大川建材城。

（三）降成本

一是优化市场规划布局。沿绕城高速布局六个大型市场集群，形成全市市场核心环，沿三环调整布局四个大型市场集群，形成全市市场拓展环，沿长江黄金水道和渝湘大通道布局特色市场集群，形成渝东北和渝东南市场发展延伸线。实施《重庆市主城区农产品市场布点规划（2013—2020）》。

二是健全市场现代物流体系。立足“三基地三港区”国家级核心物流枢纽，着重打造团结村、白市驿、西彭—珞璜、南彭、迎龙、双福、果园等七大区域市场集群，引导市场建设标准化、数字化、智能化仓储物流设施。菜园坝水果市场依托公运集团“二环线仓储群+主城中转站+社区分拨点”的配送设施、“同程（城）配”智能化城市配送系统、300多辆一体式普货和冷链运输车辆的配送能力，打造香满园电商平台，建设农产品电商产业园，构建本地O2O销售网络体系。九州汽摩城与勤牛物流公司共同组建了“车国勤牛物流共同配送的信息化平台”，以“互联网+物流”的现代物流运营模式，开展专业市场共同配送服务。潼南灯具城自建物专线32条，以物流驻点的形式覆盖周边600千米88个区县上万家专营灯饰/厨卫客户，累计配送850万件，实现交易额近30亿元。华南城的乾龙物流，开展大型货运市场、货运信息交易中心、供应链金融中心、电商物流服务等现代物流服务。

三是培育连锁品牌市场。鼓励市场改变圈地建市、盲目求大、同质竞争、招商不足等传统的粗放式扩张方式，注重运用品牌优势，通过资本运营和品牌输出，整合市场资源，形成连锁市场、品牌市场。建玛特启动“轻资产经营，品牌连锁发展”战略，与重庆辖区内的开发企业紧密联合，采取“直接经营、品牌加盟、全权委托、顾问托管”等经营模式，仅一年多时间，迅速在涪陵、永川、合川、忠县、石柱、巫山、长寿等区县发展了多家建玛特连锁加盟店，盘活当地存量市场。引进亿联、五洲、义乌、红星美凯龙等品牌市场向区县延伸，促进市场走集约化发展道路。

（四）补短板

一是发展电子商务。顺应“互联网+”发展大潮，支持传统市场利用互联网，实现线上线下融合发展。苏宁易购入驻德恒商贸物流城，九州汽摩城与阿里巴巴合作打造“阿里巴巴汽摩行业跨境电商示范基地”，和润汽摩城建设“重庆市跨境电子商务（汽摩）产业园”，龙文钢材市场搭建重庆金属材料电子商务平台，菜园坝外滩摩配市场建立电子交易所，建玛特创立家居建材服务平台“建玛特购”和家居建材第三方平台“超级腕”，永缘汽车用品市场打造“永缘汽车用品电子商务平台”。

二是深化增值服务。支持市场改变“卖铺、收租”的传统营运方式，从金融、检测、配送、仓储等方面，为商家提供增值服务，增加市场竞争力。奥捷五金机电城与上海市工具工业研究所联合建立重庆首个国家级五金标准化检测中心。双福国际农贸城建设电子结算系统，变收租金和交易费模式为收佣金模式，打造西部农产品价格形成中心，形成大量资金沉淀，为经营户提供贷款、担保和其他金融服务。九州汽摩城以综合性楼宇规划打造“九州双创基地”。攀宝、重铁巨龙、果园港等钢材市场，引进先进设备，提供钢材深加工服务。

三是培育产地市场。依托主导产业、特色产业，延伸批发市场链条，与上下游产业深度融合，以产业发展促进市场兴旺，以市场繁荣带动产业升级。大足龙水五金批发市场、德恒·渝西商贸物流城立足当地五金产业建市场。LED 光电子产业园中欧智慧光都，打造集研发、生产、展贸、销售、外贸为一体的 LED 光电子全产业链，并依托渝新欧铁路，与欧洲市场对接，三年内产值预计可达千亿元。潼南灯具城正在打造灯饰制造与物流基地，预计 2020 年实现百亿元级灯饰产业经济。

四是打造智慧市场。运用信息化技术，移动终端便捷入网，逐步实现数据获取、商品销售、物流配送、市场管理智慧化。聚信美正在建设家居智能体验中心，利用VR技术（虚拟现实技术）、3D技术，整合装修设计、场内家居、建材品牌，打造“未来家”的概念。汽博中心与腾讯达成战略合作，推出“市场+互联网”项目，逐步实现数据获取、商品销售、市场管理智慧化，组建市场内企业信用体系信息系统。盘溪水产品市场推出“渔人湾”码头智慧市场项目，打造海鲜销售为主题的体验式商业休闲中心。

二、面临困难

总体来讲，全市市场发展取得了巨大成绩，布局更加合理，经营更加高效，但是规模过剩、同质竞争、外迁缓慢等问题仍然突出。

一是规模过剩。全市共有已建市场1 964个、营业面积2 123.62万平方米。在建市场159个、规划建筑面积3 243.8万平方米，用地多、单体大，平均每个项目20.4万平方米、投资额8亿元。拟建市场44个、建筑面积577万平方米，投资规模370亿元。三者合计近6 000万平方米，是“十一五”期末的2.4倍，人均面积接近2平方米。截至2015年年底，重庆市大型商品交易市场存在不同程度的产能过剩现象，其中钢材、家居建材市场、农副产品市场和小商品市场供给超需求比例达64%、33%、21%和19%。

二是空置严重。新建市场普遍招商困难、招商不足，这导致市场大面积空置、资金回笼缓慢、后续投入乏力。内环商家不愿来，入驻商家难留住，由资金链断裂引发的风险危机开始显现。外环18个建成市场平均招商率仅46.6%，大多数不足40%，实际入驻率仅38%。在建市场招商形势更加严峻，品牌实力商家不多，炒铺者占有一定比重。

三是同质竞争。主城区现有五金机电类市场16个、面积86万平方米、商家7 023户，在建项目4个、规划面积340万平方米。主城建成营运汽摩配件类市场共17个、面积110万平方米、商家4 665户，在建项目9个，其中汽摩配件2个、新车整车4个、二手车项目3个、规划面积430万平方米。老朝天门市场面积48万平方米、经营商家12 578户，在建服装小商品类大型项目3个、规划面积 793 万平方米。

四是业态落后。大部分市场仍采用现金、现货、现场的传统交易方式，因未实行统一收银而不能享受房产税从价计征办法，有的甚至要求补交过去五年的税款。虽然部分市场开始借助互联网，尝试电子商务，但仅有香满园等少数市场电商运营较好，内外贸互联互通的市场寥寥无几，与重庆建设内陆开放高地的期望不符。目前，内环老市场经营状况不容乐观，生意大不如前，商家流动率、撤场率由过去的10%增加到30%左右，商铺出租率开始下降，空置率有所提高，包括红星美凯龙、铠恩家居、建玛特等老牌成熟市场均出现不同程度的空置，空置率在 20%左右。

五是外迁缓慢。重庆提出市场外迁战略已过去五年，除盘溪蔬菜批发市场、恒冠钢材市场、巨龙钢材市场等少数市场关闭搬迁外，绝大多数市场仍然留在都市功能核心区，与重庆五大功能区域发展战略不相符，加上外环承接市场建设缓慢，缺乏商业氛围和配套服务设施，造成老市场搬不了、新市场难存活的局面。

六是实力不强。缺乏在全国有影响力的龙头市场、品牌市场和区域性大市场，辐射力大多局限于周边区县。近几年，重庆交易额达到百亿的市场有 14~16 个，恒冠钢材、巨龙钢材等已搬或者将搬市场占了百亿元级市场的一半，除双福国际农贸城新晋为百亿元级市场，朝天门商贸城、华南城等承接市场还在建设。

三、对策建议

主动对接重庆市推进供给侧结构性改革“1+4+X”工作体系，按照产业跟着功能走、人口跟着产业走、建设用地等要素跟着产业和人口走、公共服务跟着功能和人口走的思路，突出“管、去、转”三个字，化解市场区域过剩、结构过剩、功能过剩的危机，推进市场结构调整，推进市场转型升级，提高市场供给质量，适应市场需求变化，培育新的增长点，形成新的增长动力。

(一)“管”字为先

新建续建市场一定要管得住：

一是明确管控目标。顺应经济新常态，进一步科学测算重庆“十三五”期间市场供需情况，分别预测钢材、农产品、小商品、五金机电、汽摩配、家居建材等六大类全市需求规模和五大功能区市场需求规模，进行目标控制，实现动态平衡。

二是严格管控手段。立足五大功能区市场发展实际，按照优化结构、控制总量、放缓增量、优化存量的总体思路，严格落实新建续建大型商品交易市场听证约谈制度，评估、编制全市市场用地年度供应计划。对于新增市场用地，相关区县政府在出让条件中明确持有要求：对过剩地区、过剩行业的持有比例不得低于80%，对一般地区、一般行业的持有比例不得低于50%。对新建续建大型商品交易市场听证约谈制度执行情况开展专项检查，掌握情况，通报问题，健全制度，落实保障。对拒不听证的，启动约谈制度，提请市政府进行督查。

三是抓住管控关键。与国土、规划等部门密切合作，加大土地供应调控力度，着力控增量、消存量，两年内市场土地供应规模逐年减少10%，新开工面积增速控制在3%以内，严格落实大型市场分期供地制度，对市场过剩的区域原则上不再布局，对过剩类别的市场原则上不再供地。

(二)“去”字为要

市场无效供给一定要去得了：

一是优化市场空间布局。着眼提升重庆市场在成渝、西南、中西部辐射能力，依托重庆“三基地三港区”国家级物流枢纽平台和“一核心多节点三层级”的物流体系主骨架，以城市拓展区、都市发展新区为重点，规划建设国家骨干网络市场。核心区禁止新建大型市场，拓展区限制新建市场，发展新区和渝东北、渝东南适度建设特色市场。

二是核心区市场去功能。按照重庆“十三五”规划的“基本完成都市功能核心区大市场外迁”目标，深化拓展五大功能区域发展战略，以货车限行、禁行规定为突破口，综合运用市场手段和行政手段，推动都市功能核心市场外迁，或者将批发、仓储功能外迁。强力推动朝天门市场业态调整，引导盘溪观农贸市场群、南坪医药市场群、玻璃门窗和木材市场群、菜园坝市场群、陈家坪机电市场群、马家岩建材市场群外迁。

三是拓展区市场去库存。以六大市场集群为重点，加快市场及其周边配套建设，完善市场正常运营所需的水、电、路等公共基础设施，规划建设周边道路、停车位、公交停靠站点等交通基础设施，优化配置经营户正常生活所需的教育、医疗等公共资源，解决市场运营、商家生活面临的实际困难。运用市场手段，促进市场强强联合，支持市场优化增值服务，立足主城、面向全球进行招商，以优质的服务吸引商家入驻，降低市场空置率。鼓励市场增加自营比例，便于统一改造和调整业态。

（三）“转”字为重

市场有效供给一定要转出来。按照商务部、国土资源部、住房城乡建设部、交通运输部、银监会联合印发的《关于推进商品交易市场转型升级的指导意见》（商建函〔2016〕755号），制定重庆市市场转型升级指导意见，增加市场有效供给。

一是明确转型思路。坚持政府引导、市场主导、优化布局、调整结构、创新引领、注重实效的原则，提高商品市场信息化、标准化、集约化建设水平，完善多功能、多层级商品市场体系。到2020年，培育形成百亿元级市场15个和千亿级市场集群4个，建设一批平台化示范市场。

二是明确转型方向。以流通现代化为方向，以信息技术和智慧物流为依托，以供应链管理和平台化建设为手段，着力升级智慧市场、培育品牌市场、建设公益市场、发展外贸市场、改造绿色市场，推动成渝市场集群一体化建设。

三是明确转型路径。推动物流智慧化，鼓励建立统一规范的市场物流共同配送平台，加快流通设施标准化应用，实现物流实时跟踪和可视化管理。推动交易信息化，建立行业交易平台，促进线上线下融合互动。推动服务智能化，运用互联网、物联网、云计算、VR技术等现代信息技术手段，加强数字化管理和大数据应用，完善电子结算管理系统，建设专业化咨询管理服务平台、大数据信息服务平台、企业教育培训孵化平台和投融资服务平台。推动发展外迁化，引导核心区市场外迁发展。推动业态升级化，鼓励老旧市场回购已售出的商业物业，完善功能定位，明确发展主题，找准经营方向，优化业态升级，盘活商业存量，建设众创空间、文创空间、社区仓储配送中心等。

四是明确转型标准。建立市场转型升级绩效评价机制，编制硬件设施、经营状况、物流配送、增值服务、管理机制、诚信建设等市场转型升级指导体系，评选转型升级示范市场，并指导区县开展市场转型升级示范创建工作。

五是明确转型保障。由市商委、市发展改革委、市国土房管局、市规划局等部门建立市场转型升级联席会议机制，统筹协调市场转型升级工作，并选取部分大型市场由联席会议直接联系，也便于其掌握情况，推广经验。定期发布大型商品交易市场供应、使用、空置等信息，科学服务政府决策、商家经营。

专题二 深化重庆专业市场供给侧改革研究

一、重庆专业市场供给侧改革的必要性

改革开放三十多年来，中国经济持续高速增长，成功步入中等收入国家行列。但随着人口红利消失、“中等收入陷阱”风险累积、国际经济格局深刻调整等一系列内因与外因的作用，经济发展进入了“新常态”阶段。2015 年开始，我国经济主要指标之间的联动性出现背离，出现了经济增长持续下行与 CPI 持续低位运行，企业利润率下降但居民收入有所增加，消费上升而投资下降等现象。与此同时，宏观调控层面货币政策持续加大力度而效果不彰、投资拉动上急而下徐、旧经济疲态显露而以“互联网+”为依托的新经济生机勃勃，东北地区经济危机加重而一些西部省区却异军突起，凸显出中国经济的结构性分化问题日趋严重[①]。为此，2015 年年底召开的中央经济工作会议明确提出要推进供给侧结构性改革，指出“推进供给侧结构性改革是适应和引领经济发展新常态的重大创新，是适应国际金融危机发生后综合国力竞争新形势的主动选择，是适应我国经济发展新常态的必然要求”。

重庆市是我国中央直辖市与国家级中心城市，是西南地区最大的工业城市、国家实施西部大开发和长江经济带西部地区的核心增长极，是长江上游地区万商云集、四通八达的商贸物流中心。这些定位要求重庆市必须充分发挥商贸物流基础和先导产业的作用，构建起大商贸、大物流、大市场、大开放的格局，大力实施城乡商贸物流一体化、集群化、专业化和现代化发展战略，着力培育大市场、发展大物流、搞活大企业，成为长江上游地区人流、商流、物流、资金流、信息

① 国家行政学院经济学教研部. 中国供给侧结构性改革 [M]. 北京：人民出版社，2015.

流的聚集辐射中心。而专业市场作为商贸流通业的重要载体，其供给质量不仅直接决定了区域大商贸、大物流、大市场、大开放格局的形成，而且对繁荣区域经济、改善民生，促进区域经济社会协调发展也有着深刻的影响。因此，在经济发展新常态中，研究重庆市专业市场供给侧结构性问题具有重要的理论与现实意义。

二、重庆专业市场供给效率分析

（一）供给规模

从供给侧角度考察专业市场的供给效率，比较其供给面积与需求面积匹配程度最为恰当。本章选取在重庆市发展具有代表性的钢材市场、五金机电市场、汽摩配件市场、家居建材市场、服装小商品市场、农产品综合专业市场六类规模以上的已建市场，比较 2011 年至 2015 年重庆市六类市场营业面积的匹配程度。其中，各类市场营业面积需求值参见综合篇第四章的测算方法。

1. 钢材市场

如图 1 所示，2011 年至 2015 年钢材市场的实际供给营业面积分别为 108 万平方米、118. 5 万平方米、169. 7 万平方米、166 万平方米、162. 7 万平方米，而实际需求营业面积分别为 84 万平方米、117 万平方米、190 万平方米、170 万平方米、152 万平方米。需求面积和供给面积都呈现出先逐渐增加，在 2013 年后到达顶点后再逐渐减少的特征。值得注意的是，在“十二五”规划的中前期，钢材专业市场的实际需求面积实际上要高于实际供给面积，受需求的刺激，重庆市积极兴建钢材市场，但大规模的兴建使钢材市场实际供给面积在 2013 年一举超越实际需求面积，超出比例达到 6. 06%。超出比例在 2014 年攀升到 12. 93%，同时由于合理规划的缺失以及调控力度的不足，导致钢材市场的供求失衡比例在 2015 年暴升至 73. 09%，达到“十二五”期间的峰值。

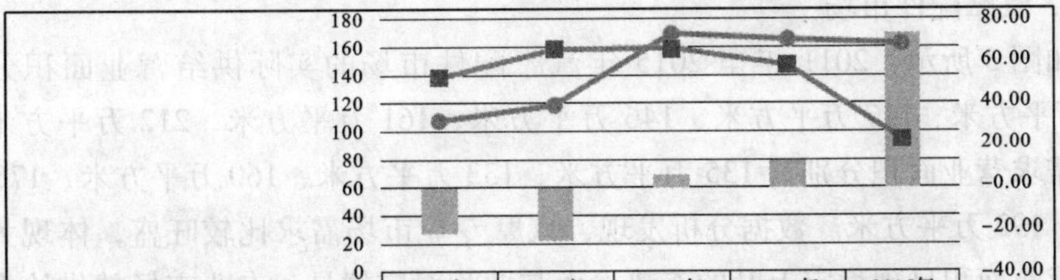

	2011年	2012年	2013年	2014年	2015年
供给超过需求比例（%）	-21.74	-25.47	6.06	12.93	73.09
供给营业面积（万平方米）	108	118.5	169.7	166	162.7
需求营业面积（万平方米）	138	159	160	147	94

图 1　钢材市场供给效率分析。

数据来源：经课题组统计得出。

2. 五金机电市场

如图 2 所示，2011 年至 2015 年五金机电市场的实际供给营业面积分别为 116 万平方米、116.7 万平方米、139 万平方米、139 万平方米、155 万平方米，而实际需求营业面积分别为 100 万平方米、92 万平方米、113 万平方米、117 万平方米、185 万平方米。通过数据可以发现，五金机电市场供给效率在“十二五”期间总体较低，2011 至 2014 年五金机电市场供给营业面积均较大幅度超出需求面积，超出比例维持在 20%左右。2015 年在供给面积持续攀升的情形下，需求面积大幅度攀升，超过了供给面积，扭转了五金机电市场供给侧过剩的态势。

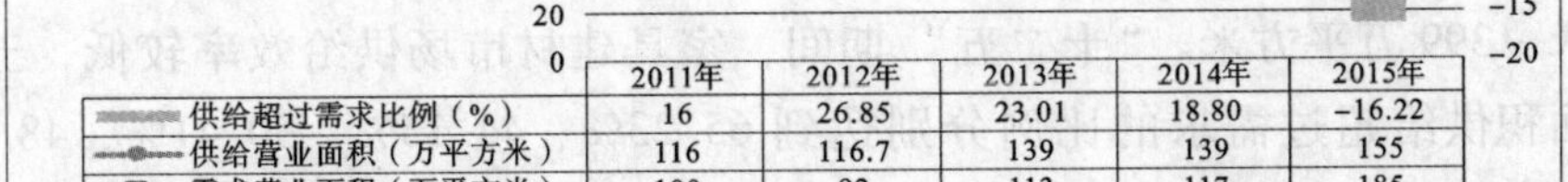

	2011年	2012年	2013年	2014年	2015年
供给超过需求比例（%）	16	26.85	23.01	18.80	-16.22
供给营业面积（万平方米）	116	116.7	139	139	155
需求营业面积（万平方米）	100	92	113	117	185

图 2　五金机电市场供给效率分析

数据来源：经课题组统计得出。

3. 汽摩配件市场

如图 3 所示，2011 年至 2015 年汽摩配件市场的实际供给营业面积分别为 107 万平方米、117 万平方米、146 万平方米、161 万平方米、212 万平方米，而实际需求营业面积分别为 135 万平方米、133 万平方米、160 万平方米、170 万平方米、192 万平方米。数据分析发现，汽摩专业市场需求比较旺盛，体现为测算需求营业面积呈现稳定上升的态势。而与此相对应的是，专业市场的供给在绝大部分时间内均低于需求，仅在 2014 年末超过需求，在 2015 年超过需求 10.42%。实际上，“十二五”期间汽摩配件市场供给一直在需求牵引的情况下不断增长，即使有超过需求的情况，但也保持在合理的范围内，呈现出良性增长的态势。

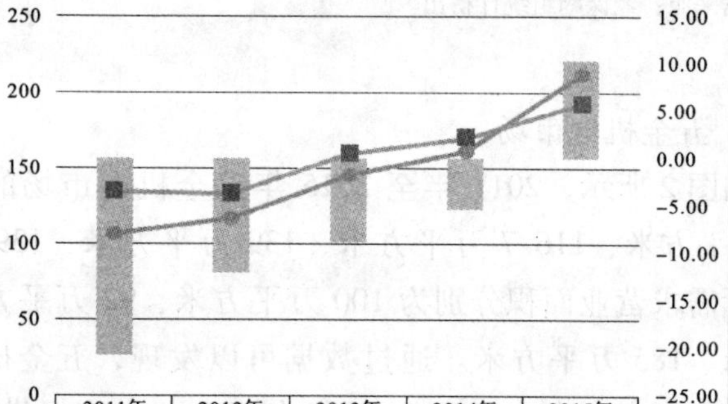

	2011年	2012年	2013年	2014年	2015年
供给超过需求比例（%）	-20.74	-12.03	-8.75	-5.29	10.42
供给营业面积（万平方米）	107	117	146	161	212
需求营业面积（万平方米）	135	133	160	170	192

图 3　汽摩配件市场供给效率分析

数据来源：经课题组统计得出。

4. 家居建材市场

如图 4 所示，2011 年至 2015 年五金机电市场的实际供给营业面积分别为 423 万平方米、493 万平方米、546 万平方米、566 万平方米、602.4 万平方米，而实际需求营业面积分别为 256 万平方米、342 万平方米、363 万平方米、381 万平方米、399 万平方米。“十二五”期间，家具建材市场供给效率较低，五年来营业面积供给超过需求的比例分别达到 65.23%、44.15%、50.41%、48.56%、50.98%，一直维持着非常高的比重，这意味着重庆市家居建材市场存在着严重的供给过剩。

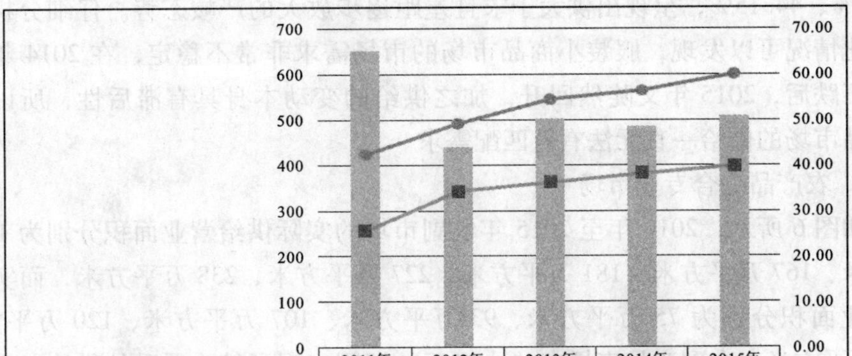

	2011年	2012年	2013年	2014年	2015年
供给超过需求比例（%）	65.23	44.15	50.41	48.56	50.98
供给营业面积（万平方米）	423	493	546	566	602.4
需求营业面积（万平方米）	256	342	363	381	399

图4　家居建材市场供给效率分析

数据来源：经课题组统计得出。

5. 服装小商品市场

如图5所示，2011年至2015年服装小商品市场的实际供给营业面积分别为177.9万平方米、203.2万平方米、256.6万平方米、271万平方米、271万平方米，而实际需求营业面积分别为173万平方米、179万平方米、223万平方米、125万平方米、188万平方米。“十二五”期间，服装小商品市场供给效率较差，其供给营业面积超过需求营业面积比例分别达到2.83%、13.52%、15.07%、

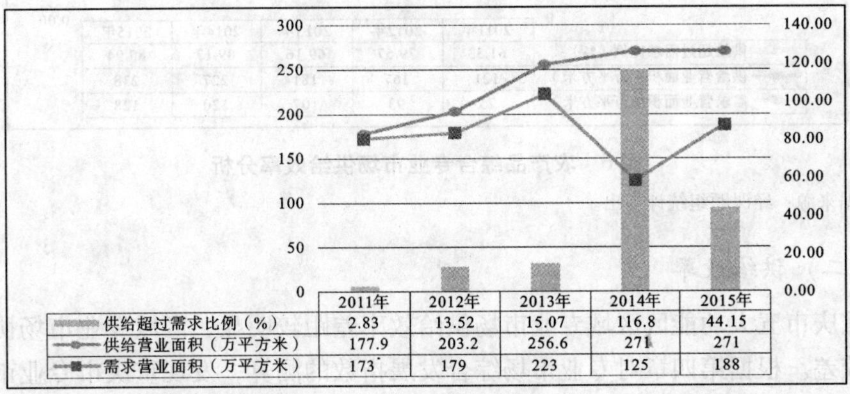

	2011年	2012年	2013年	2014年	2015年
供给超过需求比例（%）	2.83	13.52	15.07	116.8	44.15
供给营业面积（万平方米）	177.9	203.2	256.6	271	271
需求营业面积（万平方米）	173	179	223	125	188

图5　服装小商品市场供给效率分析

数据来源：经课题组统计得出。

116.8%、44.15%，呈现出供大于求且差距逐步放大的严峻态势。仔细分析其供求变化情况可以发现，服装小商品市场的市场需求非常不稳定，在2014年经历断崖下跌后，2015年又陡然回升，加之供给的变动本身具有滞后性，所以服装小商品市场的供给一直无法有效匹配需求。

6. 农产品综合专业市场

如图6所示，2011年至2015年农副市场的实际供给营业面积分别为121万平方米、167万平方米、181万平方米、227万平方米、238万平方米，而实际需求营业面积分别为75万平方米、93万平方米、107万平方米、120万平方米、128万平方米。农副产品市场在“十二五”期间出现了较为严重的供给过剩，供给超过需求比例不仅过大且逐年攀升，由2011年至2015年的61.33%上升至2015年的峰值85.94%。这显示出农产品综合专业市场出现严重的供给过剩，亟须进行供给侧改革。

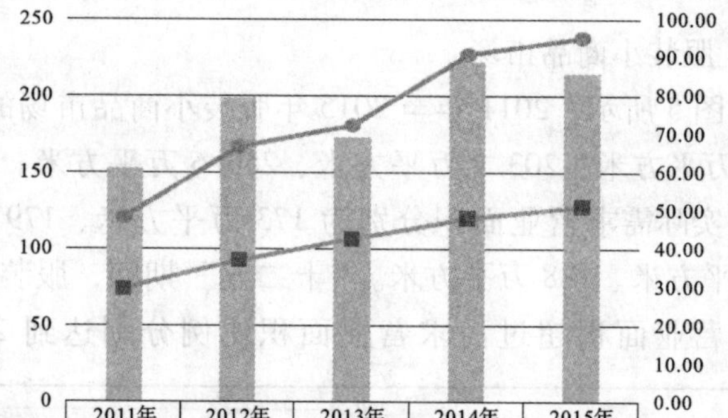

	2011年	2012年	2013年	2014年	2015年
供给超过需求比例（%）	61.33	79.57	69.16	89.17	85.94
供给营业面积（万平方米）	121	167	181	227	238
需求营业面积（万平方米）	75	93	107	120	128

图6　农产品综合专业市场供给效率分析

数据来源：经课题组统计得出。

（二）供给效率

重庆市五大功能区区域专业市场供给效率差距较明显，区域专业市场协调发展度较差。根据第四章对专业市场综合发展指数的测算，发现重庆市专业市场供给效率内部分化较为严重。

1. 区域内部供给效率

五大功能区区域内部供给效率分化明显。以经济发展程度最高的都市功能核心区与都市功能拓展区为例，如表 1 所示，从所组成的 10 个区县排名来看，在两个区域中的各区专业市场供给效率竟然可以分为 3 个档次（排在 1 至 10 位的有 6 个区、11 至 20 位的有 3 个区、21 至 30 位的有 1 个区）。

表 1　2015 年重庆市各区县商品交易市场供给效率

区域		经营效益因子得分	经营规模因子得分	综合得分	综合排名
都市功能核心区及都市功能拓展区	渝中区	2.165 0	1.422 4	1.901 8	2
	大渡口区	0.519 0	−0.854 8	0.310 7	12
	江北区	0.473 9	−0.142 1	0.361 2	9
	沙坪坝区	0.939 6	−0.159 4	0.731 1	7
	九龙坡区	4.126 3	2.740 0	3.628 2	1
	南岸区	1.069 7	−0.603 4	0.781 0	5
	北碚区	−0.630 4	0.019 9	−0.501 1	25
	渝北区	−0.058 4	0.814 0	0.052 2	15
	巴南区	1.316 7	0.354 7	1.094 7	4
	北部新区	0.701 9	−1.919 9	0.327 5	11
城市发展新区	涪陵区	−0.234 8	1.039 1	−0.061 4	16
	长寿区	−0.520 0	−0.754 3	−0.506 9	26
	江津区	1.445 0	1.523 8	1.339 0	3
	合川区	0.155 7	1.835 9	0.347 3	10
	永川区	0.097 0	1.381 5	0.245 2	13
	南川区	−0.663 2	−0.612 1	−0.604 0	31
	潼南区	−0.446 7	−0.599 0	−0.429 5	22
	铜梁区	−0.567 9	−0.011 6	−0.455 0	23
	大足区	0.932 0	0.211 0	0.770 0	6
	荣昌区	0.171 7	−0.227 5	0.109 5	14
	璧山区	−0.262 5	−0.119 3	−0.224 2	18
	綦江区	−0.614 5	−0.319 5	−0.529 5	28
	万盛经开区	−0.661 3	−1.288 2	−0.684 6	37

表1(续)

区域		经营效益因子得分	经营规模因子得分	综合得分	综合排名
渝东北生态涵养发展区	万州区	0.546 1	2.340 5	0.720 4	8
	梁平县	−0.587 8	−0.142 8	−0.486 8	24
	城口县	−0.783 1	−1.198 9	−0.771 0	40
	丰都县	−0.667 3	−0.679 5	−0.615 4	32
	垫江县	−0.393 2	−0.100 3	−0.326 2	20
	忠县	−0.628 1	−0.328 8	−0.541 5	29
	开州区	−0.438 2	0.671 5	−0.268 5	19
	云阳县	−0.707 8	0.433 6	−0.512 7	27
	奉节县	−0.680 1	−0.430 2	−0.595 4	30
	巫山县	−0.710 9	−1.291 2	−0.724 6	39
	巫溪县	−0.746 7	−0.975 3	−0.714 8	38
渝东南生态保护发展区	黔江区	−0.444 2	−0.324 0	−0.394 1	21
	石柱县	−0.712 4	−0.457 5	−0.624 5	33
	秀山县	−0.233 9	−0.162 9	−0.206 6	17
	酉阳县	−0.748 0	−0.299 0	−0.633 7	34
	彭水县	−0.814 8	−0.004 8	−0.651 3	35
	武隆县	−0.703 1	−0.781 6	−0.656 4	36

注：数据来源于课题组调研资料。

2. 区域间供给效率

五大功能区区域之间供给效率分化明显。如表2所示，2015年重庆市商品交易市场综合发展指数排名前十的区县，除万州区外，全部都集中在都市功能核心区及都市功能拓展区和城市发展新区。都市功能核心区及都市功能拓展区的商品交易市场对全市整体商品交易市场的贡献虽然比去年明显下降，但总量仍然保持在65%以上，反观渝东北生态涵养发展区及渝东南生态保护发展区，其商品交易市场对全市商品交易市场的贡献率仅占10.77%。考虑到未来重庆市专业市场外迁以及在主城区外建设的趋势，渝东北及渝东南地区承接专业市场外迁及其发展专业市场的能力还有待进一步提高。

表 2　　2015 年重庆市商品交易市场区域综合发展排序表

经营面积排名		交易额贡献度排名		就业贡献度排名		综合发展指数排名	
名次	区县	名次	区县	名次	区县	名次	区县
1	九龙坡区	1	九龙坡区	1	九龙坡区	1	九龙坡区
2	江津区	2	渝中区	2	渝中区	2	渝中区
3	沙坪坝区	3	南岸区	3	江津区	3	江津区
4	巴南区	4	巴南区	4	合川区	4	巴南区
5	渝北区	5	大渡口区	5	万州区	5	南岸区
6	渝中区	6	江津区	6	大足区	6	大足区
7	永川区	7	大足区	7	巴南区	7	沙坪坝区
8	万州区	8	北部新区	8	渝北区	8	万州区
9	荣昌区	9	沙坪坝区	9	南岸区	9	江北区
10	江北区	10	江北区	10	江北区	10	合川区
11	合川区	11	万州区	11	沙坪坝区	11	北部新区
12	北部新区	12	永川区	12	涪陵区	12	大渡口区
13	大足区	13	涪陵区	13	永川区	13	永川区
14	南岸区	14	荣昌区	14	荣昌区	14	荣昌区
15	大渡口区	15	合川区	15	开州区	15	渝北区
16	秀山县	16	渝北区	16	璧山区	16	涪陵区
17	涪陵区	17	璧山区	17	秀山县	17	秀山县
18	璧山区	18	开州区	18	垫江县	18	璧山区
19	垫江县	19	黔江区	19	大渡口区	19	开州区
20	开州区	20	垫江县	20	忠县	20	垫江县
21	潼南区	21	长寿区	21	铜梁区	21	黔江区
22	黔江区	22	秀山县	22	云阳县	22	潼南区
23	梁平县	23	梁平县	23	黔江区	23	铜梁区
24	北碚区	24	奉节县	24	潼南区	24	梁平县
25	云阳县	25	铜梁区	25	綦江区	25	北碚区
26	铜梁区	26	南川区	26	北碚区	26	长寿区

表2(续)

经营面积排名		交易额贡献度排名		就业贡献度排名		综合发展指数排名	
名次	区县	名次	区县	名次	区县	名次	区县
27	酉阳县	27	潼南区	27	梁平县	27	云阳县
28	长寿区	28	北碚区	28	长寿区	28	綦江区
29	忠县	29	丰都县	29	北部新区	29	忠县
30	石柱县	30	云阳县	30	彭水县	30	奉节县
31	丰都县	31	石柱县	31	南川区	31	南川区
32	綦江区	32	綦江区	32	奉节县	32	丰都县
33	奉节县	33	酉阳县	33	石柱县	33	石柱县
34	南川区	34	彭水县	34	丰都县	34	酉阳县
35	彭水县	35	忠县	35	酉阳县	35	彭水县
36	武隆县	36	武隆县	36	武隆县	36	武隆县
37	巫山县	37	万盛经开区	37	万盛经开区	37	万盛经开区
38	巫溪县	38	巫溪县	38	巫溪县	38	巫溪县
39	万盛经开区	39	巫山县	39	巫山县	39	巫山县
40	城口县	40	城口县	40	城口县	40	城口县

注：数据来源于课题组调研资料。

（三）供给设施

重庆市物流设施供给滞后，极大制约了专业市场发展。

1. 钢材市场

以九龙坡区钢材市场为例，内环货车限行前，其物流问题主要是在二郎拥堵。内环货车限行后，各堵点的拥堵状况虽然均有所缓解，但还是存在比较严重的问题，主要原因是：①周围没有可依托的大型港口、货运站场等，都是靠公路运输完成钢材集散。②渝遂和成渝高速的大学城隧道、中梁山隧道，交通压力巨大，不能满足货车通行需求，造成大量的货车选择走华福路（内环以外），绕行江津上成渝高速。③绿云等市场周边未被纳入货车限行区域，货车停靠均会选择该片区的道路，车流量大。

2. 五金机电市场

以陈家坪机电市场为例，陈家坪机电市场货物以公路运输为主，市场内现有仓储面积 4 000 平方米，外租仓储面积 5 000 平方米，但是已经不能满足需求。经调查，80%的商户在周边居民小区或其他地方租赁了场地，作为临时仓储使用。同时，市场地处城市核心区，周边已没有可拓展用地。

3. 汽摩配件市场

重庆市汽摩配市场货源主要来自本地市场，其中二手车基本上来自于本地，整车来自重庆、广东、上海等地，汽摩配主要来自于重庆、广东、福建等地。货物出向方面，二手车和整车主要流向主城及周边区县，部分流向云、贵、川等周边省市，汽摩配流向全国和东南亚各地。综合来看，货物流向主城的约为 93%，流向周边省市及区县的约 7%。运输方式主要为公路运输，其中商品车部分采用铁路，汽摩配部分采用铁路与水路运输。

4. 家居建材市场

目前重庆市家居市场仓储用房成本远高于普通仓储，大部分商户在梨树湾、歌乐山、中梁山等地租用临时仓储设施，需周转 2~3 次才能将货物运至马家岩，增加了商户货物仓储管理工作量，出货配送效率大打折扣，对其经营产生了较大的影响，主要经营户搬迁意愿较强。

5. 服装小商品市场

重庆市主城区小商品市场主要集中于朝天门市场群，随着朝天门交易市场群的交易量不断成长，目前的物流状况已经对其发展形成制约，交通压力日益显现，交易环境日趋恶化，市场场地狭小且周边无拓展用地、难以扩容，已无法满足市场发展需要。

6. 农产品综合专业市场

目前，重庆农产品综合专业市场布局，空间上散布于渝中、渝北、南岸、九龙坡和大渡口五区狭长带，其中 80%以上位于都市核心区。从物流网点布局角度看，有两个问题最为突出：一是作为重庆唯一全国性综合性批发市场的观音桥农产品批发市场，处在布局带的边缘，难以发挥带动辐射效应；二是同类专业市场布局凌乱且均是跨区布局，如三亚湾水产品市场和西三街水产品市场，渝南冻品交易市场和万吨冻品交易市场。

（四）供给技术

重庆市专业市场在技术供给，特别是信息技术供给方面仍属于薄弱环节，究其原因，主要有以下三点：

1. 经营意识薄弱

专业市场经营主体发展电子商务意识不足，仅将电子商务与专业市场的结合看成是赚差价的手段，仍采取“传统采购+网络分销”的落后经营方式。没有充分运用信息化技术推进数据获取、商品销售、物流配送、市场管理智慧化。

2. 服务模式单一

就交易方式而言，重庆专业市场的交易结算方式仍以谈判交易、现金交易等摊位式交易为主，交易方式过于单一。这导致了市场交易过程的电子化、网络化程度不足，专业市场存在贸易壁垒，市场辐射范围窄。此外，信息传递，信息化物流运输以及包装、加工配套服务等功能欠缺，管理模式相对落后，使重庆专业市场现有服务模式不能达到发展电子商务发展的要求。

3. 营销机制落后

重庆市大部分专业市场仍然采取传统小批量、单一的市场营销方式。在外部条件不断变化的条件下，该类专业市场在流通时空上表现为低效率、高成本；在品牌建设上表现为品牌分散；在品牌附加值上表现为品牌价值意识不足。这极大地限制了专业市场电商化转型的发展进程。

三、重庆专业市场供给侧改革思路

从上述分析可以看出，重庆市主要专业市场均存在着供给过剩的情况。本课题结合供给侧结构性改革的目标与重庆市专业市场发展实际，认为重庆市专业市场供给侧结构性改革应从增加有效供给、去除无效供给、降低运行成本、补强发展短板四个方面进行。

（一）增加有效供给

推进专业市场物流建设。围绕“三基地三港区”国家级核心物流枢纽，布局打造南彭、迎龙、双福等七大市场集群，引导市场建设标准化、数字化、智能化仓储物流设施。

统筹农产品产地、销地市场建设，加速构建主城—区县—乡镇（社区）农产品市场体系，完善双福农贸城功能，提速建设区县农副产品交易市场，引导乡镇改造农副产品市场。

（二）去除无效供给

引导专业市场规划建设。实施大型专业市场管控发展，防止形成新的产能过剩。积极开展大型商业设施监测预警工作，定期发布预警信息和负面清单。严格实行大型专业市场听证约谈制度，实施《重庆市主城区农产品市场布点规划(2013—2020)》，加快推进都市功能核心区大型专业市场功能外迁，引导市场有序建设发展。

控制专业市场规模过剩。对明显过剩的六大行业市场规模进行总量控制，到2020年，汽摩配件、服装小商品、家居建材、农产品、钢材、五金机电规模，分别控制在1 000万平方米、1 200万平方米、1 400万平方米、800万平方米、700万平方米、600万平方米以内。

放缓专业市场建设增量。严格执行商品交易市场指导目录，主城九区和江津双福原则上不再布局大型专业市场，一旦要新建、续建大型商品交易市场，必须进行听证约谈。对已有市场，还应充分运用市场手段，降低市场空置率、闲置率，提高市场经营效率。

（三）降低运行成本

调整专业市场内部业态。引导主城在内的都市功能核心区市场，逐步淘汰落后的商业业态，实现整体搬迁或者功能分离外迁。稳步推进绿云石都、龙文钢材等市场外迁工作。重点推进朝天门综合交易市场业态调整，坚决淘汰仓储、物流、批发等业态，切实推进新重庆、银星等市场向电子商务、商品展示转型，在外环建设仓储配送中心。

促使专业市场集约发展。鼓励市场改变“圈地建市”、盲目求大等粗放式扩张方式，通过资本运营和品牌输出，形成连锁市场、品牌市场。引导亿联、五洲、义乌、红星美凯龙、建玛特等品牌市场向区县延伸。

实现专业市场智能管理。充分运用信息化技术，推行WiFi全覆盖，移动终端便捷入网，以逐步实现数据获取、商品销售、物流配送、市场管理智慧化，从而更新市场业态、提高市场效率。

（四）补强发展短板

增强专业市场配套功能。增强专业市场的物流配送、金融服务、研发设计、展览展示、咨询服务、电子商务等功能，兴建一批大宗商品交易平台和现代交易中心。

推动专业市场线上转型。利用互联网增强传统商品交易市场的交易撮合、商品集散、价格发现和信息交互等传统功能，增加物流配送、金融服务、展览展示等新型功能，支持专业市场向电子商务园区、物流园区转型。

支持专业市场营运方式转变。改变“卖铺、收租”的传统营运方式，转而提供深化融资、检测等增值服务。

专题三 重庆专业市场电子商务转型与提升路径研究

近年来，快速崛起的电子商务与网络营销，对重庆传统专业市场提出了严峻挑战，有很大的替代威胁。自 2014 年以来，重庆专业市场年成交总额、市场数量、就业人数均呈下降趋势，专业市场存在结构性过剩。此外，传统专业市场原始的经营模式、落后的交易方式与互联网时代人们的消费习惯格格不入，专业市场的发展面临着前所未有的困境。但同时，电子商务的发展又促进了专业市场的品牌扩张、辐射范围扩大、交易成本降低以及经营方式的创新等。顺应“互联网+”大潮对传统专业市场进行升级改造，已成为现阶段重庆专业市场转型升级的必然之路。在此背景下，本研究探讨如何提高专业市场与电子商务的有效融合，实现重庆专业市场电子商务的转型升级。

一、电子商务对专业市场发展的挑战与机遇

（一）电子商务对专业市场发展的挑战

电子商务的迅猛发展给传统专业市场带来了巨大挑战，引发了整个商业模式的变革。电子商务模式下更高的流通效率，更加多样化与个性化的销售模式以及更低的成本对传统专业市场造成巨大的冲击。

1. 打破传统专业市场信息垄断

传统集散型专业市场集中了大量的市场信息，在集中交易的过程中，通过人流、物流的集聚与扩散，从而汇集和传递大量的市场信息，诸多的信息传递环节以及空间距离的扩大，导致市场信息真实度逐渐降低。由于信息不对称、价格不透明，造成假冒伪劣商品盛行以及价格失真等现象。而电子商务的信息传递能力远优于传统专业市场，它依托互联网这个无形载体，可以 24 小时在线交易，又

无须大面积场馆建设，不仅突破了交易的时空限制，同时将生产者和消费者、上下游部门、发货方与收货方紧密联系在一起，减少了供应链中间环节，也减少了信息传递的环节，一定程度上解决了信息不对称而造成的市场失灵现象。电子商务的发展一定程度上打破了时空界限、传统专业市场的信息垄断，使得专业市场原有的地域优势不复存在，因而电子商务的发展对重庆专业市场信息集聚的功能产生很大的冲击作用。

2. 专业市场成本优势逐渐丧失

传统专业市场的出现和发展根本上是因为其具有相对较低的交易成本。资源的大量集中与有效整合，使得原本分散的物流、商流、信息流以及人流等在同一空间内集聚，减少了买卖双方搜索、谈判、实施和交易支付的成本。但是，这种成本受空间影响较大，交易双方距离的远近会造成不同的成本。电子商务虚拟化、网络化的特点使得商品交易不再依赖场地，不仅摆脱了空间的限制，还节省了大量的场地成本；随时在线服务能有效突破时间的限制；同时由于互联网的信息传递及时性特点，使参与交易的买卖双方在极短的时间内寻找到所需信息，且可提供智能化分类等个性化服务。此外，电子商务平台的信息发布、网络广告成本也远远低于传统广告方式，却能吸引更多的顾客流量；借助电子化签约和银行网上结算系统等虚拟交易，相较于传统坐商式交易，节约了大量的时间精力，又可以扩大交易规模，避免现金交易的安全性问题。总体而言，电子商务的综合成本远远低于专业市场的综合成本，其对传统专业市场的替代作用也会越来越明显。专业市场商户面临着利润“天花板”不断下降与市场份额不断缩小的双重冲击。

3. 专业市场载体功能逐渐弱化

专业市场的传统优势是载体功能，大多以现货交易为主，专业市场或利用便捷的交通区位优势，或利用靠近生产产地优势，普遍采取将某一类或几类商品汇集到专业市场，再由专业市场向全国各地分散，专业市场扮演着集散功能的重要角色，逐渐成为专业市场运营中的传统优势。但是，在电子商务的影响下，这种传统优势逐步弱化，经营商户通过自建电商平台或依托第三方电商平台，逐渐分流专业市场的交易，对专业市场的依托性也逐渐降低。目前，部分专业市场内有良好经营能力的商户，已实现品牌化管理和运营，开始涉猎电子商务，通过自建电商平台（如自建官网、自建新媒体 APP 等）或者依托第三方平台电商（如

1688 网站、衣联网等）开展线上业务。同时，智能手机的兴起促进营业商依托移动平台（如微信、订阅号、微博等）的形式开展电子商务的业务。专业市场作为载体的功能优势逐渐丧失，专业市场急需更大程度的转型升级以缓解来自电子商务的巨大冲击与挑战。依托互联网环境下的电子商务与传统专业市场的联动发展，是重庆专业市场积极探索转型升级的新的方向。

（二）电子商务对专业市场发展的机遇

1. 有利于提升专业市场管理水平，发展合作经济

电子商务的引入，可以提高专业市场的信息化水平。一方面，专业市场由传统的专业技术人员管理发展成为依托信息化软件系统进行管理；另一方面，信息化水平的提升有利于完善专业市场的交易服务，由单一的买卖服务发展为支付方式、融资担保、文创设计、网络宣传等多样化服务，进而增加专业市场附加值。专业市场收益由传统的租金收益演变为租金佣金、数据分析、广告宣传、金融投资等综合性收益，极大提升专业市场的附加值。此外，电子商务的运用，颠覆了专业市场原有的商业关系，由竞争、雇佣关系逐渐发展成为合作共赢的合作型经济，电子商务通过对专业市场的整合及商品同质化现象的避免，有利于解决传统市场价格竞争等恶性竞争行为。

2. 有利于改变专业市场交易方式，降低交易成本

传统专业市场一般采取“三现交易”的交易方式，交易过程中对摊位、人力、物力等要求较高，大规模集中交易虽能在一定程度上降低交易成本，但成本仍然偏高。电子商务的引入，促使专业市场由线下实体交易方式发展为线上线下融合的交易方式。借助电子商务便捷的交易方式，能进一步降低专业市场交易费用，更加凸显专业市场传统交易成本优势；此外，电子商务的引入，不仅能提高专业市场交易效率，还能为专业市场提供更多的交易可能性。买方可通过电子商务在复杂的商品信息中快速、准确查找所需商品，商户可由传统的“坐商式”交易转变为流动的“行商式”交易，提升了专业市场商户与买家间的交易可能性。

3. 有利于扩展专业市场辐射范围，促进国际化进程

电子商务作为一种现代化的信息交换系统，利用互联网无边界、无距离、无时限等特点，彻底改变了传统专业市场原有的时空观念，其信息传递不受时间空间限制，对传统有形市场辐射范围的扩展有重要的推动作用。通过有形市场与无

形市场、线上交易与线下交易相融合，打破传统专业市场影响辐射范围的地理空间和交易时间壁垒，专业市场内每个商户均可通过电脑、移动终端等通信工具连接互联网，将最新的产品与业务及时、有效地传递到全球各地，市场触角由狭小区域向全国乃至全球延伸，促进专业市场交易的国际化。

4. 有利于推动专业市场物流发展，加快现代化物流进程

传统专业市场虽通过众多联托运机构或自有物流开展物流服务，但物流格局过于粗放、过程缺乏统一调配、规模普遍较小、服务水平低、物流成本高等现象普遍存在，难以满足市场内商户的低成本、高质量、便捷化物流服务要求。与传统物流相比，现代物流具有管理系统化、运输合理化、仓储自动化、包装服务标准化、装卸机械化、配送一体化、信息网络化等特点。电子商务的引入，有助于我国专业市场较为落后的物流配送体系向现代化物流体系转变，实现全方位升级改造，不断整合、优化专业市场传统托运机构，建立以仓储为主的现代物流配送中心。

二、重庆专业市场电子商务发展现状

（一）重庆专业市场电子商务发展历程

重庆专业市场是于20世纪80年代初，伴随着我国农副产品统派购制度的改革、工业品和生产资料等商品交易的逐步开放以及乡镇企业、家庭工业的崛起，在传统集贸市场基础上产生和发展起来的。最初的重庆专业市场大多以农产品为主，具有规模较小、专业化程度较低、设施简陋等特点，如大足龙水花市街市场（1981）、九龙坡玉清寺菜市场（1984）、长寿凤城农贸市场（1992）以及沙坪坝金属材料现货交易市场（1997）等。在直辖后的十年时间里，重庆专业市场进入数量和规模急剧扩张时期，市场专业化程度迅速提高，市场商品细分明显，交易品种范围不断扩大，逐渐成为重要的流通渠道和经济发展的依托。而重庆专业市场电子商务的发展始于21世纪初，此时重庆少量专业市场如龙文钢材市场、朝天门批发市场、重庆外滩摩配市场等开始积极探索电子商务发展模式。发展大致分为两个时期：

1. 萌芽阶段（2003—2009年）

伴随着传统专业市场扩张受阻，市场流量规模限制等因素的制约，重庆专业

市场不断涌现出定位不准、重复建设、功能弱化等问题；此外，20 世 90 年代以来，由于信息技术的快速发展，尤其是融合信息技术的连锁、大卖场等新型零售业态的出现与互联网的普及，进一步加剧了传统专业市场的发展危机。21 世纪初，沿海地区如浙江省涌现出大批以专业市场为依托发展的行业网站，以其良好的经济效益和社会效应引起了重庆专业市场的关注，为重庆专业市场与电子商务的融合发展提供了借鉴经验。在经历了数年市场数量的快速扩张后，重庆专业市场进入由数量扩张型向质量效益型转变的阶段，其在成交额、市场范围、市场规模、设施水平等方面取得重要进展，市场规模与效益显著提高。同时，部分专业市场开始触网，以龙文钢材市场为例，2003 年龙文钢材网络平台成立，标志着西南地区钢材专业市场开启电子商务时代，该市场依托独特的交通优势，如今已形成占地面积 13 万平方米，成交额达 100 亿元的大型钢材专业市场。该阶段重庆触网的专业市场主要是发挥电子商务信息集聚功能，增强信息搜集能力与扩散能力，进而增加市场线上线下流量，扩大市场规模。

2. 快速发展阶段（2010 年至今）

经过近十年的专业市场电商化模式的探索及互联网日益普及，重庆专业市场电子商务进快速发展阶段，其中多以大中型专业市场为主，如南坪医药市场依托重庆药交所医药电子商务平台，积极开展药品及医疗器械等网上交易，同时着力打造医药“线上线下”交易一体化市场群，成为年交易额达 300 多亿元的大型医药用品及器材专业市场。由于小型专业市场不具备雄厚资金实力且管理模式相对落后，实践电子商务的难度较大，其专业市场电子商务开展进程十分缓慢。

（二）重庆专业市场电子商务发展基本特点

重庆专业市场发展电子商务至今已十余年，整体呈现出实体市场为主电商为辅，线上线下融合发展的现状特征。具体特点如下：

1. 各类市场纷纷触网

在“互联网+”发展浪潮下，重庆各类专业市场纷纷触网。如南坪医药市场创建医药电子商务平台，朝天门市场成立的“朝天门网”电子商务门户网站，菜园坝外滩摩配市场建立电子交易所以及菜园坝水果市场打造香满园电商平台等，由表 1 可知，重庆各类专业市场积极开展电子商务，电子商务与各类专业市场加快融合，对重庆专业市场的品牌知名度、营业水平、市场整改等方面均有明显的促进作用。

表1　　重庆部分专业市场发展电子商务情况

序号	专业市场名称	专业市场类型	触网时间	现使用网络平台	平台类型
1	龙文钢材市场	钢材市场	2003	重庆金属材料电子商务平台	第三方服务平台
2	朝天门批发市场	日用品及小商品市场	2006	朝天门网	自建平台
3	菜园坝摩配市场	汽摩及配件用品市场	2007	电子交易所	自建平台
4	南坪医药市场	医疗用品及器材市场	2010	重庆药交所医药电子商务平台	自建平台
5	菜园坝水果市场	其他市场	2011	香满园电子商务平台	第三方服务平台
6	荣昌生猪交易市场	其他市场	2013	猪交所	第三方服务平台
7	和润国际汽摩城	汽摩及配件用品市场	2013	重庆跨境电商汽摩产业园	第三方服务平台
8	重庆华南城	其他市场	2016	华南城网	自建平台
9	重庆建马特建材市场	家具家居及装饰建材市场	——	建马特购	自建平台
				灯巢网	自建平台
				超级腕	第三方服务平台

资料来源：重庆市商委公众信息网、重庆商贸之窗网站。

2. 电商化专业市场集中于主城区

重庆电商化专业市场多集中于都市功能核心区与拓展区，城市发展新区、渝东北、渝东南等地区专业市场电商化程度极低，部分区县专业市场甚至未涉足电子商务。通过表1也可发现，电商化专业市场多集中于主城区，区县仅有荣昌生猪交易市场实现了电商化。专业市场的布局也对其发展电子商务有着重要的影响。据课题组调研数据统计，2015年主城区专业市场年交易额占全市总交易额约60%，各类专业市场龙头企业也集中于主城区，主城区专业市场较其他区县而言，规模相对突出。此外，主城区人口密度大、人口相对集中、客流量大以及专业市场发展电子商务所需的基础设施建设相对完善，这诸多因素使得主城区专业市场发展电子商务更具有优势，其他区县专业市场电商化发展则相对困难。

3. 电商化专业市场线上交易额比重低

目前，重庆已实现电商化的专业市场中普遍存在着网上流量不足、网上交易额占总交易额比重较低等现象。以重庆（荣昌）生猪交易市场为例，截至2016年7月末，生猪交易总额已突破100亿元，但网上挂牌售出的比重仅占10%左右，网售比重较低。重庆菜园坝水果市场 2015 年销售总额为 27.5[①] 亿元，但通过香满园电子商务平台网售的交易额仅为 2 亿元左右，占总交易额比重的 7%左右。网售比重过低严重制约专业市场电子商务的发展，在实体专业市场发展受阻形势下，如何提升专业市场电子商务交易的比重已日渐成为制约重庆专业市场电商化的瓶颈。

4. 专业市场电商化模式丰富

（1）B2B 模式

工业品、牲畜等大宗商品交易市场一般采取的是 B2B 模式，如重庆（荣昌）生猪交易市场、重庆龙文钢材市场和重庆外滩摩配市场等。以重庆龙文钢材市场为例，该市场主要以企业对企业之间的交易为主要业务范围，为经营商与采购商之间提供电子商务平台，使双方能便捷地进行数据信息的交换、传递，开展交易活动；同时通过 B2B 网站将商户与采购商之间紧密结合，利用网络传递快、精准的特点，为客户提供更及时更完善的服务，从而促进市场整个业务的发展。

（2）B2C 模式

经营日用品、小商品以及服装纺织等的专业市场，多采用 B2C 模式为主导的电子商务模式。如重庆朝天门市场于 2013 年打造的“朝天门网”，是典型的以 B2C 作为主导方式的电子商务经营平台。该平台基于朝天门实体专业市场，整合线上线下资源，集网上订购、网上支付、宣传推广、电子银行、物流配送、售后服务于等功能于一体，致力于为商家与消费者提供“一站式”电子商务服务。

（3）B2B+B2C 模式

重庆部分专业市场在发展电子商务的过程中，采用了 B2B 与 B2C 相结合的模式，如南坪医药专业市场。该市场依托重庆药交所电子商务平台开展 B2B+B2C 业务。B2B 业务主要为市场内商户与医药企业、诊所药店之间进行互联网交易，同时针对市民分期开展药品、保健品、中药材、医疗器械、化妆品、原料药等 B2C 模式的产品交易。

（4）O2O 模式

线上与线下相结合的 O2O 模式也是重庆专业市场电商化过程中的典型模式，通过互联网与实体店完美对接，实现互联网落地。以重庆建马特建材市场为例，

① 数据来源：课题组调研数据。

由建玛特家居集团打造的建玛特购网（www.janmart.cn）是一种O2O家居建材综合服务平台。其特色是完全按门店楼层搭建，为建玛特合作商家搭建的线上移动商城展示，为广大的消费者提供便捷、简单、优惠的购物环境。同时，建玛特购网利用互联网平台，将电子科技技术与实体营销运营兼容结合，消费者在网上了解商品信息，足不出户便可完成意向选购，到实体店验收后再确定交易，实现线上线下O2O融合。

5. 专业市场电商平台构建主体多元化

（1）市场内商户与第三方电商平台合作

目前重庆部分中小型专业市场的商户参与了同第三方电商平台合作业务，如阿里巴巴1 688平台开通了专业市场专栏，凭借强大的资源优势与影响力为入驻该平台的商户提供较大的宣传力度，提高专业市场经营户的网上客流量，但平台内行业过度集中，信息较泛，平台无法为每个商户提供深入的垂直搜索服务。

（2）专业市场自建网站

重庆大型专业市场多以自建电子商务网站的方式，服务市场内经营户。如龙文钢材市场自行研发的重庆金属材料现代物流公共信息平台，对金属材料电子交易及相关配套功能（包括仓储、加工、物流配送等）提供网上平台和信息化增值服务。该模式充分利用了所在专业市场的资源，实现了物流领域信息流、物资流、资金流的融通，实现了真正意义上的金融物流，降低了物流总成本，实现了钢铁行业信息物流现代化的目标，提高了专业市场的综合影响力，加强了市场周边辐射。

（3）依托中外共建跨境电子商务平台

重庆巨龙钢材市场已迁入西部物流园并正式投入运营，凭借西部物流园区位优势和物流条件，尤其是中国—土耳其跨境电商平台的入驻，为市场开拓新的流通渠道。该跨境电商平台是双语平台，消除了语言障碍。同时借助平台的功能，缩减了跨境贸易的成本和贸易摩擦。此外，巨龙钢材市场产品出口至土耳其的时间也大大缩减，提升了贸易速度。跨境电子商务业务的开展，加快了巨龙钢材市场等专业市场跨境贸易的进程。

三、重庆专业市场电子商务发展的典型案例

（一）给生猪插上会飞的翅膀——国家级重庆（荣昌）生猪交易市场

重庆（荣昌）生猪交易市场（即猪交所）是农业部和重庆市政府共同建设，于2013年1月在重庆市荣昌区挂牌，2014年4月17日上线试运行，同年5月20日正式上线，是首个国家级生猪交易大市场。据荣昌区召开的2016年上半年经济形势分析会得知，2016年1月至7月，重庆（荣昌）生猪交易市场累计交易额突破100亿元。其中生猪交易额91.5亿元，交易量430万头；仔猪交易额8.5亿元，交易量146万头。截至2016年8月，整个市场的客户已发展到2 000余户，市场挂牌量近300万头，挂单金额近30亿元，交易交割163万头，交易金额约11亿元。预计重庆（荣昌）生猪交易市场2016年的交易量将突破1 000万头，实现交易额200亿元，并于2020年达到1 000亿元。

重庆（荣昌）生猪交易市场的成功转型开创了全国的先河，其独有的模式也为全国生猪交易方式的转变提供了宝贵的经验。荣昌生猪交易市场电商化改造主要采取生猪活体电子挂牌交易、活体RAT竞拍（反向竞价）交易两种模式。其中生猪活体挂牌营销，将传统的生猪活体直接交易，转变为网上交易，形成了有形市场与无形市场、线上交易与线下交割相融合以及摊位交易与物流配送相衔接的生猪交易市场新模式。在买方主导的反向竞拍交易中，采购商会先选定部分"资质合格供应商"。在确定生猪需求量、品种等要求后，通知选定的供应商在约定时间内，通过猪交所平台，进行竞价采购，实现异地的集中竞价。其模式主要有以下特征：

1．挂牌交易以稳定市场价格

为有效管理生猪市场风险，抑制生猪价格大起大落、暴涨暴跌，国家级重庆（荣昌）生猪交易市场采取生猪活体现货挂牌交易模式，该模式采取自主填报、智能搜索、点击成交、批量处理、实物交割、违约赔偿的运作方式，将生猪活体供求信息按照生猪活体产品质量标准参数放到互联网平台。生猪交易商进入平台即可了解市场交易价格信息，发布供求信息，并进行交易。保证金制度设计为在线信息发布、订立电子合同、实现线上交易提供安全保障。

生猪活体线上挂牌交易致力于给养殖户、贩运户、屠宰加工企业及政府决策

一个更加可靠的生猪市场价格信息，促进生猪产业的持续健康发展。养殖户通过电子交易平台可以实时了解生猪市场价格行情，自主决定买卖，一定程度上也可以有效调整其养殖周期；生猪经营户、屠宰加工企业同样可以实时了解生猪市场价格行情，可在线方便快捷地与养殖户直接沟通，自由竞争交易。同时，在线交易买卖主体明确，为生猪及其产品质量安全责任提供了可靠依据。

2. 溯源系统保证猪肉安全

据悉，一头荣昌猪从养殖场进入屠宰场，要经过多次检疫才能进入餐桌。首先，生猪出栏要经过当地畜牧站的动物检疫，检验合格才可进入屠宰场。其次，生猪屠宰后，会进行统一编号，再开展头部检查和胴体检查。最后，对猪肉采样进行瘦肉精和血吸虫的检验。荣昌猪从猪仔开始便挂上二维码耳标，方便消费者在"养殖—屠宰—零售"的每一个环节，都能通过扫二维码查询每头猪的防疫时间、免疫病种及相应养殖户简介等信息。该 RFID 质量追溯系统不仅实现了猪肉供应链的养殖、屠宰、销售等诸多环节的信息采集，而且极大地促进了养殖户生猪养殖的安全化、标准化进程。

3. 电商平台促进生猪品牌化进程

中国农业品牌研究中心庄庆超研究评估，荣昌猪品牌价值约 22.3 亿元，居全国地方猪种榜首。猪交所通过互联网社群营销和事件性营销方式推广荣昌猪品牌，以 O2O 模式快速构建荣昌猪肉销售网络，并利用追溯系统确保猪肉安全，提升当地生猪品牌影响力；此外，重庆（荣昌）生猪交易市场还连接全国生猪贸易商和屠宰加工企业，通过跨省调运将当地品牌猪卖往全国，通过建立交易市场全国生猪优势产区，在吉林省梨树县、河南省济源市、河北省唐山市、河南省周口市、四川省中江县设立分中心，以引导全国生猪产业良性发展。

（二）摩配市场电商化先行者——重庆外滩摩配专业市场

重庆外滩摩配市场成立于 1998 年，地处重庆菜园坝"外滩商城"，紧临重庆菜园坝火车站、长途汽车站及水运码头，交通极其便利。截至 2015 年 12 月，市场经营面积 46 000 余平方米，仓储面积近 20 000 平方米，停车场 5 000 余平方米，市场内固定经营户为 689 户，年交易总额 33 亿元，已发展成为西南地区乃至全国规模最大、品种齐全、管理规范的专业化摩托车配件交易市场。该市场通过电子商务与市场的深度融合，已将重庆摩配专业市场打造成集企业集群供应与采购、商品展示、电子商务、现代物流于一体的现代专业市场和产业综合性服务平台，成为具有绝对竞争力的国际化摩配采购中心。

重庆外滩摩配市场发展电子商务近十年，通过不断的改进与升级，已形成较为成熟的专业市场电商化模式，是重庆市专业市场发展电子商务较成功的经典案例。其特点主要有：

1. 市场管理者自建服务型平台

重庆外滩摩配专业市场内经营户多为个体户或代理商，自身不具备建立电子商务平台的资金实力与广告影响力，则该市场业主单位通过建立电子商务平台服务市场内经营户。相较于第三方电商平台（如 1 688 平台等），市场管理者自建电商平台在了解市场内的经营户的情况、保证货物的质量、稳定市场内秩序以及协调各方关系等方面拥有明显优势。

2. 精细化电子商务平台建设

重庆外滩摩配市场电商化平台建设分为四部分，即电子交易平台建设、第三方支付平台建设、第三方物流平台建设及网络化办公与管理平台建设。电子交易平台的建设实现了线上销售管理（主要为 B2B 模式和 B2C 模式）和订单管理等功能；第三方支付平台的建设，实现了卖家货款发货和买方验货付款管理等功能；第三方物流平台的建设，实现了仓储、物流配送管理等功能；网络化办公与管理平台的建设，实现了人员办公、管理及平台维护等功能。精细化电子商务平台的建设，加快了重庆外滩摩配专业市场的电商化进程。

3. 完备的电子商务运作模式

重庆外滩摩配市场管理者对入驻平台的经营户收取广告费、会员费、担保费以及仓储费等，以维持日常运营开支与发展资金；采取严控平台经户商品质量、提高平台准入标准及提高线上支付安全性等方式，确保线上交易安全可靠；降低物流存储、运输、信息等费用，以减小库存积压、降低库存风险；提高物流交易效率等降低了三类物流成本。重庆外滩摩配市场完善的电子商务运作模式实现了市场盈利、交易安全和物流低成本等目标。

四、重庆专业市场发展电子商务存在的主要问题

重庆专业市场自 1981 年形成之后，历经 30 多年的不断发展与升级转型，取得了令人瞩目的成绩，但仍面临着诸多问题与挑战。重庆专业市场关于发展电子

商务的探索也有十余年，但整体而言，重庆专业市场以数量扩张为主要增长方式的模式并未有实质性的改变，电商意识薄弱、应用能力不足、电商化改造所需空间不足、现有专业市场服务模式单一、专业市场品牌建设落后等突出问题，日渐成为重庆专业市场发展电子商务亟待解决的重要难题。

1. 市场与经营户电子商务意识落后

重庆专业市场多以传统平台视角（如三现交易等）发展电子商务平台建设，对市场内经营户实际需求把握不足，仅在传统专业市场基础上披上电子商务的外衣，为了短期利益和政绩工程而盲目创建电商平台，电子商务配套功能落后，专业市场内经营户缺乏电子商务培训，整体运营效果不理想。此外，部分专业市场电商化作用意识不足，仅将电子商务与专业市场的结合看成是赚差价的手段，仍采取“传统采购+网络分销”这种落后单一的经营方式，不符合电商化市场须同时具备平台操作能力及较强的市场营销、品牌运营、各类管理等专业知识和操作能力的要求，生搬硬套不仅不利于推动重庆专业市场的转型发展，甚至会严重阻碍重庆专业市场电商化的进程。

2. 专业市场空间布局不合理制约电商化进程

重庆专业市场建设过快的速度与过度的规模，在部分地区和市场类别中已超出消费承载力与市场需求。当前，重庆大部分商品交易市场投资主体单一，缺乏同时具备商户渠道资源、物流配送资源、市场运营经验的企业参与市场开发。重庆 40 多个在建专业市场项目中，位于城市发展新区约占一半，加上原有的专业市场，极大程度地加剧了该地区专业市场竞争压力及市场混乱现象。此外，部分区县过度强调加强周边地区的辐射作用，而忽视了合理空间布局的重要性，脱离了追求市场功效最大化目标，导致市场定位模糊，同质化现象十分严重，存在低水平重复布局的不合理现象。部分地区在原有专业市场几近饱和的情况下，又规划布局大型同类市场，而部分适宜集中规划发展的专业市场，其空间布局反而呈现过度分散的状态。根据市商委统计数据得知，重庆多数专业市场年交易额集中在 5 亿元以下，反映出专业市场单体规模较小，也反映出专业市场布局散乱等现象。空间布局的不合理造成专业市场电商化升级转型（如电子商务园区建立与集聚化改造）变得尤为困难。

3. 现有服务模式不适应电子商务的发展要求

重庆专业市场自 2003 年以来不断调整转型，由数量扩张转向质量提升，市场规模与效益均有显著提升。但就交易方式而言，重庆专业市场的交易结算方式仍以谈判交易、现金交易等摊位式交易为主，交易方式过于单一。尤其是纺织服装鞋帽市场与日用小商品市场等专业市场，多采取“坐商式”交易方式，未实行统一结算服务，信息化水平落后，市场交易过程的电子化、网络化程度不足，专业市场存在贸易壁垒，市场辐射范围窄。据有关部门抽样调查显示，全市商品交易市场中应用电子订货系统的市场不足2%，运用电商购物系统的市场也仅占6%左右，专业市场触网的比例更是微乎其微。此外，信息传递，信息化物流运输以及包装、加工等配套服务功能欠缺，加之管理模式相对落后，使得重庆专业市场现有服务模式不能满足电商化发展的需求。

4. 传统营销机制不利于电商化专业市场品牌建设

重庆直辖以来，产业结构不断优化调整。但部分专业市场仍呈现出创新不足、营销方式落后、品牌化程度低等现象。仅少量的大型专业市场营销方式较为先进，基本实现品牌化，业务范围扩展至国内外。而大部分专业市场仍然采取传统小批量、单一的市场营销方式，在外部环境不断变化的情况下，该类专业市场在流通时空上表现为低效率高成本；在品牌建设上表现为品牌分散，即便实施电子商务品牌推广，也不具备竞争力；在品牌附加值上表现为品牌价值意识不足，挖掘程度不够等。重庆专业市场的营销机制不仅要适应新形势，更要主动对接电子商务品牌化市场建设的需求。如何利用电子商务进行专业市场品牌化建设，提高品牌价值成为重庆专业市场发展电子商务的重要突破口。

五、经验借鉴：自有平台+第三方电商平台的“杭州四季青服装批发市场”与专业市场自建网站式的“徐州宣武小商品批发市场”

重庆专业市场发展起步较晚，并受到电子商务的巨大冲击，市场的外部环境正发生重大变化，传统专业市场的功能与地位日趋弱化，专业市场与电商融合已成趋势。国内如浙江、广东、江苏等地部分较成熟的专业市场与电子商务融合发展的成功案例，为重庆专业市场电商化转型与发展提供了宝贵的经验。

（一）自有平台+第三方电商平台——杭州四季青服装批发专业市场

杭州四季青服装批发专业市场以批发为主，占地面积约50 000平方米，拥有营业房3 000间。市场于1989年创办以来，交易规模日益扩大，营销网络遍布全国、东南亚与欧美市场。该市场配套完善，通过加入阿里巴巴1688网站的云市场以及创建移动端App等电子商务模式，有效解决了信息流、资金流、物流间的脱节与断层，是纺织服装鞋帽类专业市场开展电子商务的成功典范。其电商化模式如下：

1. 自有平台良好发展

杭州四季情服装批发市场自有平台主要以B2B模式的信息与交易平台为主。早在2002年，四季青服装批发市场便以专业市场为主体，推出四季青网上服装市场，提高了信息查找便捷度与资源整能力。2005年成立“四季青服装批发网”（www.SJQ.cn）专业网站，实现网上批发与交易功能。2008年，四季青服装集团成立专门的网络科技有限公司，拓宽了电商业务渠道。2014年9月，四季青网络科技有限公司研发出“摩街”App——专业性服装批发电商平台，很好地整合了四季青的上游商户与下游批发商户，实现双方线上交易。至今“摩街”App已拥有“自产自销”独自品牌的商户1 000多家，短短的一年时间便实现线上交易额1亿多元。截至2015年四季青服装集团通过PC端的“四季青服装网”+手机移动端的“手机四季青”，实现网上批零总额达20多亿元，比上年同期增长12%。

2. 第三方电子商务平台优势明显

相对于其他形式，网店的优势在于更加便捷，日均客流量较大，所以杭州四季青服装批发市场内有60%以上的商户在淘宝网进行网店销售服装类商品。由于四季青服装市场是生活资料类的专业市场，价格也相对低廉，在C2C的网络平台上具有较大的优势。此外，随着中纺中心服装城与杭派精品服装市场入驻第三方电商平台阿里巴巴旗下1688云市场，实现了货源与1688云市场的线上线下融合，并借助于第三方电商平台，实现了线上交易额迅猛增长。云市场的出现，不仅在一定程度上解决了市场供需矛盾，缩短了买家进货时间，增加了利润，其不受时空限制的特性还为专业市场内商家拓宽了客户渠道。此外，云市场拥有的第三方平台大数据也为专业市场在商户的管理、营销培训及市场配套等方面提供了极大的便利。

（二）专业市场自建网站式——徐州宣武小商品批发专业市场

徐州宣武小商品批发专业市场建立于1985年，经过30余年的不断升级，已由原始的地摊市场发展成为占地近13.33万平方米，营业摊位10 000余个，从业人员近20 000人的大型日用小商品专业市场。主要经营服装、鞋帽、针织、百货、箱包等 17 大类商品，日均客流量 6 万余人次。2006 年宣武商贸城建成，是集高档商品展示、电子商务、写字办公于一体的商贸中心。目前为苏、鲁、豫、皖等接壤地区最活跃的小商品批发专业市场。

电商的迅猛发展，对徐州宣武小商品批发市场这类传统专业市场的冲击非常明显，特别是其中小型日用品市场有被分化和淘汰的趋势，发展电子商务促进专业市场提档升级迫在眉睫。徐州宣武小商品批发专业市场通过专业市场自建网站的方式，以宣武小商品专业市场为依托，通过自建电子商务平台实现 B2B、B2C 在线交易，并利用电子商务独有的交易平台、支付中介以及搜索引擎等配套功能，提供较完善的电子商务服务平台与信息传递，从而收取交易佣金与网络广告费用。这不仅推动了专业市场充分发挥品牌效应、规模效应，又拓展了市场空间，增强了市场辐射能力。

宣武小商品专业市场网站运营步骤具体分三步：

（1）专业市场网站信息的发布

按市场目前覆盖的行业分栏建立网上市场信息查询网页，以便于商家快速查询自身行业的最新动态；由专业人员搜集相关商业网站的网址，建立多组导航网页；建立网上销售查询网页，供外部商家或用户查询宣武网站的商品信息。

（2）全面建立宣武网站电子商务的各个子系统

建立基于 B2B 的电子商务子系统，实现网上采购、网上批发、网上交易、网上结算等功能；建立基于 B2C 的电子商务子系统，开发虚拟市场和虚拟商店网站的网上商品展示、网上商品零售、网上支付和结算等系统；建立网上商场管理系统，包括开发商家财务管理、订单与合同管理和经营决策系统。这些用以解决电子支付、物流配送、网络安全等问题。

（3）线上线下相融合

将宣武商贸城 1~5 层 5 万平方米的 2 500 间商铺，作为线下实体体验店；7~22 层共计 7 万平方米，定为线上交易区，整体打包为电商园区。通过大力引导市场商户积极“触电”与优化体验功能、完善配套功能相结合，进一步实现线上交易、线下体验 O2O 营销模式的有效融合，以电商发展推进市场转型升级，提升交易能力和辐射水平。

此外，宣武商贸电商产业园的建成，实现了电商、实体销售、科技、创业平台等资源的有效整合，市场经营结构得到优化，畅通了上下游供应链，提高了商户交易效率，有效拉动了市场产业链的延伸，引领宣武小商品专业市场迈向新的台阶。宣武集团还计划2016年底将宣武商贸电商园打造成“省级电子商务示范基地”，并培育几家“省级电子商务示范企业”，力争2018年实现电商经营比例达80%以上。

六、重庆专业市场电子商务转型与提升的路径

面对电子商务对专业市场的冲击，重庆专业市场应努力培养市场管理者与商户的电商意识，提升电子商务应用能力，并借助电子商务合理布局专业市场，实现市场与企业的信息化，提升市场服务能力，促进专业市场与电子商务融合发展，进而实现专业市场向现代新型专业市场方向转型升级。

（一）以电商推进专业市场与企业的信息化

电子商务的运用可推动专业市场成为专门为企业的流通活动提供信息服务的行业，使其信息流职能得到强化，即加快了专业市场信息化进程。同时，不断完善重庆专业市场信息化基础设施建设、加强电子商务的宣传和推广力度、提高管理部门和经营商户对电子商务的认识，从而使专业市场能制定出相应的电子商务发展长远规划，促进电子商务在专业市场领域的合理运用与渗透，致力于将其打造成产品供求信息、价格信息和物流信息等的集聚中心，并积极实施实体专业市场电子化交易及统一结算服务逐步取代传统的“三现”交易方式。此外，以电商推进企业尤其是大中型企业的信息化建设，又可为实现专业市场信息化提供稳定的体系支撑。利用电子商务的优势，促进企业供应链的优化升级，加快推进传统生产企业建立和完善企业网站，或依托第三方网站开展网络营销，提升电子商务的整体发展水平。

（二）促进电商与专业市场布局互动升级

目前，重庆专业市场布局模糊、市场定位不明确等难题亟待解决。政府应加强专业市场的合理布局，制定相应的发展规划，根据不同专业市场的特性，分别进行相应的发展与布局，为专业市场电子商务转型升级提供合理的空间基础。同时，政府也可借助互联网功能增强对重庆市专业市场精细化布局的能力，推动专业市场布局与电子商务两者之间的互动发展。如城市发展新区在建部分物流中

心，存在着盲目建设以及过度分散布局等现象，政府可以引导电子商务与物流中心专业市场的融合发展，促进分散物流的集中化，实施一体化配送服务，促进物流资源的整合，降低物流配送成本。

（三）以电商提升专业市场服务能力

重庆传统专业市场与电子商务虚拟市场间具有一定的替代性和互补性。交易由传统的批发流程向全新的线上线下融合的模式转变，实施“网上下单、网点自提”“线上交易，线下体验”等经营模式，极大地突破了专业市场传统辐射能力与市场空间的限制，时空限制不再是制约重庆专业市场发展的主要因素。随着电子商务与网络购物的迅速发展，加之移动支付的兴起，网上交易市场呈现出日益繁荣的景象，实体市场与虚拟市场相互融合、专业市场与电子商务有机联动发展成为专业市场多元化发展的新思路。此外，须提升物流服务能力。传统“坐商式”交易方式未从根本上解决，一定程度上与现代化物流体系不健全，经营户与消费者之间物流衔接不完善等因素有关。重视现代物流体系的建设，构建集约化、专业化、网络化、信息化的先进物流体系，为专业市场提供完善的物流基础服务，提升物流服务水平，合理布局现代物流配送中心，利用主城区较完善的物流服务体系，辐射周边的区县，以一体化配送模式取代传统的托运方式，现代化物流的推进也可促进传统交易方式的转变。同时，有条件的专业市场专业可通过自建网站的方式扩大服务范围以及市场辐射范围，为商户提供电子商务服务平台与信息获取平台，分析整理所采集的商品成交价格信息、产品供求信息以及相关政策信息，以信息指数等形式对外发布，为专业市场内经营者提供综合专业的信息服务。

（四）以电商提高专业市场品牌价值

如今，重庆专业市场商品种类同质现象普遍，品牌便成为消费者购买商品的重要对比条件，商品竞争已经进入了品牌竞争的时代，拥有强势品牌就会拥有更多的流量关注和更强的竞争力。电子商务与专业市场的联动发展不仅能吸引更多的线上线下顾客流量，更能扩张市场品牌，提升市场综合影响力。因此，利用电子商务独有的特点，提升专业市场品牌价值已成为重庆专业市场转型发展的又一有效路径。具体做法一：大市场先行，小市场紧随。网络越来越碎片、网上消费者行为越来越长尾化。可针对重庆大型专业市场依托电子商务平台进行重点品牌的曝光，提升品牌影响力，小型专业市场紧随大市场，依托大市场品牌影响力与电商平台的辐射能力，深耕细作，共同提升专业市场品牌价值。具体做法二：电商终端维护，整合推广。互联网时代的信息更全面且维度更广，专业市场对外传播要统一，从定位形象、品牌符号、产品形象、理念精神、传播口号这些方面做到整合推广，做到统一的品牌形象及独特的广告主张。具体做法三：电商促沟通，维护消费群体。电子商务时代的消费者更注重于搜索和分享，企业不仅依赖广告提升品牌知名度，更应利用网络整体营销手段及微信、微博等移动终端保持与消费者良好沟通，稳定消费群体。同时消费者历史评价对于初次购买者具有重要的参考价值，专业市场因确保商品的质量，维护市场品牌形象。总之，重庆专业市场在致力于培育和提升市场整体品牌形象及市场内企业、产品的品牌知名度的进程中，应将电子商务贯穿品牌诊断→品牌定位→品牌战略化选择→品牌识别设计→品牌传播推广→品牌维护提升的全过程，逐步加强重庆专业市场、企业、产品的品牌化建设，提升品牌的价值空间。

（五）加强专业市场电子商务人才培养

一方面，重庆专业市场要与电子商务联动发展要重视对市场管理者与经营户电商意识与能力的培训，提升市场从业人员开展电子商务业务的水平。充分认识到培养人才队伍的重要性，着力培养促进专业市场电子商务转型的专业人才队伍。具体做法有：制定针对市场管理者与商户的人才培养战略，加强电子商务意识培养和专业培训，举办各种形式、各种层次的培训班，形成多元化、多层次的专业市场电商化培训教育体系。另一方面，加快培养既懂商贸又具备电子商务应用技能的人才，引导电子商务类在校生与毕业生到具备电商化的专业市场实践、实习和就业。同时，重庆部分大型专业市场还可依据自身实力创立专业市场电子商务创业园，吸引专业人才入园区创业，扩大人才集聚效应等。

专题四　重庆都市功能核心区大市场外迁报告

市场外迁是市场自身发展、城市产业升级的必然趋势。近年来，随着重庆五大功能区域发展战略和主城区绕城高速公路区域发展战略的实施，绕城高速公路沿线一大批新兴商品交易市场相继建成，都市功能核心区商品交易市场优化调整、关闭搬迁步伐加快，但是总体进展缓慢、分流回流严重，加剧了核心区人口和交通承载压力，造成了二环沿线市场培育困难、空置严重，不仅影响了重庆商品交易市场的健康发展，更制约了重庆作为国际性大都市商业业态的提档升级。《重庆市国民经济和社会发展第十三个五年规划纲要》要求，重庆在“十三五”期间“基本完成都市功能核心区大市场外迁”。为确保外迁任务顺利完成，本文主要从内环功能型市场外迁、外环承接地市场培育、外迁市场旧址改造转型三方面对市场外迁问题进行阐述。

一、外迁背景

（一）市场提升的需求

随着重庆城市建设规模的快速扩张，早期建成的各类功能型市场所在地已逐渐成为城市核心区，大多设施简陋、产权复杂、业态落后，仓储、电梯、消防、停车位等配套设施缺乏，消防隐患突出，受交通、环保、消防等环境条件的约束越来越强，拓展空间十分有限，极大地阻碍了市场自身的健康发展，成为城市产业布局与升级发展的障碍。核心区大型市场的调整搬迁，已成为顺应市场发展和城市产业布局调整要求的必然趋势。

（二）城市发展的必然

近年来，城市发展迅猛，人口急剧膨胀，人口和交通使得城市承载压力巨大，位于城市核心区以现场、现货、现金交易为特征的传统市场大量存在，低端产业占据着黄金地段。交通拥堵、秩序混乱、消防隐患严重、市场管理困难，引导市场外迁成为各大城市的共同行动，如北京正在推进动物园批发市场等市场外迁到周边省市，疏解北京非首都功能。随着重庆五大功能区域发展战略的深化拓展，核心区作为全市政治经济、历史文化、金融创新和现代服务业中心功能，建设高端要素集聚、辐射作用强大的国际化大都市风貌展示区，需要凸显国内重要功能性金融中心的核心载体和重庆历史文化名城、美丽山水城市、现代化国际大都市的展示“窗口”等定位，市场外迁发展是核心区产业升级、城市功能提升的必然趋势。

（三）政府规划的引领

2010年以来，市政府相继出台了一系列文件，实行“内客外货”布局，宣告重庆经济全面进入二环时代，依托物流基地、物流中心，在绕城高速沿线规划布局了一批大型市场，并实施“货车限行”办法，推动核心区市场外迁。原有重庆东、梨树湾等铁路货运站的逐步关闭，也迫使依托铁路货站布局的专业市场搬迁和整合提升。

表1　2010年以来重庆市政府有关市场规划与外迁政策表

序号	文件名称与文号	涉及内容摘要
1	《关于加快建设长江上游地区购物之都的意见》（渝府发〔2010〕104号）	逐步将主城内环以内的批发市场向外环周边转移。主城区要结合内环区域旧城改造和大型专业市场搬迁调整，加快“绕城高速公路物流带”规划建设，建设全国性大型批发市场集群，完善城市物流配送体系，逐步增强国家中心城市集聚辐射能力
2	《重庆市主城区二环区域发展规划（2011—2020年）》（渝府发〔2011〕36号）	依托三大国家级物流基地、五大物流中心布局建材家饰家居、汽摩配、金属材料、医药、农产品、数码产品、化学品等大型专业市场
3	《重庆市城乡总体规划（2007—2020年）》（渝府发〔2014〕46号）	对现有商品交易市场进行改造完善、转型升级、资源整合和功能创新，原则上内环线以内限制发展和扩大大型批发市场规模。在内环线与绕城高速公路之间，结合物流业、工业园区、交通枢纽等重点培育专业批发市场群。在绕城高速公路周边交通便利的位置设置大型农副产品批发市场和农副产品配送中心

表1(续)

序号	文件名称与文号	涉及内容摘要
4	《关于优化全市产业布局加快五大功能区建设的实施意见》（渝府发〔2013〕83号）	在都市功能核心区禁止新建、扩建生产资料、生活用品及农副产品批发市场；在都市功能拓展区的西部片区大力发展铁路物流产业，南部片区发展公路物流及现代仓储，建设迎龙千亿级专业市场集群；在城市发展新区加快发展综合性物流及商贸服务产业
5	《关于推进大型商品交易市场健康发展的指导意见》（渝府发〔2015〕30号）	绕城高速公路沿线布局沙坪坝团结村、九龙坡白市驿、九龙坡西彭—江津珞璜、巴南南彭、南岸迎龙、江津双福六大区域布局，形成全市商品交易市场核心环；鼓励城区内交通拥堵、消防隐患严重的商品批发市场外迁
6	《重庆市国民经济和社会发展第十三个五年规划纲要》（渝府发〔2016〕6号）	基本完成都市功能核心区大市场外迁，在都市功能拓展区和城市发展新区布局形成一批区域性市场集群，在渝东北生态涵养发展区和渝东南生态保护发展区形成商品市场延伸线
7	《重庆市现代商贸服务业发展"十三五"规划》（渝府办发〔2016〕148号）	加快推进都市功能核心区大型商品交易市场功能外迁。完善"两环两线"商品市场空间布局。沿绕城高速公路布局六个大型商品交易市场集群，形成全市商品交易市场核心环；沿三环高速公路布局四个大型商品交易市场集群，形成城市发展新区商品交易市场拓展环；沿长江黄金水道和渝湘大通道布局形成渝东北和渝东南商品交易市场发展延伸线，建成渝东北、渝东南商贸物流发展的重要增长极。严格大型商品交易市场规划管控。都市功能拓展区除已规划布局的六个大型市场集群外，其他区域禁止新建钢材、五金机电、汽摩配件、家居建材、小商品、农副产品等大型批发市场，限制新建单体用地规模超过6.66万平方米的其他类别市场，限制新增布局任何类别的低水平传统批发市场。制定实施大型商品交易市场建设指导目录，对市场用地和总建筑面积实行总量控制，对不同类型商品交易市场，明确投入产出强度标准，促进土地资源节约高效利用

二、市场现状

（一）核心区市场发展情况

主城区尤其是核心区，历来是重庆商品交易市场发展的主战场，占据了全市商品交易额的半壁江山。历经多年发展变化，内环区域已形成若干特色突出、功能各异的专业市场集群，主要包括朝天门服装小商品市场群、南岸区南坪医药市场群、江北区盘溪农副产品市场群、沙坪坝区马家岩装饰建材群。这些市场集群已成为我市重要批发物流集散地。

其中，渝中区朝天门综合交易市场群，汇集了 29 个服装小商品市场，年交易额达到 300 多亿，是西南地区重要的商品、物资集散地，多次被评为全国十大工业品交易市场、编织服装十大品牌市场。

表 2　2015 年重庆都市功能核心区市场情况表

项目	市场数（个）	营业面积（万平方米）	经营户（户）	从业人员（人）	交易额（亿元）
1. 主城区市场	180	961	54 438	231 209	3 476
2. 内环范围市场	163	715	49 975	206 433	3 169
其中：功能型市场	66	478	39 944	174 670	2 349
##金属材料市场	6	55.6	2 537	11 780	329.7
##建材家居市场	15	145.9	5 331	24 108	240
##农副产品市场	13	49.6	5 914	34 234	529
##汽摩配市场	12	94.6	5 027	28 202	612.7
##五金机电市场	12	57.5	6 062	21 155	165.3
##服装小商品市场	5	60.3	14 198	33 591	467
##医药市场	2	11.8	625	20 800	1.6
##其他市场	1	3	250	800	3.5
合计	66	478	39 944	174 670	2 349

根据政府规划、市场业主打算以及市场商家意愿，需要外迁的市场共有 53 家，营业面积 320 万平方米，经营商户 35 222 户。其中，拟关闭拆除、整体搬迁的市场约 21 家，关闭面积约 119 万平方米，需疏解商家约 7 846 户；需优化调

整、功能搬迁的市场 14 家，经营面积约 84 万平方米，经营商家共 4 368 户；需提档升级、部分搬迁的市场约 18 家，经营面积约 117 万平方米，经营商家共 23 008 户。

一是按市场类别划分，涉及农副产品市场 13 家、生产资料市场 27 家、工业消费品市场 13 家。

二是按产权归属划分，拥有完全产权的市场 30 家、产权完全出售的市场 4 家、产权部分自持和部分出售的市场 6 家、完全租赁经营的市场 9 家、产权属多业主的市场 4 家。

三是按经济性质划分，民营市场 38 家、国有及国有控股市场 8 家、集体市场和股份制市场各 3 家。

四是按调迁区域划分，外迁任务由重到轻的区域依次为九龙坡、渝中、江北、沙坪坝、渝北、南岸、大渡口。

表 3　2015 年重庆都市功能核心区需外迁市场区域分布情况

序号	区域	数量（个）	经营面积(万平方米)	市场商家（户）
1	九龙坡	26	137. 8	11 382
2	渝中	11	80	18 068
3	江北	7	29. 5	2 439
4	沙坪坝	5	46	1 979
5	渝北	2	2. 5	429
6	南岸	1	9	305
7	大渡口	1	14	620

此外，主城内环范围与市场相伴而生的各类仓储设施、加工场地和物流货场也数量众多，面积庞大。据粗略统计，功能型市场所依附的仓储面积至少在 300 万平方米以上，货运物流站场 30 余处。朝天门市场周边仅简易库房就接近 10 万平方米，上桥一带依托铁路东站设立的钢材仓储面积达 35 万平方米。仓储物流业的快速发展，成为市场兴旺繁荣的重要支撑，也逐渐成为城市交通的障碍。

(二) 外环承接地市场建设情况

“十一五”规划期末以来，重庆经济进入二环时代。“内客外货”布局逐步推进、绕城高速公路的发展规划带来了巨大商机，极大地催生了投资热情。主城一批有识市场业主，自2009年开始就提前谋划市场外迁事宜，依托铁路、公路等重要交通节点和物流园区，在绕城高速公路沿线建设了一大批新兴市场，以承接原有市场的定向外迁。近年来，朝天门国际商贸城、双福国际农贸城、迎龙医药城、重铁巨龙钢材市场、大川国际建材城等承接市场相继建成投运，团结村西部物流园市场群、巴南区南彭—界石市场群、白市驿涉农物流园市场群、双福—走马市场群、南岸迎龙市场群等拓展区市场集群正在加快崛起，核心区市场外迁条件日趋成熟。

据统计，二环沿线区域已经建成投入运营的市场18个，经营面积379.5万平方米，入驻商家10 157户，2015年实现交易额509亿元。

表4　　2015年重庆都市功能拓展区建成投运市场情况表

项目类别	建成市场(个)	经营面积(万平方米)	入驻商家(户)	交易额(亿元)
金属材料市场	2	39	258	0
建材家居市场	8	148	1 809	134
农副产品市场	3	65.5	3 667	314
汽摩配市场	3	62	1 335	60
五金机电市场	1	15	88	1
服装小商品市场	1	50	3 000	0
合计	18	379.5	10 157	509

据调查，二环沿线区域正在建设的市场项目共16个，建筑面积1 040万平方米，占主城区在建项目的比重分别为64%、32%。

表5　　2015年重庆都市功能拓展区在建市场项目情况表

项目类别	在建项目（个）	占地面积（万平方米）	建筑面积（万平方米）
金属材料市场	3	1 306	59
建材家居市场	1	727	75
汽摩配市场	4	2 300	200
五金机电市场	4	2 350	229
服装小商品市场	2	3 236	400
医药市场	1	42	624
其他市场	1	17	250
合计	16	10 793	1 040

三、外迁进程与效果

（一）外迁情况

经过多年的政府引导、市场竞争，核心区市场外迁取得初步成效。

一是整体外迁。经过几年的努力，核心区共10家市场实现整体关闭搬迁，拆除面积约50万平方米，分流商家约3 834户，其中向外环搬迁的8家，外迁面积46.1万平方米，分流商家3 314户；在核心区内调整搬迁的2家，面积4万平方米，经营商家500余户。

表6 重庆都市功能核心区市场整体关闭搬迁情况表

序号	区县	市场名称	市场类别	经营面积（万平方米）	经营户（户）	从业人员（人）	关闭时间	搬迁方式	搬迁去向
1	江北区	盘溪蔬菜批发市场	蔬菜	2.9	860	2 500	2014.8	定向搬迁	双福国际农贸城
2	九龙坡	恒冠钢材市场	钢材	6	405	900	2014.12	分散搬迁	攀宝钢材市场、绿云石都建材市场
3	沙坪坝	马家岩大川建材市场	家居建材	15	1 200	1 800	2015	分散搬迁	团结村大川建材城、华福路美每家、二朗永动机电市场
4	沙坪坝	巨龙钢材市场	钢材	7	353	1 250	2016.1	定向搬迁	重铁巨龙钢材市场
5	沙坪坝	梨树湾金材现货市场	钢材	8	192	1 200	2016.2	定向搬迁	果园港、九龙坡码头
6	沙坪坝	重庆粮油批发市场	粮油	1.2	34	222	2016.9	定向搬迁	白市驿新址
7	九龙坡	启耀木材市场	木材	5	150	580	2015	分散搬迁	华福路、八侨等木材市场
8	九龙坡	凤中钢材市场	钢材	1	120	500	2015	分散搬迁	其他钢材市场

表6(续)

序号	区县	市场名称	市场类别	经营面积(万平方米)	经营户(户)	从业人员(人)	关闭时间	搬迁方式	搬迁去向
9	渝中区	棉花街水发制品市场	水产	1.3	200	600	2015	统一搬迁	南岸区渝南冻品市场
10	渝中区	储奇门中药材市场	中西药品	2.8	320	800	2013	分散搬迁	菜园坝中药材市场、九龙坡恒胜医药商贸城
	合计	10		50.2	3 834	10 352			

注：1~8 为外迁，9~10 为核心区内搬迁。

二是分散外迁。除整体关闭搬迁市场外，部分功能型市场的经营大户和以批发业务为主的重点商户，分别与外环相关承接市场签订了入驻协议或购置了铺面。据粗略统计，外迁商户约在 1.5 万户左右，部分已经入驻经营。

三是正在外迁。2016 年底和 2017 年内，还将有一批市场实施关闭，如大渡口龙文钢材市场将于 2016 年底实施整体关闭，并定向搬迁至伏牛溪龙文钢材新市场；渝北区万隆小食品市场将于 2017 年关闭，部分商家已分别迁往华南城食品交易中心和重庆纵达食品城。

（二）外迁形式

内环功能型市场搬迁，除盘溪蔬菜批发市场由政府主导外，大多数市场基于城市开发建设占地征用或市场自身业态调整而关闭搬迁。大体上有以下几种形式：

一是由政府主导的统一搬迁。如盘溪蔬菜批发市场，由政府主管部门发布关闭搬迁公告，统一搬迁时间，统一搬迁地点，是目前相对成功的外迁典范。

二是由市场业主自身组织的定向搬迁。如巨龙钢材、龙文钢材、梨树湾金材、马家岩大川建材市场、协信西部车城等，几年前就投资建了新市场，待老市场关闭后实施定向搬迁。

三是由商协会倡导组织的整合搬迁。如汽摩配件、五金机电协会商会，通过集资入股或预缴定金方式，组织老顶坡汽配、外滩摩配市场以及陈家坪机电市场群的会员和商家，分别搬迁入驻和润、九洲汽摩城以及奥捷、英利五金机电市场。食品行业协会组织万隆、盘溪副食品市场部分商家分别搬迁至华南城和纵达城。

四是由核心商家自发组织的抱团搬迁。如滩子口玻璃门窗市场、菜园坝城外城灯饰批发市场等核心商家，通过组建公司或采取合作共建方式，目前正与华南城等市场进行选址合作洽谈，不久将实施抱团搬迁。西三街水产市场部分商家采取报团入股方式，年内也将搬迁入驻江北渔人湾码头。

五是由商家自主选择的分散搬迁。如恒冠、凤中钢材市场，启耀木材市场整体关闭后，商家自发分流到主城其他市场，自主选择向外环相关市场逐步搬迁。

四、存在的问题

（一）外迁意识存在误区

一是一迁就灵。对宏观经济影响、自身转型升级缓慢、市场规模过剩、同质竞争严重等问题认识不足，片面夸大了市场外迁缓慢的影响，错误地认为解决核心区市场发展瓶颈、拓展区市场招商困难等市场建设难题，只需要强力推进核心区市场外迁即可，忽视了市场外迁过程中可能会出现原有市场搬散搬小、新的市场没有培育起来的风险。

二是政府强搬。昆明、成都、郑州等地市场强制搬迁，多发生在 2013 年前后，而随着全面依法治国的深入实施，简政放权，转变政府职能，依靠行政命令强制搬迁的模式缺乏法律依据，存在不稳定隐患和严重的强制搬迁后遗症。蔬菜市场因事关民生保障，才由政府主导将盘溪观农贸蔬菜市场搬迁到双福国际农贸城，其他市场外迁主要还得依靠市场运作。

三是新鞋老路。简单地以为市场外迁就是换地经营，没有与市场转型升级相结合，新瓶装旧酒、新鞋走老路，在商业业态更新、商品流通渠道变化冲击下，仍旧按照现场、现货、现金的模式经营，出路只能越来越窄。应当以市场外迁为契机，以商户为中心，建设现代商品交易市场，推进传统商品交易市场转型升级。

四是业走人留。引导市场内商户和依附于市场的物流、餐饮、住宿等行业从业人员外迁，是推动市场外迁的应有之义。单纯推动核心区市场批发、仓储外迁，不创造商家在拓展区经营、生活综合配套条件，不仅难以实施市场外迁工作，而且外迁商户容易回流，未达到缓解核心区人口和交通承载压力的目的。

五是等同关闭。简单将市场外迁理解为关闭拆除、整体搬迁有失偏颇，极易引起市场恐慌，形成不稳定因素。有些面向终端的零售市场可以不外迁，有些批零兼营市场可以原址转型。核心区大市场外迁，应该包括整体关闭外迁、批发仓储物流功能外迁、部分经营板块外迁三种形式，市场可根据自身实际，因地制宜地确定外迁形式。

（二）外迁总体进展缓慢

一是外迁意愿不强。2013 年以来，核心区市场仅有 10 家实现了整体关闭搬迁，大多数市场等待观望，大部分商家搬迁意愿不强，甚至心存抵触。

二是货车限行不严。限行范围、限行时间、具体线路以及通行证发放等执行不严，同时，大量仓储设施、临建库房以及物流货运站未同步实施搬迁，致使市场周边仓储业务依旧火红，物流货运仍车来车往，客观上延缓了市场外迁步伐。

三是政府引导不够。五大功能区域发展战略、“内客外货”政策推进多年，但核心区市场外迁尚未纳入市委、市政府议事日程，对市场外迁没有出台实质性鼓励政策，没有划定需要外迁的市场类别、市场集聚区和原址转型政策，没有制定相应的时间表、路线图，没有系统的承接市场建设、培育、招商和管控政策。市委、市政府印发的《关于深化拓展五大功能区域发展战略的实施意见》（渝委发〔2016〕16 号），只讲到“按照都市功能核心区人口疏解要求，有序推动学校、医院等向都市功能拓展区、城市发展新区转移”。很多市场和多数商家至今对外迁无压力、无紧迫感，抱着“不着急、等等看”的心态。

四是不稳定隐患严重。核心区市场发展 30 年，市场、商家、配套企业、周边居民等形了复杂的利益链条，市场外迁将直接触及这些人的利益。如朝天门市场 1.3 万余经营户，私有产权 3 980 户，转租 5 000 多户，还安置部分残疾人、“两劳”人员、无业下岗人员以及西藏、新疆少数民族等敏感人群。

五是商户分流普遍。除双福农贸城通过搬迁成功实现搬大搬强以外，多数市场一分为二、一分为三、甚至一分为四的现象十分普遍，如储奇门中药材市场、万隆小食品市场、朝天门市场群以及陈家坪机电市场群等。市场的分散、分流，削弱了市场的规模效应，越搬越弱。

（三）承接市场培育困难

一是招商难、留商难。受多种因素影响，拓展区大型商场普遍招商不足、招商质量不高，空置率高、撤场率高，难以形成人气、商气。

二是市场过剩，同质竞争。拓展区市场规模普遍过剩，远超核心区市场总体规模。同类市场多点布局，同质化恶性竞争严重，影响到市场集群、集聚、集约发展。

三是市场转型升级缓慢。拓展区承接市场在硬件施设方面有极大改善，但是在信息化程度、交易功能、物流配送等方面没有全面提升，为商家提供的增值服务不多。

四是经营生活配套不足。绕城高速公路布局的六大市场集群配套不足，除双福、白市驿依托新城建设情况较好，其他四个市场集群配套较差，特别是迎龙、南彭，道路、学校、医院、餐住等配套问题已严重影响了市场的培育。

（四）变相市场丛生吸引商家回流

除盘溪观农贸蔬菜市场由政府主导外迁，已实现整体关闭的10家市场多因市政工程建设被搬迁改造，还没有成功转型的案例。同时，市场周边大量简易仓库和部分物流站场未同步实施关闭搬迁，一些投资商租用主城闲置厂房和场地新办市场和仓储，大肆进行招商，导致已外迁市场商户返流，拟搬迁市场商家分流。2016年年初巨龙钢材市场整体搬迁后，仅几天时间，就有30家商户被吸引撤回主城。二郎永动机电市场将原空置场地进行简单改造后，以低价位吸引马家岩大川市场商家入驻，其业态混乱、档次低下，极大地分流了市场外迁商家。

五、对策建议

（一）明确外迁对象与范围

主城内环需要外迁的市场是指以商品批发交易为主，具有仓储物流、加工配送等多种功能的有形市场，不含终端零售市场。按经营产品分类，主要包括建材、金属材料（钢材）、农副产品、五金机电、汽摩配件、医药产品、服装小商品及其他产品八类市场。按规模大小分，主要包括营业面积在5 000平方米以上、交易额在亿元以上的各类专业性、综合性市场。主要集中在朝天门市场群、菜园坝市场群、南坪医药市场群、盘溪观农贸市场群、陈家坪机电市场群、马家岩建材市场群。

（二）制定外迁原则与政策

坚持“政府引导、市场主导，统筹规划、协调推进，依法行政、分类施策，创新引领、转型升级”的原则，制定核心区市场外迁政策。

一是坚持“政府引导、市场主导”的原则。坚持有效市场与有为政府协同发力，充分发挥市场在资源配置中的决定性作用，更好地发挥政府宏观调控作用，严控规模过剩，去除无效供给，增加有效供给，推动核心区市场外迁。

二是坚持“统筹规划、协调推进”的原则。统筹核心区市场外迁与转型，统筹拓展区市场规划与培育，统筹市场外迁与人的外迁，协调推进市场外迁与承接相互促进、共同发展。

三是坚持“依法行政、分类施策”的原则。综合运用法治、经济的手段，根据农副产品市场、生产资料市场、工业消费者市场和核心区市场集群、拓展区市场集群各自特点，因地制宜，分类制定鼓励政策。

四是坚持“创新引领、转型升级”的原则。促进商业模式和服务创新，以流通现代化为方向，以信息技术和智慧物流为依托，提高商品市场信息化、标准化、集约化建设水平，提升商品市场供应链管理和平台化建设能力。

（三）多措并举有序组织外迁

一是进一步加大“货车限行”力度，扩大限行范围，延长限行时间，严格执行通行证的发放，对主城市场物流运输形成高压态势，迫使市场加快外迁。

二是加强老市场周边环境整治，严查车辆交通、消防安全、税收征管等，限制、淘汰、搬迁不符合相关标准、存在消防安全隐患的仓储库房和物流站场，引导物流仓储企业外迁布局。

三是对内环拟搬迁市场进行摸排梳理，可参考污染企业环保搬迁的优惠政策，出台鼓励政策，调动市场开办方和经营者的搬迁积极性；加强舆论宣传和导向，解除市场、商户的疑惑。

四是及时发现、严加制止利用主城闲置场地新办市场的现象，避免市场分散、商家分流扩大化。

五是结合区域实际情况，适度引导外迁市场旧址调整为住房、停车楼，发展分享经济、协同经济，建设众创空间、文创空间、社区仓储配送中心等。

（四）加快承接市场建设与培育

一是从严控制新建续建大型市场。积极开展大型商业设施监测预警工作，定期发布预警信息和负面清单。严格实行大型商品交易市场听证约谈制度，实施《重庆市主城区农产品市场布点规划（2013—2020）》，防止形成新的产能过剩。

二是健全承接市场周边配套设施。畅通仓储、货运代理、分装配送、长短途交通、停车场、展览中心等基本环节，完善银行、酒店、餐饮、行业协会、工商税务、报关、网上交易平台、学校、医院、住房等相关配套服务，为经营者和消费者创造一个良好的商业环境，也为项目后期经营管理打下坚实基础。

三是推进市场转型升级。以流通现代化为方向，以信息技术和智慧物流为依托，促进商业模式和服务创新，提升商品市场供应链管理和平台化建设的能力，提高商品市场信息化、标准化、集约化建设水平，为入驻商家提供更多更好的增值服务。

四是搭建市场合作桥梁。推动外迁市场与承接市场合作，一对一、一对多进行定点联系，共享外迁红利。推动承接市场合作，注意市场集群整体打造，实行同类市场错位发展，避免同质竞争。推动成渝市场集群建设、西南片区市场合作，支持有实力的市场到周边省市发展。

专题五 重庆市“十二五”期间钢材市场发展报告

一、重庆市“十二五”期间钢材市场基本情况

（一）全市总体规模情况

1.“十二五”期间发展情况

据调查统计，“十二五”期间，重庆市钢材市场前三年在市场个数、营业面积、交易总额等主要方面保持了上升趋势，在后两年出现下降趋势，特别是市场交易额下降明显，详情见表1。

表1　“十二五”期间重庆市钢材市场发展情况表

项目	“十一五”末	“十二五”发展情况					五年合计
	2010年	2011年	2012年	2013年	2014年	2015年	
1. 市场个数（个）	15	16	17	21	19	16	
其中:新增个数(个)		1	1	5		1	8
减少个数（个）				1	2	4	7
2. 营业面积（万平方米）	92.0	108.0	118.5	169.7	166.0	162.7	
其中：新增面积（万平方米）		3.5	9.1	59.9		9.3	81.8
关停减少面积（万平方米）				0.8	10.9	12.7	24.4
3. 交易额（亿元）	738.0	829.6	951.9	960.0	878.0	560.7	

数据来源：根据重庆市各区县商务局提供数据整理。

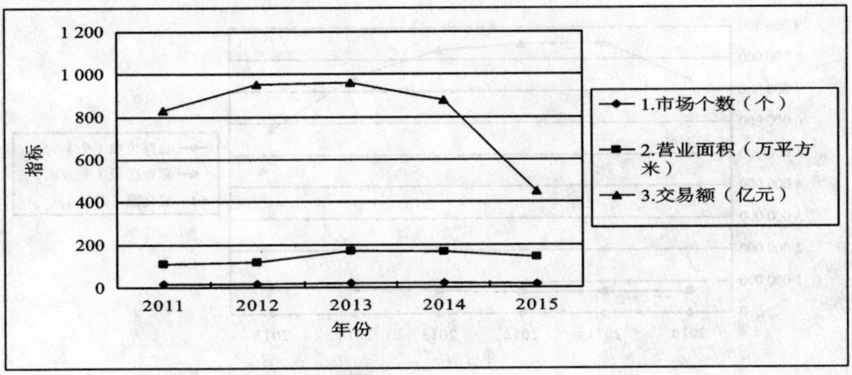

图 1 “十二五”期间重庆市钢材市场发展趋势图

作为参考，《中国商品交易市场统计年鉴》统计了重庆市亿元以上金属材料市场交易情况。可以看出，虽然统计口径有所不同，市场数量、总摊位数、年末出租摊位数、营业面积等方面年均增长 5%~7%，但成交额同样下降明显，出现了年均 9%的负增长，详情见表 2。

表 2 重庆市“十二五”期间金属材料市场发展情况表

	2010 年	2011 年	2012 年	2013 年	2014 年	2015 年	平均增速（%）
市场数量(个)	9	9	9	11	11	11	5
总摊位数(个)	3 830	3 706	3 695	4 563	5 068	4 878	7
年末出租摊位数(个)	3 193	3 363	3 471	4 150	4 637	4 280	6
营业面积(平方米)	677 969	684 542	691 742	745 342	793 425	854 030	6
成交额(万元)	7 338 344	8 506 291	8 481 670	8 290 310	7 460 845	5 793 824	-9

数据来源：《中国商品交易市场统计年鉴》（2012—2016）。

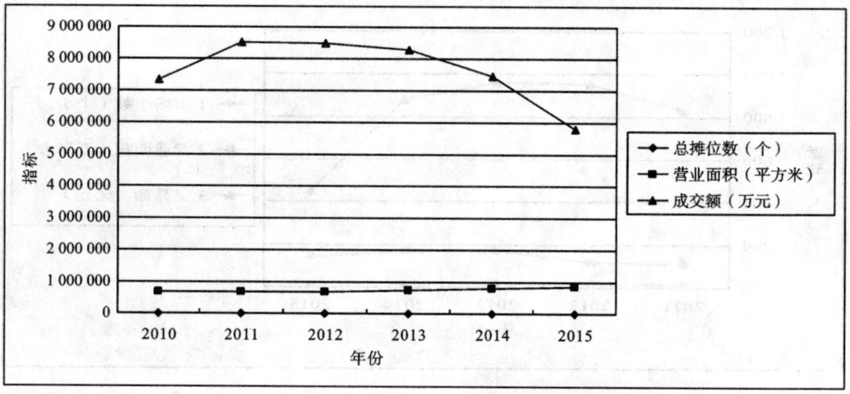

图 2 重庆市“十二五”期间金属材料市场发展趋势图

2.“十二五”期末情况

“十二五”期末，全市钢材市场共有 16 个，营业面积 162.7 万平方米，交易额 560.7 亿元。其中大渡口区龙文钢材市场、九龙坡区绿云石都建材交易市场为百亿元市场。由于经济结构调整等因素，2015 年除新增 1 个长寿区新崛钢材市场外，全市共关停转九龙坡区恒冠钢材市场、新合凤中钢材市场、有色金属交易市场及涪陵区钢材市场 4 个钢材市场。详情见表 3，表 4，表 5。

表 3　　2015 年全市钢材市场基本情况表

序号	区县	市场名称	建成投运时间	营业面积（平方米）	交易总额（万元）	
					2014 年	2015 年
1	沙坪坝区	重铁巨龙钢材市场	2013	140 000		
2	沙坪坝区	重庆巨龙钢材市场	2006.2.22	73 000	1 571 040	522 272
3	沙坪坝区	金属材料现货交易市场	1997	82 400	810 000	903 133
4	九龙坡区	绿云石都建材交易市场	2001.9	190 000	1 367 000	1 106 880
5	九龙坡区	恒胜钢材市场	2008.11	42 000	643 360	600 000
6	九龙坡区	福道钢材市场	2010.8	34 000	56 000	35 000
7	大渡口区	四三六钢材市场	1998.12	70 000	650 000	600 000
8	大渡口区	龙文钢材市场	1994	140 000	1 093 517	1 036 252
9	江北区	中钢钢材市场（一期）	2013	95 000		

表3（续）

序号	区县	市场名称	建成投运时间	营业面积（平方米）	交易总额（万元）	
					2014 年	2015 年
10	大足区	西部金属交易城	2000	54 000	521 000	
11	大足区	双桥长三角钢材市场	2012	91 400	34 888	31 060
12	大足区	龙水废金属市场	1985	58 000	356 000	
13	江津区	攀宝钢材市场	2013	380 000	500 000	710 000
14	长寿区	新崛钢材市场	2015. 1	93 240		500
15	黔江区	宏鼎钢材市场	2006	40 000	32 536	48 702
16	秀山县	武陵钢材批发市场	2013. 5	44 000	12 000	13 000
	合计	16		1 627 040	7 647 341	5 606 799

数据来源：根据重庆市各区县商务局提供数据整理。

表 4　　2015 年全市钢材市场变动情况表

序号	区县	市场名称	市场类型	开建时间（年）	关停转时间（年）	营业面积（平方米）	备注
1	九龙坡区	恒冠钢材市场	钢材	2003	2015	60 294	关停转市场
2	九龙坡区	新合凤中钢材市场	钢材	2009	2015	1 634	关停转市场
3	涪陵区	钢材市场	钢材	2011	2015	35 000	关停转市场
4	九龙坡区	有色金属交易市场	钢材	2010	2015	30 000	关停转市场
5	长寿区	新崛钢材市场	钢材		2015. 1	93 240	新增市场

数据来源：根据重庆市各区县商务局提供数据整理。

表 5　　2015 年全市钢材市场在建项目基本情况表

序号	区县	项目名称	投资业主	经济性质	开工完工时间	占地面积（万平方米）	建筑面积（万平方米）	计划投资（亿元）
1	巴南区	铁公鸡金属商贸城	重庆盈福物流有限公司	民营	2012—2015 年	27. 9	22	5
2	九龙坡区	重庆纲谐西部国际金属材料物流商城	重庆纲谐股份有限公司	民营	2014—	8	25	50

表5(续)

序号	区县	项目名称	投资业主	经济性质	开工完工时间	占地面积(万平方米)	建筑面积(万平方米)	计划投资(亿元)
3	大渡口区	龙文钢材仓储物流市场	重庆龙文实业(集团)有限公司	民营	2014—2016年	12.4	10	5
4	涪陵区	钢龙渝东国际工贸物流城	重庆市钢龙投资股份有限公司	民营	2013—2016年	33.7	28	10
5	两江新区	重庆金材物流交易中心	重庆港务物流集团	国有	2012—2016年	66.6	30	10
	合计					148.6	115	80

说明：铁公鸡于2016年8月开业，钢谐现一直处于停工状态，金材位于果园港，钢龙现已调整业态，不再建设钢材市场。

（二）全国总体规模情况

“十二五”期间，全国金属材料市场（主要是钢材市场）从市场数量、总摊位数、年末出租摊位数、营业面积、成交额等主要方面，全部呈现出下降趋势，详情见表6。

表6　　全国“十二五”期间金属材料市场发展情况表

年份	市场数量(个)	总摊位数(个)	年末出租摊位数(个)	营业面积(平方米)	成交额(万元)
2011年	289	106 900	95 844	26 584 891	182 017 208
2012年	284	110 295	100 564	26 005 587	230 495 219
2013年	264	112 732	98 431	25 223 485	235 603 573
2014年	250	107 492	93 639	24 775 967	211 556 567
2015年	229	100 098	87 192	23 356 137	178 266 318
平均增速（%）	−6	−2	−2	−3	−1

数据来源：《中国商品交易市场统计年鉴》（2012—2016年）。

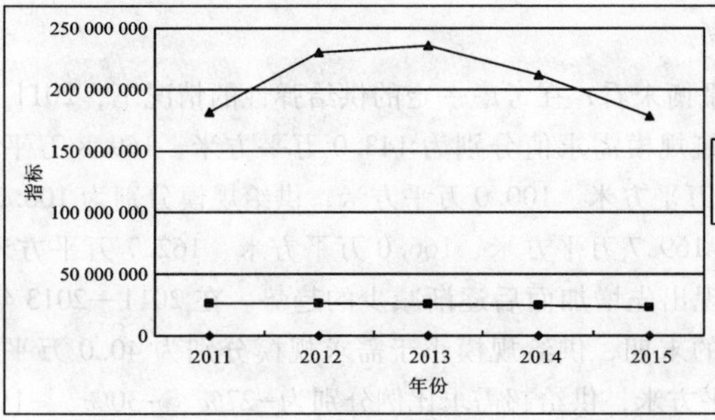

图 3 全国“十二五”期间金属材料市场发展趋势图

（三）全市空间分布情况

据调查统计，“十二五”期末全市 16 个钢材市场，主城区占 9 个，其中沙坪坝区 3 个，九龙坡区 3 个，大渡口区 2 个，江北区 1 个；城市发展新区占 5 个，其中大足区 3 个，江津区 1 个，长寿区 1 个；渝东南生态保护发展区 2 个，即黔江区和秀山县各 1 个。全市 7 个 10 亿元级钢材市场，均位于主城区，详情见表 7。

根据相关规划，处于都市功能核心区的重庆巨龙钢材市场、重庆金属材料现货交易市场、恒胜钢材市场等在“十三五”期间均应完成外迁。届时，重庆市钢材市场布局将更加合理。

表 7　　2015 年全市 10 亿元级钢材市场区域分布表

序号	区县	市场名称	建成投运时间	营业面积（平方米）	交易总额（万元）	
					2014 年	2015 年
1	大渡口区	龙文钢材市场	1994 年	140 000	1 093 517	1 036 252
2	大渡口区	四三六钢材市场	1998 年 12 月	70 000	650 000	600 000
3	沙坪坝区	金属材料现货交易市场	1997 年	82 400	810 000	903 133
4	沙坪坝区	重庆巨龙钢材市场	2006年2月22日	73 000	1 571 040	522 272
5	九龙坡区	绿云石都建材交易市场	2001 年 9 月	190 000	1 367 000	1 106 880
6	九龙坡区	恒胜钢材市场	2008 年 11 月	42 000	643 360	600 000
7	江津区	攀宝钢材市场	2013 年	380 000	500 000	710 000

数据来源：根据重庆市各区县商务局提供数据整理。

（四）供需平衡分析

从钢材市场的供需平衡来看，在考虑一定的供给弹性的情况下，2011—2015年重庆市钢材市场总建筑规模需求值分别为148.0万平方米、169.8万平方米、171.2万平方米、156.6万平方米、100.0万平方米，供给规模分别为108.0万平方米、118.5万平方米、169.7万平方米、166.0万平方米、162.7万平方米，需求规模和供给规模都呈现出先增加而后逐渐减少的趋势。在2011—2013年，钢铁市场处于大规模建设的末期，供给规模小于需求规模分别为40.0万平方米、51.3万平方米、1.5万平方米，供给超需求比例分别为-27%、-30%、-1%，此时钢铁市场处于供不应求的状态，但总体上供给与需求之间的差额逐渐减小。然而，在2014—2015年，受全国钢铁行业经济下行压力的影响，钢铁市场由原来的供给小于需求的状态逐渐转变为供给大于需求的状态，供给规模大于需求规模分别为9.4万平方米、62.7万平方米，供给超需求比例分别为6%、63%，供给过剩现象较为严重。

表8　　钢材市场供需平衡分析表

类别	年份	供求规模现状（万平方米）		供需平衡分析	
		营业面积实际值	营业面积需求值	供需差额	供给超需求比例（%）
钢材	2011	108.0	148.0	-40.0	-27%
	2012	118.5	169.8	-51.3	-30%
	2013	169.7	171.2	-1.5	-1%
	2014	166.0	156.6	9.4	6%
	2015	162.7	100.0	62.7	63%

二、重庆市“十二五”期间钢材市场存在的主要问题

（一）市场环境受到制约

现有钢材市场主要汇集在城市中心区，与城市功能产生较大冲突，交通压力日益显现，交易环境日趋恶化，市场场地狭小且周边无拓展用地，这些都显示出

市场环境已无法满足企业自身发展需要。尤其是具有批发、仓储功能的一批市场依赖的铁路货运站（如东站、梨树湾、南站、大渡口、茄子溪等）相继或即将关停，其物流优势消失殆尽。

（二）市场服务能力不够

主要表现在仓储及铺面容量不够、加工能力不足、配送服务不多。市场商户产品无处存放的现象比较普遍，仓储面积不能最大限度满足存放需求，现场加工多为剪切、校直、折弯等简单加工，且加工能力有限，无法为用户提供深加工、精加工服务。此外，市场大多为第三方物流，拥有配送服务的市场不到现有钢材市场的一半，难以完全满足商户需求。

（三）市场交易方式落后

主城现有钢材市场基本上还是停留在现场、现货、现金——“三现”传统交易为主的阶段，一些市场当“房东”收租金的角色并未根本转变，市场管理模式、服务方式等体制机制转型创新任重道远。一些市场尽管开展了电子商务或运用了现代网络技术提升交易手段，但投入巨大，回报期长，尤其是推广整合难度大，故其电子商务的发展尚处于艰难探索中。

（四）市场经营面临困难

受粗钢产能严重过剩和遏制基础设施过度投资导致需求萎缩的影响，重庆市钢材市场处于持续低迷状态。商户的加工、出货量大幅减少，批零交易下滑，库存积压增多，资金占用增大。在行业价格暴跌和经营成本攀升的双重压力下，经销商生意难做，无利可图，基本处于全面亏损状态。

由于不少经销商开始收缩战线，关闭、撤除在各大市场的分销门点，导致现有市场商铺和仓库出租率明显下降，钢材市场往年一铺难求的火热场面与眼下的萧条景象形成鲜明对比。

（五）土地资源浪费严重

重庆现有钢材市场占地为143.9万平方米，正在建设的项目占地为148.6万平方米，暂无拟建的项目，已建与在建项目相加，全市钢材市场用地规模将达到292.5万平方米。尽管主城现有钢材市场下一步将陆续搬迁，其所占土地将另作他用，但异地迁建，同样需要占用一定土地，且规模不会小于现有水平。因此，钢材市场的用地总规模还将有所突破。

当前国家土地资源日趋稀缺珍贵，客观上要求转变经济增长方式，实现优化集约用地。而重庆钢材市场仍然依靠占用大量土地来寻求市场的规模扩张（不排除部分低水平传统钢材市场），显然是对土地资源的极大浪费，与科学发展观的资源节约型增长方式明显不符。同时，这些项目中，是否均需要大量占地，是否存在圈地投机现象值得商榷和关注。

（六）建设规模总量过度

重庆钢材市场建设规模过度，主要体现在建筑总量过大、单体规模偏大两个方面。从建筑总量看，已建项目营业面积为 143.7 万平方米，在建项目面积为 115 万平方米，两项之和的建筑总面积达到 259 万平方米；从单体规模看，在建项目平均用地 29.72 万平方米，平均建筑面积 23 万平方米，建筑面积全部达 10 万平方以上。

目前全国钢材产能严重过剩，消费需求增长也有一定限度，供大于求的矛盾将长期存在。在此背景下，重庆钢材市场无限度的盲目扩张，势必造成市场总量过剩，招商不足，从而加剧市场无序竞争。同时，一味强调大手笔，追求“大而全”，“超大化”很容易演变成“空壳化”。目前一些新建市场出现的大面积空置、二期项目无法启动，成为“半截子”工程的现象，应该将此看作一个危险警示信号。

（七）市场布局不尽合理

一是过度集中于主城区，15 个已建项目有 8 个集中在主城区域，在建的 5 个项目有 4 个集中在主城区域，且大都功能业态雷同，缺乏各自特色；二是重复布局，有的地区在已经布局钢材市场的基础上，又规划建设新的市场，一些相邻区县彼此都强调对周边的辐射和吸引，相距仅 30~50 千米，都在规划钢材市场；三是盲目建设，个别新布局建设的钢材批发市场既不靠港口又不靠铁路，缺乏必要的条件，一期虽早已建成，但招商困难，二期建设至今无法启动，形成“半截子”工程。

（八）市场风险隐患突出

商铺产权分零化的趋向比较突出。有些项目在招商阶段即将商铺产权分零出售，或以成本价出售方式，提前进行招商。这些商铺购买者，除了部分从事钢材经销的商户外，也不乏部分炒铺投资客，以期商铺增值转租或转售。市场商铺产权的分零出售，尤其是产权为若干投资小业主所拥有，为市场品牌统一打造和长期培育发展，埋下了隐患，存在着巨大的经营风险。

此外，一些钢材市场不切实际不合常规的占地行为极有可能形成名为建市场实为“圈地”，招商不足导致资金链断裂进而无法及时还款、利用虚假质押或抵押方式骗贷等等一系列违法违规隐患。从全国范围看，这些隐患真实存在，甚至有些隐患已经爆发，成为足以吸取教训的真实案例。

（九）市场无序竞争加剧

目前，钢材市场的无序竞争已开始显现：恶意杀价、磅秤做假、私下返利等屡见不鲜。一些企业随便租赁一块场地、配置简易的设备，就可以办成一个市场；一些新建市场以超常规的招商策略和手段，到现有市场中招揽经销商，造成人心混乱，干扰到老市场的正常经营秩序。同时，由于钢材市场数量不断增多、规模越来越大，钢材经销商队伍和消费需求增长十分有限，在供大于求的情况下，围绕争商家、争客户、争业务的无序和恶性竞争，将不可避免地进一步加剧，从而影响到整个钢材市场的持续健康发展。

（十）主城老市场外迁困难

按照重庆市城区发展要求，市政府已明确“内客外货”基本方略。内环以内市场外迁成为必然趋势。而地处主城的金材、巨龙、龙文、436处、绿云、恒冠、恒胜等大型批零钢材市场，除有两家（金材、巨龙）已择址兴建外，大多数市场在外迁选址、建设等存在诸多难题，企业自身既不能主动推进外迁，又在一定程度排斥外迁，尤其是市场业主经过多年打拼所形成的品牌、商家和客户等资源。不会轻易拱手被别人整合或主动退出这个领域，存在相关利益利害关系。而一批斥巨资在外环新建的钢材市场如攀宝、鑫邦、中钢、铁公鸡等，有的因对未来物流格局的预判和考虑不充分，选址不够科学；有的因基础配套服务设施不足，又存在着招商招租受阻、承接整合无果、商铺大量空置的痛心现象。

三、重庆市钢材市场发展的对策建议

（一）强化政府宏观调控手段

积极实施《重庆市人民政府关于推进大型商品交易市场健康发展的指导意

见》，通过立法的手段，对市场规划布局建设运营实施全面管理；制定全市钢材市场发展的专项规划，增强规划的权威性和导向力，通过规划的手段，统领指导各区县的市场布局；实施政府前置性行政审批，将大型市场项目的审批权收归市级主管部门和相关职能部门掌控，利用行政的手段，防止地方政府头脑发热和各自为政，抑止投资商引导市场建设的倾向，可考虑对规模在10万平方米以上的大型市场建设项目实行准入制，经市级主管部门和相关职能部门审核批准后，方可立项；同时，对1万平方米以上10万平方米以下的市场项目实行备案制，以保持对市场规模的合理掌控。

（二）严格控制市场建设规模

市场用地规模必须与城市土地利用总体规划紧密衔接，并坚持节约、优化的原则，在考虑钢材市场长期发展的前提下，严格控制土地指标和分期供地。市场的单体规模和总体规模应该有个度的掌控，必须与当地的客观条件相结合，与社会消费需求的增长相适应，与经营主体的形成相匹配。当前，应首先刹住钢材市场建设盲目扩张之风，一些拟建的项目应立即叫停。

（三）加强市场的优化布局

坚持大型钢材市场向“三基地四港区”和外环商贸物流园集聚布局，以充分整合和利用资源，发挥集约、集群效应；坚持区域市场总体平衡、协调发展的原则，加强相邻地区间的衔接协调和优势互补，实行错位和差异化、特色化布局，避免重复建设和资源浪费。

（四）正确引导市场外迁

尽快研究制定主城专业市场包括钢材市场搬迁意见，确定“内客外货”货车限行政策的实施时间，明确搬迁进度和搬迁政策，以政府的明确信号，引导主城专业市场早做准备，有组织、分步骤地启动市场搬迁。

为避免因迁建引发市场规模的再度扩张，一是要鼓励新建市场与搬迁市场间的对接整合，在充分考虑现有市场及商户的利益诉求下，利用新建市场的现成条件，促成新、老市场对商户、土地、品牌和加工服务、物流配送等资源进行优化重组，形成合作共赢的局面；二是对难以整合的迁建市场给予合适安排，在迁建去向、土地供应、财税政策等方面给予必要的扶持。

（五）积极引入社会治理力量

除政府和市场两种力量之外，重庆钢材市场的发展还需要积极引入社会治理力量，特别是发挥行业协会、专家团队、企业家联谊会、管理咨询机构等社会组织和团体的积极作用。一是建立听证制度，组织相关方面包括行业协会，参与对大型项目的听证论证，确保项目的科学性和可行性；二是由主管部门牵头，组织专家和行业协会，对目前在建和拟建市场项目进行梳理排队和分析论证。以此为基础，明确一批优先发展的重点项目，在土地供应、融资贷款、配套政策方面给予倾斜，暂停一批明显同质化、超规模的市场项目，待完善规划措施、优化业态布局或削减规模后再行续建，淘汰一批拟建市场项目，避免造成更大的资源浪费。

（六）进一步发挥龙头市场的作用

规模化、集团化是钢材交易市场在未来相当长的时期内的发展方向，重庆钢材市场的规模化、集团化发展需要进一步发挥龙头市场的作用。一是依托龙头市场发展具有强大辐射功能的钢材集散枢纽和钢材物流中心，提升重庆钢材市场的区域地位和区域流通的调控能力；二是鼓励大型或超大型钢材交易市场通过托管、连锁经营、股份制等形式扩大其地域辐射范围，从而实现重庆钢材市场体系的品牌化，有保证地持续扩张；三是鼓励拥有技术及装备优势的钢材交易市场向服务营销型深加工中心、产业型深加工中心转型，引领重庆钢材市场以技术进步为动力的发展潮流。

（七）引领市场创新发展

突破传统，赢得富有活力的发展局面是市场创新发展的内在意义。重庆钢材市场的创新发展可以在以下三个方面进行积极探索：一是市场监管功能的创新。利用上下游相关企业对钢材市场的资本注入实现对市场内经销商的监管，促进“佣金代理制”的实质性运行，进一步强化经销商乃至整个市场在钢材产业发展中的渠道作用。二是市场专业化分工与协作的创新。钢材市场作为维护市场秩序的主体，有条件集结市场内的经销商形成具有共同利益目标、接受统一规则约束的利益共同体，以此为基础形成“虚拟企业集团”，在钢材市场内实现专业化的分工与协作，合力提升市场竞争力。三是市场服务功能的创新，可以通过资源整合不断强化对市场内经销商的服务，在提供行业信息、电子交易平台、结算、融资、仓储物流、加工配送等方面形成“一站式”服务。

（八）加大钢材市场整合力度

为有效调控钢材市场的无序扩张、避免更大的资源浪费，采取政府引导、市场决定、企业自愿、行业促成，对重庆钢材市场实施整合，显得十分必要。

第一，对新老市场进行资源整合。内环成熟市场拥有多年形成的品牌资源、一批忠实的商家、客户资源以及稳定的渠道资源。外环新建市场具有较大的规模、较为完善的物流加工基础配套等发展空间条件优势。如能促成两者整合，可最大限度节约土地，节省成本，避免商户分散分流，实现新市场盘活、老市场搬强的目标。第二，对市场投资业主进行资产整合。可以通过企业重组，组织重构的多种方式如合资合作、参股合股、收购兼并等，在政府的引导、协会的促成、企业的自愿原则下，找到共同利益、共同利害结合点和切入方式，处理好相互利益分配和投资建设、营运管理等责权关系，结成新型钢材市场开办主体，共同打造新型钢材市场交易。第三，引导先进业态与传统业态优势整合。以电子商务为代表的先进营销模式将大大提升钢材流通效率，也将引发钢材流通交易方式的极大变革，其发展趋势不可逆转。而传统市场业态和成熟营运管理经验，在一定时期内还会继续保留和发挥作用，不会完全被取而代之。因此，两者的包容、电商物流结合、线上与线下共存，先进业态与传统业态的优势整合，势在必行。外环新市场的建设必须充分考虑新型营销方式的规划、设置与运用，以先进的网络、通信、信息技术手段，增强对主城老市场的吸引力，而主城老市场在撤除淘汰一批的基础上，则需早做外迁准备，加快外迁对接步伐。在对重庆钢材市场外迁对接整合中，除了市场的决定性作用外，更好地发挥政府主导和有序组织的作用，将成为影响重庆钢材市场持续健康发展的关键。

专题六　重庆市“十二五”期间农产品市场发展报告

“十二五”期间，全市着力推进农产品市场建设，基本构建了大型农产品批发市场、区县农产品市场、乡镇农贸市场和城区菜市场三级农产品市场体系，搞活了农产品流通，激活和培育了市场主体，促进了农村经济发展，满足了市民供给与消费需求。到2015年年底，全市农产品市场1 648个，营业面积657万平方米，交易额1 648亿元，分别占全市商品市场的84%、31%、30 %，分别比“十一五”期末增长20%、34%、81%。详见表1。

表1　　2010—2015年全市农产品市场发展情况表

年份（年）	2010年	2011年	2012年	2013年	2014年	2015
数量（个）	1 374	1 401	1 470	1 515	1 531	1 639
经营面积（万平方米）	489	481	553	591	641	657
交易总额（亿元）	911	1 038	1 273	1 380	1 474	1 648

一、市场类别

农产品市场分为综合市场、专业市场、城区菜市场和乡镇农贸市场。

表2　　全市农产品市场分类表

类型	类别	市场数量（个）		经营面积（万平方米）		交易总额（亿元）	
		2010年	2015年	2010年	2015年	2010年	2015年
综合市场		12	23	51.6	121	253	488.6

表2(续)

类型	类别	市场数量（个）		经营面积(万平方米)		交易总额（亿元）	
		2010 年	2015 年	2010 年	2015 年	2010 年	2015 年
专业市场	蔬菜	4	7	6.5	18.4	10.7	28.2
	食品	2	3	2.7	6	15.8	8.8
	水产	3	3	18.5	5	33.5	74.9
	粮油	2	2	3.2	3.2	21.1	24.9
	果品	4	4	9.7	7.1	16.9	29.7
	中药材	3	4	4.9	10.5	11.3	19.8
	畜产饲料	2	4	3.4	17.1	18.6	16.6
	冻品	2	4	6.8	18.9	100	235.8
	茶叶	2	3	4.8	7.8	1.5	1.7
	花椒	1	1	2.4	2.4		0.4
	花木花卉	2	3	6.3	21.4	20.5	92.1
	小计	27	38	69	117.8	250	533
城区菜市场		462	497	162	146	232.9	361
乡镇农贸市场		873	1 081	206.4	272	175.7	265
合计		1 374	1 639	489	657	911	1 648

（一）综合市场

2015 年年底有农产品综合市场 23 个，营业面积 121 万平方米，交易额 488.6 亿元。综合市场数量比 2010 年增加了 11 个，营业面积增加了 69.4 万平方米，交易额增加了 235.6 亿元，增长百分比分别为 91.6%、134%、93%。

这 23 个市场是：江津区的双福国际农贸城、白沙综合交易市场，江北区的观音桥农产品批发市场，渝中区的菜园坝农副产品市场，北碚区的天生综合批发市场、农产品批发配送中心，永川区的双川禽苗交易中心、农副产品综合批发市场，璧山区的兴友农副产品交易市场、鲜活农产品中转站，万州区钟鼓楼市场、瑞池草食牲畜交易市场、宏远市场，黔江区的富硕农产品交易市场，涪陵区的新大兴农副产品交易中心，合川区的合州综合农副产品批发市场，梁平县的新合农产品综合交易市场、渝惠农产品批发市场，云阳县的渝东北农产品综合交易市场，酉阳县的渝东南农产品综合市场，秀山县的武陵山农产品综合交易市场，巫溪县的农产品批发市场，奉节县的白帝市场。

经营面积排在前五位的依次是：双福国际农贸城（江津区，40万平方米）、观音桥农产品批发市场（江北区，15万平方米）、新大兴农副产品交易中心（涪陵区，8.9万平方米）、吉之汇农副产品综合批发市场（永川区，8.6万平方米）、渝东北农产品综合交易市场（云阳县，6.7万平方米）。

年交易额排在前五位的依次是：观音桥农产品批发市场（江北区，209亿元）、双福国际农贸城（江津区，162亿元）、宏远市场（万州区，35.3亿元）、新大兴农副产品交易中心（涪陵区，31.8亿元）、菜园坝农副产品市场（渝中区，20.5亿元）。

（二）专业市场

截至2015年年底，农产品专业市场有38个，其中：中药材市场4个、畜产饲料市场4个、水产市场3个、蔬菜市场7个、食品市场3个、粮油市场2个、果品市场4个、冻品市场4个、茶叶市场3个、花椒市场1个、花木花卉市场3个。经营面积117.8万平方米，交易额533亿元，分别占农产品市场2.3%、17.9%、32.3%，比“十一五”期末分别增加11个、48.8万平方米、交易额283亿元，增长40.7%、70.7%、113%。

经营面积排在前五位的依次是：重庆花木世界（巴南区，20万平方米）、重庆畜牧饲料交易市场（荣昌区，12万平方米）、万吨冻品交易市场（大渡口区，7.8万平方米）、蔬菜批发市场（潼南区，6.2万平方米）、恒胜医药商贸城（九龙坡区，5.5万平方米）。

年交易额排在前五位的依次是：万吨冻品交易市场（大渡口区，155亿元）、重庆花木世界（巴南区，92亿元）、西三街水产品市场（渝中区，65亿元）、明品福冻品市场（九龙坡区，60亿元）、菜园坝水果市场（渝中区，27.5亿元）。

各专业市场中交易额最大的分别是：中药材市场的三峡中药城（万州区，11.4亿元），畜产饲料市场的重庆畜牧饲料交易市场（荣昌区，12.2亿元），水产品市场的西三街水产品市场（渝中区，65亿元），蔬菜市场的祥和蔬菜批发市场（九龙坡区，1.45亿元），食品市场的万隆小食品批发市场（渝北区，7.1亿元），粮油市场的重庆粮油批发市场（沙坪坝区，22亿元），果品市场的菜园坝水果市场（渝中区，27.5亿元），冻品市场的万吨冻品交易市场（大渡口区，155亿元），茶叶市场的恒康茶叶批发市场（江北区，1.7亿元），花木、花卉市场的重庆花木世界（巴南区，91.9亿元）。

（三）城区菜市场

2015年年底全市有城区菜市场497个，占农产品市场总数的30.3%，比“十一五”期末增加了35个；经营面积146万平方米，占农产品市场总面积的22.2%；交易额361亿元，占农产品市场总交易额的21.9%，比“十一五”期末增加了128亿元。

经营面积排在前五位的依次是：八角庙农贸市场（3.5万平方米）、小官山菜市场（3万平方米）、天生农贸市场（2.5万平方米）、银鑫农贸市场（2.06万平方米）、蟠龙路菜市场（2万平方米）。

年交易额排在前五位依次是：正扬大市场（13.6亿元）、几江菜市场（11.4亿元）、学田湾菜市场（8.9亿元）、中心菜市场（8.6亿元）、红卫巷菜市场（7.5亿元）。

2015年市商委支持建设了大渡口区金华菜市场等20个城区菜市场。

（四）乡镇农贸市场

2015年年底全市有乡镇农贸市场1 081个，占农产品市场总数的66%，比“十一五”期末增加了208个，增幅为23%；经营面积272万平方米，占农产品市场总面积的41.4%，比“十一五”期末增加了65.6万平方米，增幅为31.8%；交易额265亿元，占农产品市场交易总额的16%，比“十一五”期末增加了89.3亿元，增幅为50.8%。

经营面积排在前五位的依次是：万州区分水老林沟农贸市场（4.29万平方米）、璧山区兴友农副产品交易市场（3万平方米）、九龙坡区南城支路渝西农贸市场（1.8万平方米）、秀山县兰桥镇农贸市场（1.6万平方米）、万州区孙家镇孙家场农贸市场（1.5万平方米）。

年交易额排在前五位的依次是：长寿区葛兰镇农贸市场（3.7亿元）、永川区朱沱农贸市场（2.5亿元）、渝北区洛碛川庆农贸市场（2.3亿元）、荣昌区吴家农贸市场（2.2亿元）、大足区龙水综合市场（2.1亿元）。

二、市场分布

农产品市场分布在38个区县，具体情况如表3所示。

表 3　　　　　　　　　　　　**重庆市农产品市场区域分布表**

区县	综合市场(个)		专业市场(个)		城区菜市场(个)		农贸市场(个)		合计(个)	
	2010 年	2015 年	2010 年	2015 年	2010 年	2015 年	2010 年	2015 年	2010 年	2015 年
巴南区			1	1	28	19	14	41	43	61
北碚区	2	2		0	10	12	14	29	26	43
璧山区	1	2	1	1	10	10	22	22	34	35
长寿区					10	15	29	12	39	27
城口县					5	5	3	17	8	22
大渡口区			1	1	7	16	5	16	13	33
大足区	1				8	8	27	26	36	34
垫江县				0	7	5	24	31	31	36
丰都县			1	2	4	3	22	28	27	33
奉节县		1			7	9	17	26	24	36
涪陵区	1	1			33	35	32	35	66	71
合川区		1	2	3	21	14	45	55	68	73
江北区	1	1	6	6	22	27	3	4	32	38
江津区		2		2	8	13	53	57	61	74
九龙坡区			2	4	20	30	12	14	34	48
开州区					12	11	39	48	51	59
梁平县	1	2			3	4	32	38	36	44
南岸区				1	16	26	10	3	26	30
南川区					3	7	31	26	34	33
彭水县					8	8	15	45	23	53
綦江区					6	9	20	28	26	37
黔江区		1	1	1	11	8	7	23	19	33
荣昌区			1	1	4	3	22	26	27	30
沙坪坝区			1	1	25	27	17	4	43	32
石柱县			1	1	5	9	13	28	19	38
铜梁区					9	8	34	35	43	43
潼南区				1	8	7	29	23	37	31
万盛经开区					7	8	7	8	14	16

表3(续)

区县	综合市场(个)		专业市场(个)		城区菜市场(个)		农贸市场(个)		合计(个)	
	2010年	2015年	2010年	2015年	2010年	2015年	2010年	2015年	2010年	2015年
万州区	2	3	4	4	36	39	90	49	132	95
巫山县					5	6	24	12	29	18
巫溪县		1			4	3	6	23	10	27
武隆县					4	4	10	26	14	30
秀山县		1		1	4	5	11	24	15	31
永川区	2	2			25	21	66	58	93	81
酉阳县		1			2	4	3	37	5	42
渝北区			2	10	22	21	24	32	56	55
渝中区	1	1	3	4	15	16			19	21
云阳县		1			9	12	20	44	29	57
忠县				1	11	10	21	28	32	39
合计	12	23	27	38	462	497	873	1 081	1 374	1 639

三、亿元以上市场、万平方米以上市场

(一) 亿元以上市场

2015 年全市农产品交易额亿元以上的市场 132 个，营业总面积 266.8 万平方米，交易总额 1 233 亿元，比“十一五”期末分别增加 61 个、98 万平方米、626 亿元。

排在前十位的是：南岸区正扬大市场（年交易额 13.6 亿元）、江津区几江菜市场（年交易额 11.4 亿元）、渝中区学田湾菜市场（年交易额 9 亿元）、南川区中心菜市场（年交易额 8.6 亿元）、江津区红卫巷菜市场（年交易额 7.5 亿元）、荣昌区水口寺农贸市场（年交易额 7.2 亿元）、北碚区天生农贸市场（年交易额 6.5 亿元）、永川区玉屏市场（年交易额 6.1 亿元）、酉阳县钟灵山标准化菜市场（年交易额 5.2 亿元）、綦江区河东市场（年交易额 4.6 亿元）。

（二）万平方米以上市场

2015 年营业面积万平方米以上的市场共 93 个，营业总面积 297 万平方米，交易总额 1 099 亿元。

排在前十位的是：江津区双福国际农贸城（营业面积 40 万平方米）、巴南区重庆花木世界（营业面积 20 万平方米）、江北区观音桥农产品批发市场（营业面积 15 万平方米）、荣昌区重庆畜牧饲料交易市场（营业面积 12 万平方米）、涪陵区新大兴农副产品交易中心（营业面积 8.9 万平方米）、大渡口区万吨冻品交易市场（营业面积 7.8 万平方米）、云阳县渝东北农产品综合交易市场（营业面积 6.7 万平方米）、潼南区蔬菜批发市场（营业面积 6.2 万平方米）、黔江区城北综合农贸市场（营业面积 6 万平方米）、九龙坡区恒胜医药商贸城（营业面积 5.5 万平方米）。

四、主要特点

“十二五”期间，全市农产品市场建设主要有以下特点：

第一，各级党委政府非常重视。市委、市政府高度重视农产品流通工作，把构建农产品市场体系作为统筹城乡重点改革内容之一，作为统筹城乡、服务民生的实事，先后实施了两翼地区农产品市场建设、“万村千乡”市场工程、观农贸盘溪市场搬迁等一系列举措，印发了《重庆市人民政府关于印发重庆市统筹城乡重点改革总体方案的通知》《重庆市人民政府关于加强农产品流通工作的意见》《重庆市主城区农产品市场布点规划（2013—2020）》等文件。市政府领导就相关问题多次开会、批示并专题研究。市商委始终以城乡商贸统筹发展为主线，以促进农村经济发展、便民利民惠民、扩大农村消费为出发点，把农产品市场体系建设作为搞活农村流通、激活农村消费、发展农村经济的重中之重，制定了《重庆市商业委员会关于健全农村现代流通体系的指导意见》，全面发力建设主城—区县—乡镇（社区）三级农产品市场体系，进一步优化布局，提升功能，加强管理，规范秩序，加快构建和完善高效畅通、安全规范的农产品流通市场体系。各区县从推进经济发展、保障有效供给、促进农民增收的高度，重视并加强农产品市场建设，推进农产品市场建设。

第二，大型农产品市场作用发挥较好。加快建成了一批主城区的大型农产品批发市场，比如，在江津区建设了年交易额500亿级的双福国际农贸城，其中，投入38亿元，建成60万平方米大型农产品批发市场。2014年8月，主城区原观农贸蔬菜市场整体关闭并搬迁至双福国际农贸城，标志着双福国际农贸城作为全市大型农产品市场（一级）的形成，这对于构建全市三级农产品体系、全国骨干流通网络起了决定性作用。双福国际农贸城作为全市大型农产品批发市场，被商务部确定为全国骨干农产品流通网络体系，纳入全国公益性大型农产品批发市场建设试点。现营业面积40万平方米，固定经营户3 100户，从业人员2万人，日均销量超过7 000吨。2015年交易量256万吨，交易额162亿元。

第三，区县农产品市场逐渐完善。注重建设具有区域辐射功能的区县农产品二级批发交易市场或批零兼营市场、专业特色市场。万州、黔江、涪陵、合川、南川、永川、潼南、梁平、石柱、巫溪、酉阳、秀山等建设农产品交易市场18个，其中两翼地区建成11个农产品综合交易市场，较好地解决了区县农产品集散和交易问题。荣昌、开州、巫山、奉节、铜梁、綦江、大足、璧山、石柱、彭水、巫溪、城口等农产品市场正加快建设。

第四，城区菜市场有序放量。城区菜市场与乡镇农贸市场是农产品市场三级体系的重要组成部分，并作为民心工程扎实推进。为解决全市菜市场分区不合理、设施不完善、环境不卫生等问题，支持新建和改造544个菜市场，基本实现了城市建成区标准化菜市场全覆盖。改造后的菜市场干净整洁，商品摆放有序，购物环境明显改观，深受市民欢迎。市商委积极鼓励各区县推进城区菜市场建设。

第五，乡镇农贸市场巩固提升。为方便乡镇农产品交易和购物，改变以路为市等问题，政府加大了乡镇规范化农贸市场建设力度，累计建设和改造乡镇农贸市场999个，农贸市场遍布城乡且实现全覆盖，搭建了乡镇农产品流通和集镇居民消费的平台，较好地解决了农产品集散、交易不便和农民“卖难”、市民“买贵”的问题。结合农村消费市场状况，市商委积极鼓励支持城镇扩建区、撤并乡仍在赶场的集镇、旅游（文化）休闲避暑胜地、边贸等乡镇建设改造农贸市场。

第六，积极推进农商对接。不断探索发展农批、农超、农餐、农校、农企、农社、农网、集团采购等农产品流通产销对接新模式，搭建农产品生产与消费两端延伸经营链条，建立稳定的产销关系。现每年举办各类对接活动100多场（次），参与商贸流通企业500多家、专业合作社和龙头企业1 500多个，对接基地500多个，达成农产品对接、采购协议70亿元。还引导农产品流通企业、农民专业合作社建设社区直销菜店。

第七，市场管控有力。坚持按规划指导市场建设，积极推进农产品市场优化布局，落实好《重庆市主城区农产品市场建设布点规划（2013—2020年）》，有序推进农产品市场建设，有效控制重复建设、恶性竞争等情况，避免资源浪费。积极引导盘溪水果市场等内环以内农产品市场向外搬迁，协调和妥善处置农产品市场建设和经营的疑难问题，妥善处置突发事件。合理配置菜市场、农贸市场，丰富居民"菜篮子""果盘子"，满足城乡居民消费需求。同时，加速构建以农产品市场为主的农村流通网络，按照乡镇商业"五个一"（一个商业中心或集聚区，引进一家品牌连锁超市，新建或改造一个专业、特色的农贸边贸市场，培育一家知名餐馆，一家星级农家乐）、六大体系（农村日用消费品销售体系、农产品购销体系、农业生产资料供应体系、农民生活服务体系、再生资源回收利用体系、商务信息服务体系）的要求完善农村商贸流通网络，突出抓好乡镇商业设施建设，推进乡镇商贸中心建设，打造乡镇微商圈或商业集聚区，合理配置业态业种如农贸市场或特色市场、品牌连锁超市、品牌餐饮、星级农家乐等商业设施，突出改造提升农贸市场和超市，建成一批乡镇商贸综合服务中心（微商圈），共创建商贸强镇52个。加快发展以鲜活农产品冷藏、运输为主的冷链物流，支持产地建设集配中心，购置统一配送标识、统一车辆技术标准、统一车辆外观的冷藏车，形成冷库能力120万吨。

第八，加大支持力度。"十二五"期间，中央在万村千乡、双百市场工程等方面加大了力度，市级也千方百计筹资加大市场建设的投入，对两翼地区的11个农产品综合交易市场，给予每个市场1 000万元资金支持；投入资金1.5亿元新建和改造544个城区菜市场，按照每个菜市场20万元至30万元不等的标准补助；投入近2亿元支持建设、改造规范化乡镇农贸市场，每个乡镇农贸市场按照20万元的标准提供补助。同时，建立了农产品发展基金，中央2亿元落地双福农贸城，以完善市场功能、信息化系统、基础工程等。农产品发展基金在保供稳价、畅通信息、质量保障等公益性功能方面发挥了较好作用。所在的区县从财政、土地、规费等方面给予支持。

第九，主体培育加强。支持农产品交易市场转型升级，向标准化、信息化、智能化方向发展，改善经营管理，发展电子商务。培育骨干企业"小巨人"和一批农产品流通企业（批发市场）及经销商、农村超市和农村经纪人和营销能手、家庭农场、农民合作社、专业大户，开展了首次农产品市场20强、农村超市50强、农产品流通经销大户100户评比。其中，农产品市场20强名单是：重庆双福国际农贸城、重庆菜园坝水果市场、中国（荣昌）畜牧产品交易市场、重庆市粮油批发市场、万吨冻品交易市场、观农贸市场、涪陵区新大兴国际农副产品交易中心、开州区开州大市场、合川区合州综合市场农副产品批发市场、南岸区正扬大市场、重庆花木世界市场、重庆潼南蔬菜批发物流市场、酉阳县钟灵山农贸市场、长寿区凤城市场渝中区学田湾市场、重庆市两路农贸市场、北碚区北部天生市场、江津区琅山菜市场、大足区龙水商贸市场、九龙坡区杨家坪菜市场。

五、存在的问题

一是一些区县仍未建设农产品批发市场、综合市场，或专业特色市场。少数区县农产品市场重复建设、恶性竞争。城区菜市场和乡镇农贸市场建设任务较重，目前在建74个；拟建204个，其中改造16个。

二是农产品市场设施简陋。乡镇农贸市场仍有66个露天式经营、532个大棚式经营，未经改造市场190个；城区菜市场14个露天式经营、78个大棚式经营，未经改造市场81个。

三是农产品市场转型升级缓慢，交易手段落后，仍然沿袭传统出租方式，市场信息化程度低，无法提供检验检测、废物处理、电子结算、信息发布等服务，很难发挥商品集散、形成价格、传递信息、保障安全等功能，商流、物流、人流缺乏及时有效调控，供应链尚未形成。

四是一些农产品市场管理不够规范，水平低下，自卖区未留足，集聚、辐射能力弱。

六、"十三五"期间农产品市场发展重点

继续抓好农产品市场体系建设，加快完善"主城区—区县—乡镇（社区）"三级农产品市场体系，建立起以功能集聚的农产品批发市场为中心，以绿色便捷

的农产品零售市场为基础，以高效规范的电子商务等新型市场为重要补充，有形与无形市场相结合，产地与销地市场相匹配的高效畅通、安全规范、竞争有序的农村现代流通体系。

一是优化农产品市场布局。坚持按《重庆市主城区农产品市场布点规划(2013—2020)》要求，严格控制主城农产品市场建设，实行听证制度，避免同质化竞争。抓好主城农产品批发（专业）市场外迁。鼓励尚未有农产品批发市场的区县加快建设，因地制宜地推进特色突出的农产品专业市场建设。

二是推进市场转型升级。加强信息化、标准化、集约化建设，突出供应链管理和平台化，发展超市化市场，推进物流配送、质量监管等基础设施建设，完善配套服务体系，鼓励线上线下融合发展。着力推进现有农产品交易市场建设及其加工储存、物流配送、电子商务功能完善，从现场现货交易向信息化、规范化、商场化，及线上线下融合发展转变，提高其集聚辐射能力。

三是探索建设公益性农产品市场。科学规划公益性农产品市场布局，创新公益性实现模式，围绕增强宏观调控能力和民生保障能力的目标，完善投资保障、运营管理和政府监管机制，强化保供、稳价、安全、环保功能，加快构建公益性农产品市场体系。继续抓好双福农贸城的公益性大型批发市场建设，重在完善标准化交易区，配备检测、冷藏、结算等设施设备，加速推进信息化建设和发展电子商务，加速构建全国性、跨区域农产品流通骨干网络。

四是着力推进民生实事。大力发展乡镇农贸市场、城区菜市场，合理配置菜市场、农贸市场，丰富居民的“菜篮子”“果盘子”，支持城镇扩建区、撤并乡仍在赶场的集镇、旅游（文化）休闲避暑胜地、边贸等乡镇建设、改造农贸市场，继续支持建设城市社区菜市场，将其作为民心工程推进，满足城乡居民消费需求。

五是切实加强农商对接。支持双福农贸城批发配送体系、展示平台和主产区（菜篮子基地、特色产业乡镇）产销衔接链条，加强农产品跨区域、反季节产销衔接链条建设，支持农产品批发市场以委托生产、订单农业等方式，开展农批等产销对接，形成长期稳定的产销关系，实现农产品生产主体与零售终端、消费加工终端的有效对接，促进农产品流通，确保农产品货畅其流，减少流通环节，降低流通成本，提高流通效率。

专题七 重庆市"十二五"期间家居建材市场发展报告

家居建材行业相关产品具备双重属性：一是生产资料属性，如玻璃、石材、木材等；二是生活资料即工业消费品属性，如家具、装饰材料、家居饰品、灯饰、酒店用品等。

重庆市家居建材市场作为全市主要的六大类（家居建材、小商品、钢材、五金机电、汽摩配件、农副产品）专业市场之一，在市场建设、调整外迁、转型升级等方面有重要的风向标作用，在提供就业岗位、纳税、贸易额、提高人民生活水平等方面有较大的贡献，促进了经济社会健康发展。分析研判家居建材市场在"十二五"期间的发展状况，对促进主城区家居建材市场的持续健康发展、指导主城区外的区县"十三五"期间发展家居建材市场甚至其他类别市场，有很强的指导意义。

一、全市家居建材市场总体情况

（一）2015 年全市家居建材市场概况

截至 2015 年年底，全市家居建材市场 118 个，经营面积约 602 万平方米，年交易额达到 661 亿元，从业人数超过 80 万人。营业面积超过 10 万平方米的市场达 17 个，年交易额超过 10 亿元的市场达 12 个，其中绿云石都建材交易城、铠恩国际家居名都交易额超过百亿元。

从类别上看，装饰建材、家具家居市场占绝对主导地位，两类产品市场所占市场份额近 80%。从区域上看，都市功能核心区及拓展区占据市场份额的 70%左右。

表 1　　2015 年全市家居建材市场规模总体情况表（按类别分）

市场类别	市场数量（个）及占比		经营面积（万平方米）及占比		交易总额（万元）及占比	
装饰建材市场	42	36%	218	36%	243	37%
家具家居市场	53	45%	241	40%	281	43%
灯饰市场	6	5%	35	6%	30	5%
石材市场	5	4%	67	11%	79	12%
木材市场	10	8%	38	6%	22	3%
酒店用品市场	2	2%	4	1%	5	1%
小计	118		602		661	

表 2　　2015 年全市家居建材市场总体情况表（按区域分）

市场类别	市场数量（个）及占比		经营面积（万平方米）及占比		交易总额（万元）及占比	
都市区	63	53%	414	69%	513	78%
城市发展新区	27	23%	107	18%	86	13%
渝东北地区	17	14%	43	7%	45	7%
渝东南地区	11	9%	38	6%	17	3%
合计	118		602		661	

（二）“十二五”期间全市家居建材市场概况

“十二五”期间，全市家居建材市场总体上呈现先快后慢、持续增长的发展势头。

“十二五”期间，全市家居建材市场总量为 118 个，其中新增市场 53 个，关停市场 11 个。2011—2012 年是全市家居建材市场井喷式发展期，两年时间新增建成投运市场 34 个，其中 2012 年新增市场 25 个，当年增量接近整个“十二五”新增市场总量的 50%。

受家居建材市场的总量过剩及房地产市场调整导致需求减少等因素的影响，2013—2015 年，市场建设进度开始放缓，经营面积增速得到有效控制。市场交易额在 2012 年市场体量迅速放大后直接引起 2013 年增速达到最高，2014—2015 年，整个市场交易额增速整体显著下降。

表 3　　2010—2015 年全市家居建材市场发展情况表

序号	项目	"十一五"期末	"十二五"期间发展情况					合计
		2010 年	2011 年	2012 年	2013 年	2014 年	2015 年	
1	市场数量（个）	76	85	107	112	115	118	
	数量增长率		11.8%	25.9%	4.7%	2.7%	2.6%	9.5%
	其中：新增市场		9	25	8	6	5	53
	关停市场			3	3	3	2	11
2	市场经营面积（万平方米）	326	423	493	546	566	602	
	面积增长率		29.8%	16.5%	10.8%	3.7%	6.4%	13.4%
	其中：新增面积		94.7	68.1	77.8	16.8	21.5	279
	关停面积			13.8	14.4	2.1	9.0	39
3	市场交易总额（亿元）	392	414	475	593	640	661	
	交易额增长率		5.6%	14.7%	24.8%	7.9%	3.3%	11.3%

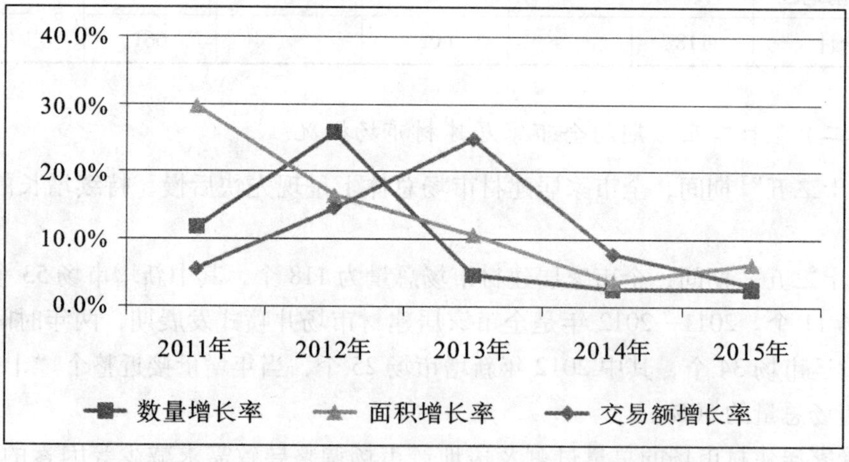

图 1　2011—2015 年全市家居建材市场增长态势图

二、全市家居建材市场建设情况

（一）建成投运市场情况

“十二五”期间，全市共建成投运家居建材市场53个，占全市总量的45%；营业面积达到298万平方米，占全市总量的45%。其中典型项目有沙坪坝区大川国际建材城、曾家木材市场，九龙坡区走马国际石材市场，秀山县福广建材市场，潼南区西南国际灯具城，北部新区中国西部建材市场，梁平县亿联建材家居五金城等。

表4　　2011—2015年全市新增家居建材市场汇总表

区域	个数	个数占比	经营面积（万平方米）	面积占比
都市功能拓展区	26	49%	197	66%
城市发展新区	12	23%	51	17%
渝东北生态涵养发展区	7	13%	20	7%
渝东南生态保护发展区	8	15%	29	10%
合计	53		298	

“十二五”期间全市建成投运时间主要集中在2012年及2013年，与重庆市家居建材产品伴随房地产市场的快速发展引发的消费需求大幅增长密切相关。从区域分布来看，市场主要集中在都市功能拓展区和城市发展新区，平均市场建设规模远高于渝东北生态涵养发展区和渝东南生态保护发展区，其中以九龙坡区、北部新区、沙坪坝区为代表，形成了家居建材市场集群。

随着主城区发展空间不断外扩及都市功能核心区用地紧张、交通压力大、人口密度大等矛盾凸显，家居建材市场主要依托铁路、公路等重要交通节点、物流园区及二环线与射线（通道）交汇点逐渐向都市功能拓展区迁徙扩张，形成了大川国际建材城、聚信美家居世纪城、美每家建材家居广场、走马国际石材市场等超大型市场。该类市场具备第三代批发市场的典型特征，如规模更大，购物环境更好，集展示、批发、零售于一体，卖场与物流仓储相结合，融合商务、商业甚至娱乐休闲功能，这对引领探索重庆市专业市场的发展道路和方向具有重要作用。而内环区域内，以红星美凯龙、欧亚达、居然之家等为代表，规模介于“十一五”期间建成的卖场与二环区域的新市场，集中在3万~5万平方米，实现了卖场的商场化、品牌化、精品化、专业化，满足了家居建材产品不同档次的需求，有效提升了家居建材行业整体发展水平。

（二）在建市场情况

截至2015年年底，全市在建家居建材市场16个，规划建设面积达到279万平方米。其中典型项目有中欧智慧光都、渝东南国际建材城、巫溪亿联建材家居五金城等。

表5　2015年全市在建家居建材市场汇总表

区域	个数	个数占比	规划面积(万平方米)	面积占比
都市功能拓展区	5	28%	121	40%
城市发展新区	8	44%	22	7%
渝东北生态涵养发展区	3	17%	28	9%
渝东南生态保护发展区	2	11%	132	44%
合计	18		303	

截至2015年年底，全市在建市场经历2010—2013年的快速发展后，市场格局发生了较大变化。因内环区域内市场供应较为充足、竞争充分，内环区域外新建市场出现招商不足、新旧市场缺乏有效承接转换、房地产市场趋于疲软等情况。都市功能区在建市场开发进度及强度呈明显下降趋势，甚至个别项目中止开发。市场由主城区开始向城市发展新区及渝东北、渝东南地区转移，其中以荣昌区、黔江区、巫溪县为代表。由于各区县的消费特征、辐射能力与主城区存在较大差异，都市功能扩展区外的项目大都规划体量较大，市场在功能方面体现了综合性，形成集家居建材、五金机电、汽摩配件等为主体业态的大型综合性市场。

三、主城区家居建材市场外迁情况

（一）外迁完成情况

从“十一五”期末的2010年开始，随着城市的快速扩张，以及对市场现代化发展要求提升，主城内专业市场经营和发展呈现出较多的问题，也产生了诸多不利影响。内环以内大型专业市场搬迁至二环区域，已成为顺应市场发展和城市产业布局调整要求的必然趋势。将涉及规划调整，对城市建设、城市发展、交通和环境影响较大，硬件及服务水平显著落后，社会矛盾较为突出的市场列为重点外迁对象。据统计，“十二五”期间，家居建材市场外迁搬迁进度缓慢、体量偏低、效果并不明显，仅涉及 2 家市场，搬迁面积 20 万平方米。未来需要关闭、业态调整、外迁的市场数量有 9 家，体量预计达 48.3 万平方米，涉及商户 1 978 户，而“十二五”期间完成量仅 20%左右，未来搬迁任务艰巨。

表 6　　重庆市内环市场整体关闭搬迁情况表

区县	市场名称	经营面积（万平方米）	经营户（户）	关闭时间	关闭方式	搬迁方式	搬迁去向
沙坪坝	马家岩大川建材市场	15	1 200	2015	整体关闭	分散搬迁	1.团结村大川建材城 2.华福路美每家 3.二朗永动机电市场
九龙坡	启耀木材市场	5	156	2015	整体关闭	分散搬迁	华福路、八侨等木材市场
合计		20	1 356				

表 7　　重庆市内环市场整体关闭搬迁需求表

序号	区县	市场名称	营业面积（万平方米）	经营户（户）	实施方式	商家外迁去向
1	九龙坡	新世界建材市场	7.1	442	分散搬迁	1. 走马石材市场群 2. 含谷环球石材市场
2	九龙坡	滩子口玻璃门窗市场	10	460	统一搬迁	正在华南城等地选址
3	九龙坡	八益建材市场	4	310	分散搬迁	1. 团结村陶瓷基地 2. 双福建材市场
4	九龙坡	启耀木材市场	5	156	分散搬迁	华福路、八侨等木材市场
5	九龙坡	石龙木材市场	1.6	70	分散搬迁	白市驿货场
6	九龙坡	八侨木材市场	2	70	分散搬迁	
7	九龙坡	巴山陶瓷市场	0.6	70	部分搬迁	1. 团结村陶瓷总部基地 2. 双福建材市场
8	九龙坡	国窖建材市场	3	200		

表7(续)

序号	区县	市场名称	营业面积（万平方米）	经营户（户）	实施方式	商家外迁去向
9	沙坪坝	马家岩光能板材市场	15	200	定向搬迁	西部装饰材料物流中心
		合计	48.3	1 978		

(二) 外迁存在的主要困难

“十二五”期间市场外迁步履艰难，效果并不明显。

一是一些欲搬迁市场无合适搬迁去向。如滩子口玻璃门窗市场、华福路上几家木材市场等。

二是交通条件没有显著改善，物流成本没有降低，如团结村大川建材城建成后交通限行问题一直未能有效解决。

三是外环承接市场普遍建设缓慢，缺乏商业氛围和配套服务设施，直接影响市场招商和商家入驻，延缓了市场外迁步伐。

四是新老市场间缺乏有效对接和资源整合，老市场多年形成的既得利益包括品牌、渠道、客户等资源使得商户不愿轻易放弃，新市场又不愿在整合上做利益让步，形成外环在建市场和主城内环在建市场存在利益冲突这一核心矛盾，导致老市场搬不了、新市场活不成。

四、主城区家居建材市场运营情况

(一) 总体运营情况

2011—2013年，重庆家居建材市场规模及交易额快速扩张，为扩大内需、拉动消费、增强重庆商贸集聚辐射能力起到了积极作用。近两年来，国家房地产调控政策的不断深化、加强，使房地产“刚性需求”潜在族仍在等待、观望，家居建材的实际购买力在相对下降，消费趋势始终处于异动变化中，需求不能维持销售额的增长。重庆家居建材企业面临产能过剩、市场饱和、需求疲软的总体趋势。这迫使家居建材行业减缓扩张速度、寻求转型升级，甚至部分市场关门停业转型发展。行业内新一轮洗牌不可避免。

表 8　　重庆市关停转家居建材市场明细表

序号	区县	市场名称	市场类型	关停转时间（年）	营业面积（平方米）
1	涪陵区	福满堂装饰城	装饰建材	2015	10 000
2	九龙坡区	建玛特（杨家坪店）	家居建材	2012	18 000
3	九龙坡区	香江家居	家居建材	2012	100 000
4	梁平县	建材市场	家居建材	2014	15 000
5	南岸区	好百年家居广场	家居建材	2013 年	40 000
6	南岸区	美克美家家居	家居建材	2014	3 300
7	潼南县	红新家具城	家居建材	2014	3 000
8	渝中区	得意装饰世界	家居建材	2013 年	50 000
9	渝中区	家佳喜装饰市场	家居建材	2015	80 000
10	渝中区	中天广场装饰城	装饰建材	2013	54 000
	合计				373 300

（二）主城区老市场运营存在的主要问题

尽管诸多老市场位于城市核心区、经营多年，但在新增市场的竞争挤压下，逐渐淡出市场。老市场运营存在的主要问题：一是硬件设施落后、经营环境脏乱差，二是仓储物流配送难以满足经营需求，三是转租、提租、售后返租等方式会提高租金成本，四是市场营业方式落后、服务管理欠缺。

（三）二环区域新建市场运营存在的主要问题

二环区域第一批新建市场相继投运后，持续存在招商困难的困境，后续在建项目进度减缓，个别项目建设中止、转向招租。主城区二环其他类型的专业市场亦不同出现了上述困境，分析二环区域新建市场运营存在的主要问题有助于在“十三五”期间合理引导城市发展新区、渝东南渝东北地区家居建材市场的健康发展。

一是投资主体对市场发展阶段、消费需求、辐射能力等预判过于乐观，市场规划体量大、功能全、定位高，开发过程中易产生土地供应不足、难于实现滚动开发，引发资金链断裂。

二是投资主体借市场建设炒作投机，以集资建设、分零出售、售后返租等方式快速收回投资和盈利，直接导致投资主体不会积极招商、不会主动培育市场，甚至引发群体性事件。

三是市场主体开发及运营经验不足，部分市场投资主体跨行业投资或为外来投资商，有效的商户资源严重匮乏，加之缺少招商经验，直接导致了“市场建设易、招商运营难”的尴尬局面。

四是新建重点商品交易市场距离市中心或老市场较远，物流通道、公共交通、文教卫生、餐饮住宿等配套设施滞后于市场建设，直接导致市场人气不旺、招商疲软、商户信心不足、市场培育期大大超出预期，大幅增加了投资主体及广大商户的资金压力及运营成本。

五是政府宏观调控和引导不足，政府规划引导和控制作用不明显，政府宏观调控缺乏有效手段，对投资主体缺乏选择、对同质化布局缺乏认真审视。

五、家居建材市场发展启示

（一）积极应对市场现实困境

重庆家居建材市场总量过剩，竞争非常激烈，同质化竞争和重复建设比较严重。随着二环区域交通条件、配套设施的改善及政府积极引导外迁，市场外迁将进入实质性实施阶段。新旧市场的交替，将不可避免推动业态调整、融合发展、转型升级等行业洗牌动作。在市场转换发展的关键时期，新建项目需对规划选址、建设规模、功能定位、业态定位等关键内容进行充分的可行性论证及风险分析，避免盲目扩大建设规模、同质化竞争；外迁项目与新市场应实现有效对接和资源整合，寻求利益平衡点，实现融合抱团发展；新市场应积极寻求招商新渠道、新业态；老市场应提升服务水平，探索重构商业模式，培育新的盈利增长点。

（二）顺应电商发展潮流

近年来，众多家居建材企业都在探索适合自己的O2O模式，有以居然之家、红星美凯龙为代表的传统家居卖场的电商平台，以天猫、京东为代表的电商平台，以苏州金螳螂工装企业电商模式为代表的第三方平台，以及以齐家网、美乐乐等专业家居为代表打造的O2O平台。众多家居建材销售企业对发展电子商务的态度已由抵制向适应、顺应电商发展转变。线下体验、交货，线上交易的 O2O 模式是最为市场看好的家居建材行业运营模式，未来家居建材行业 O2O 模式将更加成熟。选择适合重庆本地、企业和项目自身的 O2O 模式和电商平台，培养电商运营管理人才，鼓励商户主动触网，有利于重庆家居建材市场的突破转型。

（三）关注行业渠道通路新突破

家居建材业想恢复景气，不能只依赖楼市调整，从长远来看，个性化家居、全屋定制整装家居、智能家居、绿色建材的推广应用、二次装修潮的来临、销售模式由备货向订货制转变等，都可能成为家居建材业实现转型的突破口。“十三五”期间，重庆家居建材市场应积极面对行业渠道通路，找到新突破，快速反应，抢占市场先机。

专题八　重庆专业市场未来发展之路

21 世纪初，一些学者结合连锁经营和超市等新型商业形态出现造成部分商品交易市场遇到发展瓶颈的现实，参考发达国家大量工业品专业批发市场在工业化中后期消亡的历史事实，提出了中国专业市场正在逐渐萎缩，并终将消失殆尽的“专业市场消亡论”。随着“互联网+”时代和工业 4.0 时代的到来，电子商务对专业市场带来了巨大的冲击，传统商业模式的功能和优势逐渐被电子商务替代与弱化。同时，中国专业市场所呈现出的设施设备落后、管理理念传统、物流体系老旧以及交易方式单一等问题，使得专业市场面临着交易费用增加，综合竞争力水平急剧下降的严峻考验。在这一背景下，专业市场还有生存空间与发展前途吗？专业市场应如何转型升级？本文通过深入剖析“专业市场消亡论”的理论基础和逻辑思路，以经典理论为基础，对专业市场存在性的理论问题进行探讨，同时结合竞争模型和博弈模型对专业市场的存在空间问题进行验证，并借鉴浙江义乌小商品专业市场和日本农产品专业市场的先进经验探析专业市场的发展问题，最终以案例分析形式针对重庆专业市场的现状、问题以及未来发展趋势、路径选择提出一些观点。

一、理论探讨：专业市场的存在性问题

（一）专业市场消亡论

基于新古典理论的“专业市场消亡论”认为，分工推动了专业市场的形成，也阻碍了专业市场的发展，甚至加速了专业市场的消亡。其逻辑思路大致如下：分工使得生产效率提高，为供需双方提供了交易动机和空间，推动了专业市场形成，但分工的细化提高了专业市场的交易费用，促进了“劣币驱逐良币”机制和企业创牌行为的产生，导致专业市场萎缩甚至消亡。

在规模报酬不变的假设前提下，科斯揭示了企业与市场的边界在于市场所能够节省的交易成本的大小。在传统新古典经济学中，假设产品只以价格作为唯一标识维度时，市场这一组织形式非常有利于节约价格信息搜寻成本。对于“福特”时代来说，产品的标准化在较长时间内符合新制度经济学的假设，因而科斯对市场存在的合理性的解释非常具有说服力。但是，随着需求层次的提高，市场扰动的加剧引发市场细分，一类产品在定制化程度升高后，产品依据除价格之外的其他维度，可以按质量从低到高形成一个完整的系列。在传统的专业市场上，同一类产品同时存在于一个大市场，致使产品价格之外的维度的甄别成本很高，质量差异系列产品导致“柠檬市场”效应，市场中很自然地形成“劣币驱逐良币”的机制，从而导致高质量的产品为了追逐更大的合理利益而脱离原来的市场，将“市场”内部化建立自己的营销网络，这一内部化问题其实是在产品空间拓展的情况下，追求信息成本降低的制度变迁。

在专业市场上产品的维度扩大后所构成的巨大信息空间中，市场参与者无法影响自身的指标，但可以改变信号（如教育、品牌等），因此，信号也就潜在地由市场参与者来控制，信息成本就是市场参与者将低水平信号调整为高水平信号的成本。面对市场中技术性越来越强、构成越来越复杂的产品，市场的普通消费者要来甄别这些信息是不可能的，其最终的市场结果很可能是混同均衡或根本没有均衡。在信息如此不完全的情况下，即使存在竞争性均衡也可能不是帕累托最优的。这就为降低信息甄别费用的努力留出了足够的利益空间，使复杂信息转换为简单的信号成为市场内生的需要。具体到专业市场，品牌涵盖了产品的许多复杂的技术信息，成为市场中关于某一产品的简单的信号，因此在足够大的利益空间内，创牌的努力往往成为可获得稳定经济租的经济行为。企业在创牌后，作为“公共产品”形式的专业批发市场变成阻碍获得经济租的组织形式，从而使企业自建品牌独立的市场，提高市场使用费用成为必然。

显然，上述观点所采用的经典理论和分析思路无疑是正确的，且对专业市场所面临的问题和挑战进行了深刻的剖析。但仔细推敲会发现，基于外部报酬不变假设的“专业市场消亡论”根本站不住脚。分工促进专业市场形成的同时，成熟的专业市场所产生的集聚效应，加剧了其规模的扩大，因此形成的内生报酬递增机制和分工网络效应足以使其跨越“专业市场消亡论”的历史陷阱。

（二）专业市场客观论

“专业市场客观论”主要是以新形势为研究背景，以分工理论、竞争理论以及产业组织理论等经典理论为支撑，阐述专业市场所面临的新挑战和新机遇，从而剖析专业市场的存在性问题。尤其是随着互联网时代和工业4.0时代的到来，电子商务和现代物流的出现以及物理世界与虚拟网络世界融合战略的提出，使得专业市场的生存环境发生了较大变化，客观上需要新观点的补充。

1. 专业市场挑战论

专业市场挑战论结合分工理论、竞争理论以及最新形势，提出专业市场正面临着竞争的加剧和竞争能力的下降两方面挑战。一方面，分工的细化引发市场细分，导致专业市场的竞争对手数量急剧上升，而由于“经济人”假设，市场在配置资源时往往以最大化利益为目标，但由于资源的有限性和产品的同质性，新兴市场和专业市场的竞争便不可避免，且该竞争的激烈程度会随着市场数量的增加而上升。另一方面，以电子商务平台为主的新兴市场运用互联网技术将供需双方联系在一起，通过线上交易、线下体验的营运方式提高了市场信息完全化水平，采用虚拟交易平台降低了交易成本，运用现代物流技术提高了运输效率，这对基于共享式实体交易平台，依托传统物流运输方式的专业市场提出了严峻的挑战，曾一度使得专业市场占有份额下降。

2. 专业市场机遇论

专业市场机遇论则以新古典增长理论、竞争理论以及产业组织理论为基础，从创新的视角提出专业市场仍存在发展的新机遇。首先，专业市场挑战论承认在新形势下，专业市场竞争力相对下降的事实，并认为下降原因来自内部发展模式的落后和外部创新技术的冲击。其次，专业市场机遇论指出，技术进步作为外生变量促进经济增长，可以被视为一种特殊的生产资料，也受专业市场的配置，这为专业市场的技术融合创新提供了理论基础。再次，专业市场机遇论运用产业组织理论分析表明，由于不同产业之间存在竞争，为提高所属产业的市场竞争力，现实市场在竞争过程中通常会考虑相关市场间的合作，这为专业市场与新兴市场的协作创新提供了理论依据。最后，专业市场机遇论针对创新方式的问题，提出专业市场可通过与电子商务平台以及现代物流的融合，构建线下体验、线上交易平台，完善现代流通体系，降低交易费用，提高竞争力水平。

综上，无论从“专业市场消亡论”的理论基础出发，还是以当前新时代为背景的“专业市场客观论”分析，结果都表明，中国专业市场的形成和发展都有着其自身的特点，尽管目前面临着一定冲击，但仍然具有存在的理论支撑和现实依据，在未来相当长的时间里对促进中国经济发展起着不可替代的作用。

二、模型验证：专业市场的生存空间问题

专业市场自形成以来，其发展一直受诸多内外部因素影响，未来生存空间也因此遭到质疑。本文运用竞争模型和博弈模型，从消费者（或小批发商）、采购商以及经营者等多个角度，验证专业市场在传统交易方式和新兴交易方式同时存在的背景下，是否仍具有生存空间的问题。

（一）竞争模型

竞争模型是从消费者和市场的角度，运用数学推理分析影响消费者（或小批发商）在专业市场和大型综合商场之间做出选择的因素，从而比较两者在竞争过程中的优劣，以此找出专业市场在与传统大型实体商场的竞争中存在空间的原因。

1. 参数设定

通过对影响选择行为因素的相关理论分析，对现实生活中消费者和市场的选择行为进行抽象，假设消费者闲暇时间为 t，购买力为 r，搜索成本为 S，商品价格为 P，购买商品种类为 N，购买商品数量为 X_i，单次购买的商品种类为 K，购买频率为 F。假设大型综合市场与专业市场的个数分别为 M 和 N，对消费者造成的搜索成本分别为 S_i 和 S_i*，销售的商品价格分别为 P_i 和 P_i*，可供选择的商品品种分别为 g 和 h，实际销售商品的品种分别为 d 和 f。

2. 模型讨论

当消费者购买 K 种商品时，其在选择大型综合市场和专业市场时是以成本最小化为原则的，故在分析其选择行为时，可以根据消费者在两者中总成本之差的正负判断其最终选择结果。具体如式（2.1）：

$$D_k=(\sum_{i=1}^{m}S_iB_i+\sum_{i=1}^{k}X_iP_iB_i)-(\sum_{i=1}^{n}S_i*B_i+\sum_{i=1}^{k}X_iP_i*B_i) \tag{2.1}$$

式中 $B_i=\dfrac{B_i*}{\max\limits_{1\leqslant i\leqslant k}B_i*}$，$B_i{}^*=\dfrac{E(t)D(t)X_iP_ih(N-K)}{rgFd}$，$E_{(t)}$ 为消费者平均闲暇

时间，$D_{(t)}$ 为消费者闲暇时间波动程度。

3. 模型结论

从上述模型可以看出，当 $D_k>0$ 时，消费者会选择专业市场，反之，则选择大型综合市场。显然，由模型推理可知（限于篇幅，此处省略），在其他情况下，消费者选择专业市场的倾向性大小与消费者购买种类（k）、购买力（r）、购买频率（F）、购买价格总量（X_iP_i）以及大型综合市场可供选择的商品种类（g）呈反方向关系，与平均闲暇时间（E_t）、闲暇时间波动程度（D_t）以及专业市场可供选择的商品种类（h）呈正方向关系。

值得注意的是，正是由于专业市场大多处于郊区，租金相对便宜，价格相对偏低，购买相同数量的产品，其购买价格总量会相对偏小；同时，专业市场对于同一品种可供选择的商品种类较大型综合市场偏多，这会促使消费者（或小批发商）选择专业市场进行消费。

（二）博弈模型

博弈模型是从经营户和采购商的角度，分别从交易制度变迁的不同阶段，运用利润最大化的原则，找出市场主体在选择实体市场交易方式和电子商务与实体市场相结合交易方式的平衡点和条件，以此验证基于实体共享平台的专业市场在电子商务时代是否具有存在空间。

1. 模型假定

假定市场主体采购商选择的交易方式包括实体和电子商务，其选择两者的概率分别为 p 和 $1-p$，由此获得的收益分别为 R_1、R_2，需要的成本分别为 C_1、C_2。市场主体经营者选择的交易方式包括实体和实体与电子商务相结合，其选择两者的概率分别为 q 和 $1-q$，由此获得的收益分别为 G_1、G_2，需要的成本分别为 T_1、T_2。由此建立的博弈矩阵如表 1 所示。

表 1　市场主体对交易方式选择的博弈矩阵

		经营者	
		实体市场交易方式（q）	电子商务与实体市场相结合交易方式（$1-q$）
采购商	实体市场交易方式（p）	R_1-C_1，G_1-T_1	R_1-C_1，$G_1-T_1-T_2$
	电子商务交易方式（$1-p$）	0，$-T_1$	R_2-C_2, $G_2-T_1-T_2$

2. 模型演化

从经营户的角度看，根据博弈的相关理论和表 1 中的博弈矩阵可知，采用实体市场交易方式的期望收益为 $U_1=(G_1-T_1)*p+T_1*(1-p)$，采用两者结合交易方式的期望收益为 $U_2=(G_1-T_1-T_2)*p+(G_2-T_1-T_2)*(1-p)$，平均期望为 $U_0=q*U_1+(1-q)*U_2$。由此可得出经营者在选择实体市场与电子商务相结合交易方式的复制动态方程为 $U(q)=q*(U_2-U_0)$，对该复制动态方程求导可得，$du(q)/dq=(1-2q)*[(G_2-G_1+T_1)p-G_2]$。令 $(G_2-G_1+T_1)p-G_2=0$，求得该交易方式的平衡点为 $p_0=G_2/(G_2-G_1+T_1)$。

因此，如经营户要采用两者结合的交易方式，则需满足的条件包括采取该交易方式的收益大于实体市场交易方式，且要超过平衡点才能有长期均衡的出现，用数学符号可表示为 $G_2-G_1+T_1>0$ 和 $p>p_0$。

同理，从采购商的角度看，按照上述分析方法得出的结果表明，如采购商要采取电子商务交易方式，其需满足的条件为 $(R_1-C_1)/(R_2-C_2)<1$，且复制动态方程的导数 $du(p)/dp<0$。

3. 模型结论

从总体上看，采购商根据自身的交易习惯和交易成本所选择的交易方式只是倾向性强弱的问题，经营户群体才是交易制度变迁的主要推动者。从经营者博弈模型的演化来看，在市场交易制度初期，即 $G_2-G_1+T_1<0$ 时，以实体市场交易方式为主；当市场交易制度处于形成期，即 $G_2-G_1+T_1>0$，$p<0$ 时，仍以实体市场交易方式为主；当市场交易制度处于成熟期，即 $G_2-G_1+T_1>0$，$p>p_0$时，将以实体市场与电子商务市场相结合交易方式为主。

显然，无论交易制度如何变迁，实体交易方式都不会消亡，其最终会以与新型交易方式相结合的形式存在，该结论不仅为专业市场的存在提供了逻辑支撑，也为专业市场未来的发展指明了方向。

三、国内外借鉴：专业市场的发展问题

理论的探讨和模型的验证只能解决专业市场的存在和存在空间问题，而要解决其在发展过程中遇到的实际问题，则需借鉴国内外专业市场的先进发展经验，故本文以代表性和可比性为原则，选取了浙江义乌小商品专业市场和日本农产品

专业市场作为参照，旨在为我国专业市场的建设、发展壮大以及转型升级提供有益的借鉴。

（一）义乌小商品专业市场发展模式

无论是在形成时期，还是处于转型升级阶段，浙江义乌小商品专业市场都能依托“鸡毛换糖”的务实精神、准确的政府职能定位和市场制度创新战胜来自国际或者新型交易方式的挑战，毋庸置疑，其发展经验值得我们借鉴。

通过总结浙江义乌小商品专业市场的发展模式，可以发现其主要存在以下四大特征：

其一，政府支持，战略先行。在成立之初，在政府的主持下，义乌小商品市场采取了管办合一的形式，随后成立了中国小商品城股份有限公司，推进了市场的组织化程度。同时，始终坚持“兴商建市”发展战略，并先后提出了引商转工、大市场带动大工业、大工业支撑大市场、抓好产业结构大调整、促进乡镇企业大发展、以商促工、工商联动以及强化产业支撑等口号，创办了近 40 个国际国内分市场，开通了全国 200 多个大中城市的直达货运业务，培育了 10 万人的义乌商人队伍，举办了十几届中国义乌国际小商品博览会。

其二，充分发挥自身优势，不断强化技术支撑。义乌通过开发“一区十二园”，完成和正在开发的面积 35 平方千米，实现进区企业 1 200 余家，义乌制造业企业 14 000 多家，周边 4 万多家，培育了衬衫、袜业、饰品等 12 大优势产业，形成了一批全国乃至世界的“小型巨人”企业。同时，重视对企业的技改投入，并积极实施品牌战略。义乌企业每年总科技投入达 10 亿元以上，成立各级高新技术企业达到 100 多家，获得国家级名牌 5 个，省级名牌及著名商标 30 余件，浪莎袜业成为全国袜业唯一的中国驰名商标。

其三，注重市场创新，推进市场升级。义乌小商品专业市场依托市场组织和功能的创新以及市场形态和交易方式的创新，正努力完成市场的全面升级。尤其是在专业市场配套的金融服务、交通运输、通信设施、稳定的交易关系等日益成熟，摊位、商店、专业衔接相结合的市场发展形态逐渐形成，契约化、信息化发展的趋势日渐明显，传统面对面的交易方式越来越多地被总经销、总代理、通信交易、远期合约交易、网上交易等各种现代交易方式所取代等大背景下，义乌小商品专业市场通过创新基本实现了市场主体的组织化、市场组织的企业化、市场空间组织的网络化和交易方式的现代化。

其四，平抑市场交易成本，营造市场竞争优势。近年来，为促使义乌小商品专业市场转型升级成功，政府不仅为其提供了便捷的交通、通信、水电、仓储等硬件配套设施，并运用多种行政手段去调控要素和服务价格，以减轻经营者的负担，保持低成本竞争的优势。具体手段主要包括平抑房租、地价、联托运价格等，如以前一把雨伞从义乌贩运到安徽的批零价 15 元，而运费就占去 9 元，客商只剩下 6 元的毛利。通过三次对运输市场的整治，现在运输市场 340 多个线点的经营权全部放开，同时通过引入竞争机制，不仅平均运价下降 20%以上，而且服务质量也大大提高。

以上表明，浙江义乌小商品专业市场在发展的不同阶段，尤其是在转型升级阶段中所采用的包括政府引导以及市场创新等发展规划和具体措施，极大地提升了其综合竞争力，为我国专业市场的发展提供了现实参照。

（二）日本农产品专业市场发展模式

由于历史和地理等因素，日本农产品专业市场面临着小生产和大市场之间的矛盾，这与我国专业市场所面临的问题相似，故其在专业市场的营运尤其是构建流通体系方面所采取的方法为我们提供了宝贵的借鉴。

日本农产品专业市场的流通模式主要有以下特征：其一，物流的基础设施和设备发达、物流技术先进。日本便捷的交通网、完善的服务体系和配送系统、有效的保鲜设备、快速的信息处理网络，为实现农产品低成本、高效率的物流服务体系和物流配送系统创造了良好的条件。

其二，物流主体组织化、规模化程度较高。日本农产品物流的主体主要是企业化经营的农场和农产品批发与零售企业以及农户自愿联合组织起来的农协。农协是组织农民进入流通领域的关键组织，在农产品流通的各环节，如组建批发市场和集配中心，组织物流、商流、信息流及组织结账等方面，发挥了不可替代的作用。在日本，约有 97% 的农户加入了“农协”，90% 的农产品由农协销售，80%的农业生产资料由农协采购。

其三，农产品物流渠道中的批发市场作用突出。日本的农产品生产规模较小，农产品批发市场可以有效解决小规模农业生产和大市场、大流通之间的矛盾，其为供求双方提供交易场所、交易信息、交易方式和过程管理，从而实现交易和集散功能。在批发市场管理上，日本农产品批发市场是规范化、系统性、管理严格的以官办为主的批发市场，这使得交易活动更具公共性、公开性、公正性，很少发生违法现象。

其四，国家政府政策支持力度强。从法律保障上看，日本政府在农产品物流上制定了许多法律、法规给予保障，对农产品物流企业提供公共物品和公共服务。同时，日本政府对农产品物流的支持大多体现在信贷政策、财政政策、农协立法、反垄断立法等方面。

值得一提的是，日本农产品的生产管理、产后加工、安全卫生、上市运销、零售消费等生产和流通环节的行政管理职能归口于农业行政管理部门。例如，在日本全国层面上，由农林水产省流通局负责农产品的流通行政管理；在省市级层面上，由地方农林行政部门的流通室负责行政职能。这种归口管理体制符合市场经济条件下农产品生产和流通一元化的运行原理，也符合农产品商品化生产经营的规律，可避免政出多门现象发生，充分发挥了农业行政部门的管理与服务职责，降低了行政管理成本，提高了行政管理效率。

可以看出，日本的农产品专业市场在流通体系的构建中采取了先进的技术和管理理念，突出了行业协会以及政府宏观调控的重要性，对我国专业市场未来的发展极具借鉴意义。

四、重庆专业市场发展之路

（一）发展趋势

根据重庆自身条件和专业市场的发展现状以及发展问题，再结合浙江、广东等发达地区专业市场的发展规律不难发现，重庆专业市场正逐步从传统型、封闭型的地区性国内专业市场发展成为创新型、开放型的国际性商品流通中心、价格形成中心和信息展示与发布中心。同时，随着信息技术、网络技术等新技术的兴起，重庆专业市场将得到空前发展，并逐渐呈现出与电子商务、互联网等无形市场融合的态势。显然，重庆专业市场正在悄然向一种新型的模式演变，呈现出规模化、专业化、网络化、品牌化以及多元化的发展趋势。

1. 规模化发展趋势

任何市场的发展都要经历从无到有、从小到大的阶段，重庆专业市场的产生与中国特殊时期的经济体制和政策有极大关联，因此，相对于一般市场而言，其在各个阶段的时长会有所不同，但仍然是向规模化发展的趋势。需要指出的是，这里所讲的规模化不仅是指重庆专业市场的整体发展规模化，也是指单个专业市场的规模化，更是指因种类齐全、区域分布合理而形成的规模化。重庆市统计局相关数据显示，2002 年，重庆亿元以上专业市场摊位数仅为 41 902 个，成交额为 3 567 771 万元，包含近 20 个类别，而到了 2014 年，重庆亿元以上专业市场摊位数、成交额分别为前者的 2.43 倍和 9.55 倍，专业市场种类也增加至 26 个。

2. 专业化发展趋势

近年来，随着市场规模的不断扩大，重庆专业市场对其自身的专业化水平提出了更高的要求，提升途径主要包括依托重庆独特的资源和地理环境优势发展朝天门服装专业市场，依靠长安汽车集团、力帆汽车集团以及宗申摩托集团等龙头企业发展汽车类专业市场，承接东部发达地区专业市场、西部转移的小商品专业市场以及结合重庆六大支柱产业而建立的工业类专业市场等，这些专业市场通过引进国外先进技术和管理理念，制定合理的发展规划和战略，提升金融、互联网等公共服务水平等方式，在一定程度上提高了专业化水平，但这仅仅为重庆专业市场的专业化提供了经验和借鉴，重庆专业市场离整体专业化仍有相当远的距离。

3. 网络化发展趋势

随着互联网普及率的提高，不仅国外的专业市场利用互联网平台的交易数量逐渐增大，国内专业市场的经营者和采购商也日益意识到网络无形交易平台所带来的便捷，而互联网相关技术的创新更为专业市场在发展过程中实现网络化提供了可能性。但纵观重庆专业市场的整体发展，尽管大多数都实现了信息集聚、展销以及进出口贸易代理等基本功能，但由于未能真正采用交易网络化和物流网络化的发展模式，故上述功能的完成效率较低，尤其体现在地处渝东北和渝东南的专业市场，如丰都的朝化公园批发市场和垫江的重庆温州商贸城。在如此巨大的矛盾中，无论是外部压力还是内部动力，均要求重庆专业市场尽快实现网络化。

4. 品牌化发展趋势

市场发展到一定阶段，同质化竞争将会越来越激烈。因此，对于重庆专业市场而言，在提升市场规模化和专业化水平的基础上，建立由文字、标记、符号、图案和颜色等要素或这些要素的组合所构成的品牌，并通过多渠道的宣传、提高公共服务的质量、提升客户的体验满意度等方式树立良好的品牌形象，这对于提升综合竞争力具有巨大帮助。相关数据显示，2014 年重庆专业市场中，新产品产值增长 23.5%，新获中国名牌 15 个，中国驰名商标 6 件，与广东、浙江等东部发达地区相比仍处于较低的层次，这不符合重庆专业市场发展的定位和规划。显然，品牌化在国际性、区域性、各领域间竞争日益激烈的未来必将成为重庆专业市场的一大趋势。

5. 多元化发展趋势

市场的多元化发展是属于较高层次的水平，它不仅可以扩大市场业务范围、增加成交额，在提升市场整体知名度和竞争力方面同样具有重要作用。正如前面所提到的一样，重庆专业市场拥有 26 个大类，同时具有如西部地区最大的朝天门服装批发市场、璧山的西部鞋业城以及大足的西部金属交易城等影响力和辐射力强的专业市场，但各大类专业市场的发展严重不均衡，同时知名度较高的专业市场之间合作领域较少，很难为提升重庆专业市场的多元化水平提供实质性帮助。因此，如何促进重庆各类专业市场内部的多元化以及增强各类专业市场的合作交流力度，实现重庆专业市场的整体多元化发展将会是企业、政府乃至学术界面临的重大课题。

（二）发展路径

1. 加强专业市场自身建设，推进规模化发展

重庆专业市场的自身建设包括硬件和软件两方面。在硬件建设方面，由于硬件环境的完善是专业市场规模化的一种外在表现形式，直接影响到市场信息管理效率的提高，因此，重庆专业市场应通过市场整体规划、改造物业条件、完善市场布局来提高硬件设施水平。在软件建设方面，因为软件环境的改善对促进专业市场长期处于高水平的规模化具有至关重要作用，而培养拥有先进技术和管理理念的人才又是软件建设的核心内容，故重庆专业市场应积极制定市场人才培养战略，建立完善的人才培养体系，加强职业教育和岗位培训，举办各种形式、各种层次的学习班、培训班，同时加强经济、管理、外贸、法律、金融、外语、职业道德等方面的教育培训，增强经营者和管理者的法制意识、诚信意识、品牌意识、知识产权保护意识、产品质量安全意识和环保意识等，着力提高其文化知识素养和经营管理水平。

2. 巩固专业市场技术支撑，促进专业化发展

当规模化达到一定程度时，专业市场已有的基础设施和管理模式会促进其专业化水平的提升，但若要实现质的飞跃，则必须及时运用最新技术，尤其是影响

专业市场交易方式的新兴技术。对于重庆专业市场而言，应瞄准市场主体的需求点，以为供需双方提供最低成本、最便捷、最舒适的实体交易平台为原则，从互联网、设施设备、商品质量检测、商品运输以及公共服务等多个角度出发，运用互联网创新技术促进专业市场信息的公开化和展销的便捷化，结合先进的设施设备和技术提高专业市场的舒适度，采用激光扫描创新技术快速、准确地评估专业市场的商品质量，借助现代物联网技术降低市场主体运输成本，引进通信创新技术实现专业市场的移动网络全覆盖。同时，应根据专业市场的不同类型、不同规模以及不同区域采用分级的方式，引入相关的新技术，如对于规模较小、地处偏远的渝东南专业市场，可采用主城区市场即将更换的技术。

3. 鼓励专业市场融合创新，加快网络化发展

重庆专业市场的网络化，尤其是交易和物流的网络化需要市场功能的创新，而创新的主要途径则是通过国家“互联网+”发展战略和“O2O”新型发展模式，促进专业市场与电子商务以及现代物流两方面的融合。在与电子商务的融合方面，重庆专业市场应运用计算机和网络专业技术，尽快建立合理的网上“虚拟市场”，为专业市场的经营者提供网上商铺，支持经营者通过网上商铺发布信息、展示商品、洽谈业务，并鼓励消费者利用第三方浏览商品、网上支付，从而实现专业市场的主体之间在网下和网上互动，为实体交易平台做必要补充，最终实现交易的网络化。在与现代物流融合方面，重庆专业市场应通过加强物流网络建设，按照信息化、自动化、网络化的标准，完善物流设施，加快物流场站建设和信息服务平台构建，从而降低专业市场的运输成本、缩短运输时间、提高物流效率，最终实现专业市场物流的网络化。

4. 提升专业市场整体形象，实现品牌化发展

重庆专业市场不应该是低劣产品甚至假冒产品的代名词，而应该通过各种有效方式树立良好形象，实现品牌化发展战略。首先，重庆专业市场应启动合理高效的监督和惩罚机制，坚决杜绝假冒伪劣产品进入市场，对产生恶劣影响的商家进行严厉批评，并责成其最大限度地减少消费者损失。其次，重庆专业市场应建立品牌战略，通过引入和开发名牌精品，打造具有鲜明个性和强大影响力的品牌形象，如朝天门服装批发市场，经过 25 年的形象打造，能让购买者在产生服装消费冲动时，第一时间想到该专业市场。最后，重庆专业市场可以通过参加或与相关大型企业合作办展览会，实现其知名度的快速提升。尤其是近年来，重庆各

个会展中心常年举行家具博览会、汽车博览会以及其他类别的专业市场博览会，如能合理利用这些机会，不仅可以学习优秀企业的品牌文化，更能让消费者了解重庆专业市场的一些品牌。

5. 培养专业市场参与主体，引导多元化发展

作为较年轻的市场，重庆专业市场的多元化水平并不够高，而缺乏多种类的市场主体无疑是最重要的原因之一。因此，积极培养重庆专业市场参与主体迫在眉睫。重庆专业市场应主要从培养经营者、消费者以及第三方参与主体这三方面入手。在经营者方面，重庆专业市场应结合各区县的实际发展情况，聘请专家对专业市场的建立和发展进行规划，及时制定相关优惠政策，积极开展招商引资工作，鼓励国际、国内相关商家入驻，实现经营者的多元化。在消费者方面，重庆专业市场应通过大量实地调研了解当地居民的收入和消费习惯，有针对性地开展相关宣传活动或促销活动，增强消费者的购买欲望，同时利用产品质量和销售服务吸引一部分消费人群，再运用公共服务满足不同人群的需求，达到消费者的多元化。在第三方参与主体方面，应提高专业市场内物业、安保等基础性服务部门的参与度，通过多领域的接触，引导专业市场多元化发展。

专题九　重庆市商品交易市场“十二五”规划回顾与“十三五”规划展望

“十三五”期间，重庆市大型商品交易市场将进入结构调整、转型升级的关键期。根据重庆市商业委员会、重庆市发展和改革委员会等编制的《重庆市商贸流通业发展第十二个五年规划》《重庆市现代商贸服务业发展第十三个五年规划》和《重庆市大型商品交易市场中长期发展规划》，本专题回顾了重庆市大型商品交易市场“十二五”规划，并展望了重庆市大型商品交易市场“十三五”发展规划。

一、重庆市商品交易市场“十二五”规划回顾

《重庆市商贸流通业发展第十二个五年规划》提出，要加快专业市场建设，打造长江上游地区重要的商品集散地，重点培育一批百亿级、千亿级带动辐射功能强的区域性、全国性的进出口商品、农产品、消费品、工业品、生产资料等专业市场。市场项目个数 112 个，总投资 1 900 亿元，“十二五”期间争取完成投资 1 000 亿元。

依托保税港区和“三基地、四港区”物流大通道的优势，加快建设“西南大市场”，完善全市农产品、消费品、特色工业品、生产资料等现代批发市场体系，推动重庆加快成为全国重要的商品集散中心。在主城二环区域，重点规划建设西部进出口商品集散地、西部农贸城、朝天门国际商贸城、西部国际涉农物流加工区、西南生产资料集散地、西部汽摩贸易城、西部家居装饰城、国际建材商贸中心、西部花木城等九个一级商品批发市场集群，到 2015 年，力争完成 60% 以上的建设进度。按照“同类项”整合，推动朝天门综合交易市场、菜园坝水果市场、菜园坝摩配市场、观音桥农产品市场、马家岩板材市场、大川建材市

场、巨龙钢材市场、梨树湾金属材料市场、绿云石都、恒冠钢材市场、恒胜钢材市场等内环区域大型市场向九个一级批发市场集群搬迁集聚，进一步做大做强。

依托水、公、铁、空交通枢纽和地方产业优势，加快推进区域中心城市、区县（自治县）特色商品批发市场体系建设。重点建设培育中国西部特色工业品集散地、万州董家市场物流园、黔江专业市场集群、涪陵专业市场集群、合川义乌小商品市场集群、永川专业市场集群、长寿商贸物流集聚区、南川商贸物流园区、开州区城市生活物流园、潼南蔬菜批发交易市场、双桥汽博园、秦巴山货交易市场等特色专业市场集群。

从总体实施情况看，《重庆市商贸流通业发展第十二个五年规划》中有关商品交易市场规划，基本达到了预期目标，市场体系基本建成。规划新建的专业市场，除了万州董家市场物流园、双桥汽博园个别项目外，基本都已建成或基本建成。但内环外迁市场由于各种原因，多数市场外迁进展缓慢。

二、重庆市商品交易市场“十三五”规划展望

（一）关于发展目标

到 2020 年，全市大型商品交易市场交易额达 8 000 亿元，形成年交易额超 100 亿元的大型商品交易市场 20 个，其中千亿级市场集群 4 个，培育发展 5～10 家交易规模 100 亿元以上的区域性商品电子交易中心，基本形成定位明确、布局合理、功能完善的大型商品交易市场体系。

（二）关于空间布局

全市大型商品交易市场总体上形成“两环两线”的空间布局。“两环”指沿绕城高速公路布局区域性大市场，形成全市商品交易市场核心环；沿三环高速公路布局地区性重点市场，形成城市发展新区大型商品交易市场拓展环。“两线”指向东沿长江大通道布局大型商品交易市场，形成渝东北商品交易市场发展延伸线；沿渝湘大通道布局大型商品交易市场，形成渝东南商品交易市场发展延伸线。

基本完成都市功能核心区大市场外迁，重点完成沿绕城高速公路、三环高速公路的“两环”和长江黄金水道、渝湘大通道的“两线”规划布局大型商品交易市场。沿绕城高速公路布局区域性大型商品交易市场，重点在沙坪坝团结村、

九龙坡白市驿、九龙坡西彭—江津珞璜、巴南南彭、南岸迎龙、江津双福六大区域布局，形成全市商品交易市场核心环；沿三环高速公路布局地区性重点市场，重点在涪陵—长寿、綦江—南川—万盛、永川—大足—荣昌、合川—铜梁—潼南四个片区布局，形成城市发展新区重点商品交易市场拓展环。沿长江黄金水道和渝湘大通道布局重点商品交易市场，形成渝东北和渝东南商品交易市场发展延伸线，建成带动渝东北、渝东南商贸物流发展重要增长极。其他区县（自治县）则结合本地实际，突出区域之间联动错位发展，重点建设以满足本地需求为主的中小型批发市场和特色产业产地型批发市场。

表1　　商品市场集群功能定位规划一览

序号	市场集群布局	发展定位	主要交易品类
1	果园港—两路寸滩港市场群	长江经济带及海上丝绸之路的重要节点，辐射服务西南地区及长江中下游	进口商品、煤炭、钢材、矿石、粮食、生活消费品等
2	南岸迎龙市场群	“二环”区域性大市场集聚区；西南地区小商品、医药集散地和价格形成中心	服装、小商品、医药等
3	沙坪坝团结村市场群	丝绸之路经济带的重要节点；发展以进口汽车整车等进口商品展示交易、工业消费品为主的市场群，辐射服务西部地区及中亚、欧洲	进口商品（整车、汽车零部件、肉类、水果及生活消费品）、家居建材、钢材等
4	巴南南彭市场群	海上丝绸之路的重要节点；以重庆华南城、京东商城为龙头，重点发展第三方物流、第四方物流和专业市场群；辐射服务西部地区及东南亚	木材、家居建材、金属材料、进口商品、花卉苗木、汽摩及配件、机电产品等
5	九龙坡白市驿市场群	重点发展粮油、冻品等涉农物流及加工、冷链物流及相关市场群；辐射服务西部地区	农产品、粮油、汽摩配件、家居建材（以石材为主）、五金机电等
6	九龙坡西彭—江津珞璜市场群	九龙坡西彭依托现代制造业基地，发展以金属材料为主的生产资料市场，辐射服务西部地区；江津珞璜重点发展大件散货物流、集装箱物流，辐射服务西部地区	钢材、铝材等金属材料、酒类
7	江津双福市场群	重点发展农产品、钢材、汽摩及相关市场群，辐射服务西部地区	农产品、钢材、汽摩等
8	涪陵—长寿片区市场群	城市发展新区东部地区核心节点；承接主城市场群商品的集散，辐射周边区县	农产品、家居建材、钢材、小商品、再生资源、工业品、其他类别（以化工产品为主）

表1(续)

序号	市场集群布局	发展定位	主要交易品类
9	合川—铜梁—潼南片区市场群	成渝城市群商贸物流重要节点；辐射服务渝西川东地区	灯具、汽摩及配件、农产品、小商品
10	永川—璧山—大足—荣昌片区市场群	成渝城市群商贸物流重要节点；辐射服务渝西川东地区	小商品、家居建材、汽摩及配件、农产品、五金机电
11	綦江—南川—万盛片区市场群	渝南黔北区域性商贸物流中心；与巴南南彭市场群实现联动发展	汽摩及配件、家居建材、农产品、小商品

1. 商品交易市场核心环

在都市功能拓展区依托二环高速公路与十二射节点，“三基地、三港区”等国家级物流枢纽，构建区域性大市场核心环。核心环承接都市功能核心区大型商品交易市场搬迁调整，统筹发展、有效集聚优势资源，形成分工有序、错位发展的格局，优化主城区商贸流通整体空间格局，促进重庆主城区城市功能的整体优化提升。

在核心环上重点布局建设沙坪坝团结村、九龙坡白市驿、九龙坡西彭-江津珞璜、巴南南彭、南岸迎龙、江津双福六大具有国家级竞争力的区域性大市场集聚区。集聚区集中数个区域性大市场，面向全国、辐射周边省市。区域性大市场实现从单一市场交易功能向复合功能的转化，单个交易额超过 100 亿元，或在专业领域内有突出影响力，具有较突出区域辐射带动作用。到 2020 年，五大集聚区市场交易总额达到 4 800 亿元，总用地面积控制在 19 700 亩。百亿级市场达到 20 个，沙坪坝团结村、九龙坡白市驿—江津双福、巴南南彭、南岸迎龙四大集聚区形成千亿级市场集群。

2. 商品交易市场拓展环

在城市发展新区依托三环高速公路和成渝、渝黔间密集快速通道，在三环与各快速通道交汇的节点城市构建地区性市场拓展环。拓展环接受核心环的辐射，合理布局对应的工业原材料和产成品现货、要素交易市场。到 2020 年，拓展环交易总额超过 1 900 亿元，总用地控制面积 8 600 亩，百亿级市场（市场群）8 个。

拓展环上重点在涪陵—长寿、綦江—南川—万盛、永川—大足—荣昌、合川—潼南—铜梁、璧山五个片区布局建设地区性市场集群，地区性市场集群集合数个地区性市场，地区性市场单个交易额超过 10 亿元，在区域主体功能片区具有较突出的商品集散、综合服务、辐射带动作用。

3. 渝东北市场发展延伸线

在渝东北生态涵养发展区依托沪渝高速、沿江高速，在渝汉沪大通道与四联线交汇的节点区县构建渝东北市场发展延伸线。承接两环辐射带动，依托各区县特色产业，完善商贸服务设施配套，满足当地生产生活需求。到 2020 年，渝东北市场发展延伸线重点市场交易总额达到 600 亿元，总用地控制面积约 213 万平方米，百亿级市场（市场群）1 个。

在万州区建设地区性市场集群，建成带动渝东北地区商贸物流发展的重要增长极。巫山县、巫溪县和城口县作为渝东北生态涵养发展区省际区域性边贸中心，依托本地特色产业，发展大型边贸商品交易市场。巫山县辐射渝东鄂西地区，巫溪县辐射渝陕鄂交界区域，城口县辐射秦巴山区。其余区县重点发展以满足本地需求为主的中小型商品交易市场和特色产业产地型商品交易市场。

4. 渝东南市场发展延伸线

在渝东南生态保护发展区依托包茂高速，在渝湘闽大通道与三联线交汇的节点区县构建渝东南市场发展延伸线。承接两环辐射带动，依托各区县特色产业，完善商贸服务设施配套，满足当地生产生活需求。到 2020 年，渝东南市场发展延伸线重点市场交易总额达到 600 亿元，总用地控制面积 200 万平方米，百亿级市场（市场群）1 个。

在黔江区建设地区性市场集群，建成带动渝东南地区商贸物流发展的重要增长极。秀山县定位为武陵山地区最大的边贸商品交易市场集群，除满足本地生产生活需求外，兼顾对外辐射酉阳、花垣、松桃等周边地区。重点布局农副产品、小商品、中西药品、家居建材等类别的商品交易市场。其他区县可根据本地实际情况，重点发展以满足本地需求为主的中小型商品交易市场和特色产业产地型商品交易市场。

（三）关于发展重点

1. 加快内环大型商品交易市场外迁

积极引导都市功能核心区不符合城市发展相关规划，市场内及周边交通堵塞严重，污染环境、消防隐患、配套不全、发展受限、违规搭建等问题突出的商品交易市场关闭外迁。按照“企业主导、政府引导、部门联动、合力推进”的原则，各区县商业主管部门对当地大型商品交易市场开展深入调查评估，制定切实可行的市场外迁工作方案，经市级有关主管部门牵头评审后组织实施。到2020年末，完成朝天门市场、观农贸盘溪水果批发市场、重庆菜园坝水果市场等30家大型商品交易市场外迁。

表2　　　　都市功能核心区外迁大型商品交易市场表

序号	市场地址	市场名称	市场类型
1	渝中区	朝天门市场	小商品
2	渝中区	西三街农副水产品市场	农副产品
3	渝中区	菜园坝农副产品批发市场	农副产品
4	渝中区	重庆菜园坝水果市场	农副产品
5	渝中区	菜园坝中兴塑料市场	小商品
6	渝中区	菜园坝皮革市场	小商品
7	沙坪坝区	重庆巨龙钢材市场	钢材市场
8	沙坪坝区	重庆金属材料现货交易市场	钢材市场
9	沙坪坝区	马家岩大川建材市场	家居建材
10	沙坪坝区	马家岩光能板材市场	家居建材
11	九龙坡区	重庆石桥铺机电市场	五金机电
12	九龙坡区	金冠捷来五金机电市场	五金机电
13	九龙坡区	陈家坪机电市场	五金机电
14	九龙坡区	西站机电市场	五金机电
15	九龙坡区	渝州五金机电城	五金机电
16	九龙坡区	高新机电批发市场	五金机电
17	九龙坡区	恒鑫老顶坡汽配城	汽摩配件
18	九龙坡区	盛吉汽配新城	汽摩配件
19	九龙坡区	沛鑫汽摩城	汽摩配件
20	九龙坡区	绿云石都建材交易市场	钢材
21	九龙坡区	恒冠钢材市场	钢材

表2(续)

序号	市场地址	市场名称	市场类型
22	九龙坡区	恒胜钢材市场	钢材
23	九龙坡区	新合凤中钢材市场	钢材
24	九龙坡区	新世界建材市场	家居建材
25	九龙坡区	滩子口玻璃门窗材料市场	家居建材
26	九龙坡区	八益建材市场	家居建材
27	九龙坡区	巴山陶瓷市场	家居建材
28	九龙坡区	国窖建材市场	家居建材
29	江北区	重庆观音桥农产品批发市场	农副产品
30	南岸区	南坪医药市场	中西药品

2. 规划建设进口商品交易市场

重点培育沙坪坝团结村、空港保税区、寸滩保税区、果园港开展国际贸易保税贸易，建设一批辐射内陆的小商品（进口日用消费品）、汽摩配件（整车）、家居建材、农副产品（水果、肉类、粮食）等类别的进口商品交易市场，扩大重庆对外开放的影响力。鼓励市内大型商品交易市场拓展进口功能，开展进口商品贸易，创新进口商品分销模式，逐步形成集仓储、展示、交易、配送等功能于一体的进口商品交易集聚区。

3. 推动大型商品交易市场转型升级

盘活优化存量，严格控制增量，加强与周边地区的衔接协作，增强重庆大型商品交易市场的区域集聚辐射功能。坚持从严控制新建大型商品交易市场，对商品市场用地和总建筑面积实行总量控制，明确各类市场投入产出强度标准，促进土地资源节约的高效利用。开展商品交易市场转型升级示范创建，重点培育具有现代交易手段和交易服务功能的新型商品交易市场。从推进市场统一收银电子结算系统建设、网络销售平台建设、现代物流配送系统建设、配套服务功能设施建设、业态结构和品牌培育等方面推进现有商品交易市场转型升级。支持商品市场信息化平台建设，加强产品检验检测、公共安全与服务、市场综合及信用管理、信息采集发布、电子结算体系建设，引导市场仓储物流信息一体化。鼓励市场剥离、转移仓储物流加工功能向物流园区集聚，加强与第三方专业仓储物流企业在展示批发、仓储运输、物流配送、信息交换等方面的互联互通，实现商流物流分离，销售配送同步。

鼓励市场培育自主品牌，提高市场经营品牌集中度和品牌商家入驻率。鼓励品牌市场发展连锁市场，做强做大品牌。鼓励创建国家级、市级品牌市场。加快实体市场与电子商务深度融合，推动商户同步入驻实体市场与网络销售平台，实现商品交易市场线上线下融合发展，发展集商品展示、价格形成功能于一体的新型专业贸易中心，拓展品牌代理、总经销和特许经营业务。鼓励有条件的市场建设定位合理、运作规范的行业门户网站，发挥集约优势，整合相关网络资源，建成行业性电子商务公共服务平台。加快建设一批具有市场资源配置能力、服务增值能力和价格发现能力的国际性、全国性、区域性大宗商品在线交易平台，在钢铁、汽摩、机电、化工、医药、珠宝、航运、特色农产品等多领域建设现代交易中心。发展保税交易市场，打造一批生产资料集散中心、危险化学品、再生资源交易、环保节能设备等专业市场。形成全国有影响力的西部现代交易聚集区。

表 3　　区域性商品交易平台建设重点

区域性商品交易平台	建设重点
1. 提升一批区域性要素平台	支持重庆药品交易所开展国家电子商务试点，力争建成全国性的医药交易中心、结算中心和物流配送中心；依托重庆航运交易所，重点完善航运融资担保、船东互保、船舶交易、货运交易等交易功能，打造长江上游航运交易中心、结算中心、信息中心和人才中心；推动重庆农畜产品交易所调整商业模式，建设国家级生猪交易市场；做大做强重庆再生资源交易中心；加强西部纱线产品交易中心建设，支持在渝新欧铁路干线开展纱线产品进出口贸易。推动重庆药品交易所、航运交易所、再生资源交易中心、纱线产品交易中心等要素平台建设成为国家或区域性要素平台
2. 筹建一批区域性交易中心	积极筹建土特产品交易中心、金属及矿产交易中心、石化产品交易中心、重庆危化品交易中心等。到 2017 年年底前，建成投用石化产品交易中心、土特产品交易中心；启动重庆联合产权交易所金属和矿产交易中心，争取建成上海期货交易所重庆有色金属交割库；论证筹建中国重庆煤炭交易所；积极培育农产品期货交易市场，优化价格发现功能，完善金融结算服务，降低交易成本，优化资源配置
3. 打造一批服务类交易平台	推进重庆长江国际旅游交易中心、保险交易市场等建设

表3（续）

区域性商品交易平台	建设重点
4. 打造一批进口商品交易平台	依托寸滩保税区，拓展贸易功能，建设一批跨境电子商务交易平台、建设进口食品交易与分销平台；依托团结村渝新欧国际物流大通道起点，建设汽车平行进口交易与分销平台

4. 培育大型商品交易市场做大做强

扶持有优势的大型商品交易市场，通过托管、连锁、参股、兼并等方式扩大规模，提升在全国的影响力。引导大型商品交易市场提升信息化水平，提高运营效率。完善大型商品交易市场的物流配送中心建设，市场与物流联动发展。加强品牌营销，指导市内有一定知名度的市场实施知识产权战略，注册服务商标、防御商标等。培育一批适应市场特点的“小而专”“小而精”“小而特”的自主品牌。

专题十 “十二五”期间政府对商品交易市场资金扶持及市场发展大事记

一、“十二五”期间政府对商品交易市场资金扶持

“十二五”期间，国家及市级、区县政府进一步加大资金投入，对我市商品交易市场的建设、培育和转型升级给予了前所未有的扶持。据不完全统计，共投入资金超过 10 亿元，其中：

（1）市发改委直接投入 4 亿元。一是从中央预算内资金中，安排了 1 700 万元，用于农产品市场的信息系统和检测检验系统建设和改造升级，先后有 9 个市场获得扶持；二是安排专项基金 3. 9 亿元，支持双福国际农贸城、永川吉之汇等 5 个大型农产品市场的功能建设、配套完善和信息化提升。同时，先后认定了 7 家大型批发物流市场为重点现代物流项目，获得城市建设配套费和人防易地建设费的优惠扶持。

（2）市商委投入 6 亿元。一是从每年的商业发展基金中，安排大量资金用于商品交易市场的发展。先后有 13 个市场得到转型升级项目扶持，共计 250 万元；二是对 11 个市场作为重大重点项目，给予 970 万元建设资金；三是对首次突破 100 亿元的 12 个市场，给予奖励资金共计 360 万元；四是投入 1. 7 亿元，辅助两翼地区的公益性农产品市场建设，每个市场给予 1 000 万元资金支持；五是投入 1. 5 亿元，按每个菜市场补助 30 万元的标准，在全市新建和改造 544 个菜市场；六是投入近 2 亿元，按照每个乡镇农贸市场补助 20 万元的标准，支持建设改造规范化乡镇农贸市场。

（3）市民营经济专项资金扶持，共提供发展资金 920 万元。先后对 7 家民营企业 8 个市场项目给予扶持。

（4）此外市场所在地的区县政府，也从财政税收、土地供给、规费减免等

方面给予配套扶持，有力支持推动所辖市场的发展。

市政府在政策、资金及税收等方面的大力度扶持，有力地支持了市场的基础设施建设、配套功能完善和信息化水平提升，进一步促进了市场的建设培育和转型升级，并在保供稳价、畅通信息、质量保障等方面发挥出示范带头作用。

表 1　“十二五”期间政府支持商品交易市场发展资金项目情况表

序号	年份	区县	市场名称	扶持内容	项目名称	资金额度（万元）
一、市商委						
		（一）	民营专项扶持项目 8 个			920
1	2012	巴南区	重庆花木世界	市场建设	民营专项	60
2	2012	涪陵区	新大兴农副产品交易中心	市场建设	民营专项	50
3	2013	九龙坡区	美每家居直销 MALL	市场建设	民营专项	150
4	2014	江北区	建玛特涪陵店	市场建设	民营专项	160
5	2014	秀山县	武陵钢材市场	市场建设	民营专项	110
6	2014	渝北区	海领工程机械市场	市场建设	民营专项	140
7	2015	九龙坡区	美每家家居建材市场	市场建设	民营专项	160
8	2015	秀山县	武陵永康机电市场	市场建设	民营专项	90
		（二）	重点建设项目 11 个			970
9	2014—2015	南岸区	朝天门国际商贸城一期		特别重大项目	200
10	2013—2016	九龙坡区	皇庭珠宝城		特别重大项目	50
11	2014—2015	江津区	和润国际汽摩城摩配市场		市府重点项目	50
12	2015—2017	永川区	吉之汇国际农贸物流城		市府重点项目	50
13	2014—2016	大足区	渝西汽博中心	展示大厅一期	区县重点项目	50
14	2014—2015	璧山区	大宏鼎家居建材市场		区县重点项目	50
15	2014	江津区	双福国际农贸城搬迁	承接盘溪蔬菜市场搬迁	市场搬迁	200
16	2014	万州区	国际汽车机电贸易城	建设项目	重点建设项目	80
17	2014	涪陵区	重庆市涪陵粮油交易中心		重点建设项目	80
18	2014	大足区	德恒·渝西商贸物流城		重点建设项目	80
19	2014	梁平县	梁平亿联建材家居五金城		重点建设项目	80

表1(续1)

序号	年份	区县	市场名称	扶持内容	项目名称	资金额度(万元)
		(三)	转型升级项目13个			250
20	2014	大渡口区	万吨冷储物流	信息化系统升级改造	转型升级项目	50
21	2014	沙坪坝区	国盛鑫汽博城		转型升级项目	50
22	2014	九龙坡区	华岩酒店用品城		转型升级项目	50
23	2014	巴南区	协信汽车公园	4S店集群	转型升级项目	50
24	2014	荣昌区	荣昌五洲国际商贸城二期		转型升级项目	80
25	2014	潼南区	西南国际灯具城三期		转型升级项目	80
26	2014	巫溪县	亿联商贸城一期工程		转型升级项目	80
27	2014	垫江县	南门精品建材城B区		转型升级项目	50
28	2015	江津区	双福国际农贸城	信息化结算系统	转型升级项目	50
29	2015	渝北区	聚信美家居世纪城	业态调整及品牌打造	转型升级项目	50
30	2015	涪陵区	钢龙渝东工贸物流商城的	物流中心建设	转型升级项目	50
31	2015	合川区	义乌小商品批发市场的	“金田购”在线交易平台	转型升级项目	50
32	2015	渝中区	永缘汽车用品市场的	线上交易平台	转型升级项目	50
		(四)	现代服务业项目5个			6 620
33	2015	渝北区	果园港大宗资料交易中心		现代服务业项目	2 400
34	2015	江北区	保税商品展示交易中心		现代服务业项目	2 400
35	2015	江北区	盘溪水产品综合批发市场		现代服务业项目	240
36	2015	江北区	重庆农产品批发市场	云服务平台	现代服务业项目	1 520
37	2015	渝北区	海领工程机械市场	电子商务平台	现代服务业项目	60
		(五)	百亿市场奖励项目12个			360
38	2012	南岸区	医药物流市场	2010年交易额上百亿	百亿级市场奖励	20
39	2012	江北区	观农贸市场	2010年交易额上百亿	百亿级市场奖励	20
40	2012	渝中区	朝天门市场	2010年交易额上百亿	百亿级市场奖励	20

表1(续2)

序号	年份	区县	市场名称	扶持内容	项目名称	资金额度(万元)
41	2012	璧山区	鞋材交易中心	2011 年交易额上百亿	百亿级市场奖励	20
42	2012	大足区	龙水五金市场	2011 年交易额上百亿	百亿级市场奖励	20
43	2012	大渡口区	龙文钢材市	2011 年交易额上百亿	百亿级市场奖励	20
44	2012	大渡口区	万吨冷冻品市场	2011 年交易额上百亿	百亿级市场奖励	20
45	2012	沙坪坝区	马家岩市场	2011 年交易额上百亿	百亿级市场奖励	20
46	2012	巴南区	铠恩国际家居名都	2011 年交易额上百亿	百亿级市场奖励	20
47	2012	沙坪坝区	金属材料现货市场	2011 年交易额上百亿	百亿级市场奖励	20
48	2014	永川区	永川商贸城	2013 年交易额上百亿	百亿级市场奖励	80
49	2014	巴南区	西部汽车城	2013 年交易额上百亿	百亿级市场奖励	80
	2011—2012	(六)	规划 18 个，建成 11 个	农产品市场建设补助		17 000
	2011—2012	(七)	菜市场标准化改造 544 个	菜市场改造补助 30 万元/个		15 000
	2011—2012	(八)	农贸市场规范改造	农贸市场改造补助 20 万元/个		20 000
			合计			61 120
二、市发改委						
		(一)	中央预算内投资项目 9 个			1 700
1		江北区	观农贸农产品批发市场	信息和检验检测系统升级	中央预算内投资	
2		荣昌区	荣昌畜牧产品交易市场	信息和检验检测系统建设	中央预算内投资	
3		武隆县	红豆农产品市场	改造升级	中央预算内投资	

表1(续3)

序号	年份	区县	市场名称	扶持内容	项目名称	资金额度（万元）
4		九龙坡区	祥和农产品批发市场	改造升级	中央预算内投资	
5		大足区	龙滩子农产品市场	改造升级	中央预算内投资	
6		江北区	盘溪水产品综合批发市场	水产超市建设	中央预算内投资	
7		开州区	金开农产品批发市场	改扩建项目	中央预算内投资	
8			武陵山农产品交易市场	信息监测系统升级改造	中央预算内投资	
9		合川区	蟠龙农产品批发市场	信息和检验检测系统建设	中央预算内投资	
		（二）	专项基金扶持项目5个			39 000
1		江津区	双福国际农贸城		专项建设基金	
2		黔江区	武陵山农副产品物流中心		专项建设基金	
3		巫山县	龙潭沟农产品综合市场		专项建设基金	
4		合川区	合川农产品电商园项目		专项建设基金	
5		永川区	吉之汇国际农贸城		专项建设基金	
			合计			40 700
			两部门总计			101 820

二、“十二五”期间重庆市商品交易市场大事记

1. 2011 年

1月19日，西部金属材料电子交易中心项目落户两江新区工业开发区鱼复工业园。市委常委、两江新区管委会主任翁杰明出席签约仪式。

1月19日，中国西部纸品博览综合交易中心在双桥区开工建设。

1月22日，城区菜市场标准化改造工程全面完成。市政府投入资金12 590万元，整治菜市场453个，建筑面积16万平方米，摊位9万多个。

1月27日，市长黄奇帆视察小龙坎菜市场整治工程。

3月28日，彭水渝惠农产品市场举行开工仪式。

4月15日，市政府召开朝天门市场迁建工作领导小组第一次会议。

4 月 16 日，美每家建材家居广场开业。

4 月 18 日，石柱县辣椒批发物流市场开工建设。

4 月 29 日，第 11 届中国西部国际家具博览会在重庆铠恩国际家居名都举行。

4 月 29 日，茂田国际建博城在合川区开业迎客。

5 月 13 日，全市农村市场建设工作会召开，副市长刘学普出席并讲话。

5 月 18 日，西南国际灯具城一期市场举行开业庆典。

5 月 20 日，铁公鸡钢铁物流港落户南彭公路物流基地。

6 月 16 日，重庆建玛特家居集团宣布入驻涪陵。

6 月 20 日，黔江区汽摩、机动车、农副产品、商贸批发城、工程机械市场和林产品“六大市场”同步破土开建，拉开全区市场大建设年的序幕。

7 月 4 日，市人民政府审定通过《重庆市商贸流通业发展第十二个五年规划》。

8 月 26 日，市政府召开朝天门市场迁建工作领导小组第二次会议，同时研究双福国际农贸城建设事宜。

8 月 30 日，由市商委指导支持、市商品交易市场协会组织编制的《重庆市商品交易市场蓝皮书》（2011 版）正式问世。这是我市首部有关商品交易市场领域的专项研究报告。

8 月 31 日，涪陵区新大兴农副产品交易中心副食批发市场开市。

9 月 25 日，聚信美家居世纪城建成开业，市领导翁杰明等出席开业仪式。

2. 2012 年

1 月 16 日，市政府召开全市商贸流通工作会议，副市长刘学普出席并讲话。

2 月 27 日，华璞城 · 汽车时代广场奠基。

3 月 23—25 日，中国（西部）市场发展论坛在我市荣昌县举办。

3 月 29 日，重庆国家粮食交易中心在重庆粮油批发市场挂牌成立，我市又新增一个国家级联网交易平台。

4 月 29 日，重庆攀宝钢材交易中心正式投入运营。

4 月 28 日，第十二届中国西部国际家具博览会在铠恩国际家居名都举行。

5 月 28 日，菜园坝水果市场“香满园”西部农产品交易平台正式运行。

6 月 5 日，大足五金博览会开幕，副市长刘学普出席。

7 月，市工商局、市商委授予 19 家市场为 2011 年度市级“诚信示范市场”。

7 月 2 日，市长黄奇帆视察西部现代物流园，对大川国际建材城项目作指导。

7月4日，市长黄奇帆视察南岸区迎龙朝天门国际商贸城选址现场。

7月28日，万州区水果批发市场正式运营。

8月1日，2011年度重庆商品市场20强举行隆重授牌仪式。

8月27日，市委书记张德江考察大足区龙水五金市场。

9月26日，和润国际汽摩城一期汽配市场开业。

10月18日，永川汽摩机电城试营业。

10月，香江家居宣布退租撤场，引发商家集体上访。

11月，渝西汽博中心项目签约落户大足。

12月7—9日，西南国际灯具城二期市场开业。

12月12日，西部最大农产品冷链物流中心项目——明品福冻品市场破土动工。

3. 2013年

1月8日，市长黄奇帆主持市政府141次常务会议，审定通过《加快建设长江上游地区商贸物流中心意见》。

4月28日，第13届中国西部国际家具博览会在铠恩国际家居名都举行。

6月，重庆钢龙·渝东国际工贸物流商城项目在涪陵正式开建。

8月16日，朝天门电子商务平台正式上线。

8—9月，双桥区西部纸品博览交易中心、双湖五金机电市场相继清盘，改作他用。

8月20日，储奇门中药材专业市场启动搬迁，商户分别搬往菜园坝和九龙坡恒胜芍药商贸城。

11月6日，秀山武陵国际家居建材广场开业正式投入营运。市商委周克勤主任出席。

12月18日，市长黄奇帆会见华南城集团董事长郑松兴。

4. 2014年

1月10日，市政府第34次常务会议，通过了华南城入驻重庆的提议。

1月17日，市政府召开全市商贸流通工作电视电话会议，副市长刘伟出席并讲话。

2月18日，副市长刘伟赴江津调研双福国际农贸城建设情况。

2 月 25 日，“2012—2013 年度市级诚信示范市场”授牌大会在市工商局举行。

3 月 27 日，迎龙朝天门国际商贸城举行动工仪式，常务副市长翁杰明出席。

3 月 28 日，重庆华南城项目举行开工仪式，副市长陈和平出席。

4 月 1 日，重庆“内环限货令”开始实施。

5 月 28 日，市商品交易市场协会举行换届大会，重庆商业投资集团董事长范光明当选第三届协会会长。

8 月 30 日，重庆观农贸盘溪蔬菜批发市场整体关闭。

9 月 1 日，重庆双福国际农贸城举行开业仪式。

9 月 22 日，重庆市被商务部列为农产品公益性批发市场建设试点城市，逐步构建全国农产品流通骨干网络。

9 月 25 日，市长黄奇帆主持召开市政府第 63 次常务会议，审议通过《重庆市人民政府关于加快城市配送体系建设的意见》

10 月 13 日，黄奇帆市长视察重庆进口商品展示交易中心

10 月 18 日，重庆保税商品展示交易中心开业

10 月 19 日，重庆奥捷五金机电城举办开工仪式暨项目发布会。

10 月 28 日，市商委周克勤主任调研明品福冻品市场。

10 月 28 日，云阳县渝东北农产品综合交易市场开业。

11 月 11 日，市长黄奇帆视察重庆华南城等重点项目。

11 月 28 日，大足区商品交易市场协会成立。

12 月 17—19 日，国家商务部领导来渝进行专业市场转型升级调研。

12 月 28 日，西南国际灯具城三期灯具广场开业。

5. 2015 年

1 月 21 日，华璞城汽车时代广场开业试营运。

1 月 29 日，市商贸行业“保护知识产权，销售正版正货”承诺活动正式启动，36 家专业市场参与公开承诺。

1 月 31 日，梁平县渝惠综合农产品批发市场开业。

2 月 12 日，市长黄奇帆调研双福农贸城、迎龙朝天门商贸城项目建设。

3 月 3 日，副市长陈绿平研究朝天门市场搬迁工作。

3 月 15 日，位于西彭工业园区的鑫邦钢材城，因资金链断裂被司法拍卖。

3 月 25 日，副市长陈绿平主持召开市政府朝天门市场搬迁工作协调会。

4月17日，我市首个“保护知识产权 销售正版正货”logo标识正式向社会公开发布。

4月17日，市政府第87次常务会议，审议《市政府关于推进大型商品交易市场持续健康发展的意见》。

5月，市人民政府《关于推进大型商品交易市场健康发展的指导意见》（渝府发〔2015〕30号）正式出台。

5月28日，市商委举行2015年全市商务诚信建设行动启动仪式。

7月13日，双福国际农贸城水果市场正式开业。

7月17日，我市举办第二批国家级专业市场知识产权保护规范化培育工作启动仪式和专题培训会。

7月25日，和润国际汽摩城二期摩配市场盛大开业。

7月26日，英利国际五金机电城举行开工建设奠基仪式。

7月30日，市商委对“纲谐西部国际金属材料物流商城”项目进行听证。这是实施听证制度以来举行的首次听证。

9月10日，重庆恒康茶叶市场创建市级商业特色街获评审通过。

9月19日，重庆纵达国际汽车城一期项目正式开业运营。

9月23日，2015中国（重庆）专业市场发展高峰会在重庆华南城举行。

9月28日，《2015重庆市商品交易市场蓝皮书》正式发布。

10月18日，南川丰绿农产品批发市场正式投入运营。

10月23—25日，第七届大足五金博览会在大足龙水德恒商贸物流城举办。

10月30日，海领国际工程机械市场一期试营业。

11月16日，中欧智慧光都落户西永，并举行项目启动仪式。

12月1日，市工商局、市商委举办“2013—2014年度市级诚信示范市场”授牌仪式，我市共21家市场获此殊荣。

12月16日，由市商委主办、市场协会承办的农产品市场20强评选活动名单正式公布。

12月20日，我市25家市场获“2015年度诚信经营优质服务创建示范市场”荣誉。

12月22日，重庆首家国家级五金标准化检测中心签约落户奥捷机电城。

12月24日，长寿汽车交易市场项目举行开工仪式，市商委主任周克勤出席并致辞。

专题十一 “十二五”期间商品交易市场发展的主要荣誉

一、“十二五”期间重庆商品交易市场及人物评选

重庆市商品交易市场协会举办的“十二五”期间重庆市商品交易市场评选表彰活动，经市商委、市工商局等专家组成评委会复审，各奖项获奖名单如下：

（一）“十二五”期间重庆市突出贡献市场

重庆汽博中心、重庆观农贸批发市场、重庆双福国际农贸城、重庆绿云石都建材交易市场、重庆龙文钢材市场、重庆金属材料现货交易市场、重庆恒胜万合钢材市场、大足龙水五金市场、菜园坝水果市场、重庆明品福冻品交易市场、重庆公路运输（集团）有限公司南坪火锅食品交易市场、重庆红星美凯龙世博家居生活广场、新重庆小商品批发市场、朝天门圣名国际时装城、聚信美家居世纪城、西南国际灯具城、菜园坝城外城灯饰城、合川义乌小商品批发市场。

（二）“十二五”期间重庆市场十大领军人物

敖辉（重庆双福国际农贸城董事长）、刘红（重庆龙文钢材市场董事长）、言永祥（重庆杭渝陶瓷市场董事长）、王华北（重庆金属材料现货交易市场董事长）、邹训斌（重庆明品福冻品交易市场董事长）、唐胜莲（朝天门圣名国际时装城董事长）、周少钢（重庆和润国际汽摩城董事长）、吴昭宅（重庆环球锦标建材交易市场董事长）、杨廷松（菜园坝水果市场总经理）、梁斌（聚信美家居世纪城总经理）。

（三）“十二五”期间重庆市场十大优秀职业经理人

沈毅（重庆双福国际农贸城总经理）、吴幼宁（重庆红星美凯龙世博家居生

活广场区域总经理）、张正容（重庆公运集团南坪火锅食品交易市场总经理）、唐维（新重庆小商品批发市场总经理）、吴文托（重庆环球锦标建材交易市场总经理）、陈卫东（恒康茶叶市场总经理）、汪江（垫江县南门精品建材城总经理）、黄金培（九州国际汽摩城总经理）、高挺（重庆杭渝陶瓷市场常务副总）、边平原（中欧智慧光都常务副总）。

二、2011 年重庆市商品交易市场 20 强

2011 年，重庆市商品交易市场协会和重庆日报联合开展“2011 重庆市商品交易市场 20 强”评选活动，结果如表 1 所示。

表 1　　2011 年重庆市商品交易市场 20 强

1. 重庆铠恩国际家居名都	2. 重庆汽博中心
3. 重庆观音桥市场有限公司	4. 重庆外滩摩托车配件市场
5. 重庆恒胜钢材市场	6. 重庆龙文钢材市场
7. 大足龙水五金市场	8. 重庆渝南汽车市场
9. 重庆恒冠钢材市场	10. 重庆菜园坝水果市场
11. 重庆巨龙钢材市场	12. 重庆金属材料现货市场
13. 重庆泰兴 4C 连锁电脑城	14. 重庆绿云石都建材城
15. 重庆西部国际汽车城	16. 重庆陈家坪机电市场
17. 重庆大正商场	18. 重庆花木世界
19. 重庆大坪新浪通信市场	20. 重庆万州光彩大市场

三、2012 年市级诚信示范市场

2013 年，重庆市工商行政管理局、重庆市商业委员会开展 2012 年市级诚信示范市场认定，结果如表 2 所示。

表 2　　2012 年重庆市市级诚信示范市场

编号	市场名称	所在区县
1	重庆巨龙储运有限公司钢材市场	沙坪坝区
2	重庆花木世界市场	巴南区
3	新重庆小商品批发市场	渝中区
4	圣名国际时装城	渝中区
5	重庆陈家坪机电市场	高新区
6	渝派精品服饰城	渝中区
7	重庆杭渝陶瓷市场	大渡口区
8	建玛特涪陵建材家居市场	涪陵区
9	重庆聚信名家汇建材城	渝北区
10	重庆恒胜万合钢材市场	九龙坡区
11	中国永川商贸城	永川区
12	西南国际灯具城	潼南区
13	重庆市龙水五金市场	大足区
14	荣昌汇宇建材家私市场	荣昌区
15	齐祥灯饰广场	江北区
16	重庆市万州区商贸城批发市场	万州区
17	黔江机动车物流中心	黔江区
18	重庆义乌小商品批发市场	合川区
19	南门精品建材城	垫江县

四、2013—2014 年市级诚信示范市场

2015 年，重庆市工商行政管理局、重庆市商业委员会开展 2013—2014 年市级诚信示范市场认定，结果如表 3 所示。

表 3　　2013—2014 年重庆市市级诚信示范市场

编号	所属区县	市场名称
1	巴南区	重庆花木世界
2	渝中区	新重庆小商品批发市场
3	沙坪坝区	临江装饰材料批发城
4	大足区	重庆大足龙水五金市场
5	涪陵区	建玛特涪陵建材家居市场
6	渝中区	渝派精品服饰城
7	渝中区	圣名国际时装城
8	大渡口区	重庆杭渝陶瓷市场
9	渝中区	重庆菜园坝水果市场
10	渝中区	重庆永缘汽车用品市场
11	南川区	美佳美家居建材市场
12	江北区	居然之家重庆金源店
13	大渡口区	龙文钢材市场
14	九龙坡区	重庆陈家坪机电市场
15	九龙坡区	重庆恒胜万合钢材市场
16	九龙坡区	重庆西站机电市场
17	永川区	中国永川商贸城
19	万州区	万州光彩大市场
18	黔江区	黔江武陵山家居市场
20	荣昌区	荣昌汇宇建材家私市场
21	合川区	重庆义乌小商品批发市场

五、2015 年“诚信经营、优质服务”创建活动示范市场

2015 年，重庆市商品交易市场协会在全行业组织开展 2015 年“诚信经营、优质服务”创建活动，结果如表 4 所示。

表 4　　2015 年重庆市“诚信经营、优质服务”创建活动示范市场

序号	所属区县	市场名称
1	巴南区	重庆花木世界
2	渝中区	新重庆小商品批发市场
3	沙坪坝区	临江装饰材料批发城
4	大足区	重庆大足龙水五金市场
5	涪陵区	建玛特涪陵建材家居市场
6	渝中区	渝派精品服饰城
7	渝中区	圣名国际时装城
8	大渡口区	重庆杭渝陶瓷市场
9	渝中区	重庆菜园坝水果市场
10	渝中区	重庆永缘汽车用品市场
11	南川区	美佳美家居建材市场
12	江北区	居然之家重庆金源店
13	大渡口区	龙文钢材市场
14	九龙坡区	重庆陈家坪机电市场
15	九龙坡区	重庆恒胜万合钢材市场
16	九龙坡区	重庆西站机电市场
17	永川区	中国永川商贸城
18	万州区	万州光彩大市场
19	黔江区	黔江武陵山家居市场
20	荣昌区	荣昌汇宇建材家私市场
21	合川区	重庆义乌小商品批发市场
22	南岸区	红星美凯龙（南坪店）
23	两江新区	聚信美家居世纪城
24	大渡口区	重庆义乌商贸城
25	北碚区	重庆雄风建材城

六、2015 年全市农产品市场 20 强

2015 年，重庆市商业委员会表彰 2015 年全市农产品市场 20 强，名单如下：

重庆双福国际农贸城、重庆菜园坝水果市场、中国（荣昌）畜牧产品交易市场、重庆市粮油批发市场、万吨冻品交易市场、观农贸市场、重庆花木世界市场、涪陵区新大兴农副产品交易中心、开州区开州大市场、合川区合州综合市场农副产品批发市场、潼南蔬菜批发物流市场、渝中区学田湾市场、南岸区正扬大市场、渝北两路农贸市场、九龙坡区杨家坪菜市场、北碚区北部天生市场、长寿区凤城市场、江津区琅山菜市场、大足区龙水商贸市场、酉阳县钟灵山农贸市场。

后记

2016年2月，重庆市商业委员会、重庆市商品交易市场协会委托重庆工商大学编制《重庆市“十二五”商品交易市场蓝皮书》，这是2010年2月首次编写蓝皮书的继续，也是重庆市连续编写的第七本商品交易市场蓝皮书。本蓝皮书就是以《重庆市“十二五”商品交易市场蓝皮书》为基础编写而成的，是已出版的《重庆市商品交易市场发展研究》《商品交易市场发展论》的研究深化。

《重庆市商品交易市场蓝皮书》（2016）分为2015年发展篇、“十二五”规划总结篇、专题篇。课题组在调查研究工作的基础上，进行了充分讨论，确定了编写大纲、基本思路和主要内容，并明确了各部分的执笔人：序言，曾庆均；第1、5、6、7章和专题五、专题九，王晓琪（重庆工商大学）；第2、3章，杨荷、陈龙（重庆工商大学）；第4章，陈龙、杨荷（重庆工商大学）；专题一，余晓玲、陈晓（重庆市商务委员会）；专题二，张驰（重庆工商大学）；专题三，宋瑛、李建安（重庆工商大学）；专题四，朱吉华（重庆市商品交易市场协会）、陈晓（重庆市商务委员会）；专题六，简真瑜、石苑平（重庆市商务委员会）；专题七，葛俊（重庆中朔工程咨询有限公司）；专题八，宋瑛（重庆工商大学）；专题十，朱吉华（重庆市商品交易市场协会）、张崙健（重庆市商务委员会）；专题十一，朱吉华（重庆市商品交易市场协会）。最后由曾庆均、王晓琪统稿定稿。

蓝皮书的完成，是大家通力合作的结果，在此，谨向同事们致以深深谢意！

本书在编写过程中，得到了重庆市商业委员会（现改名为重庆市商务委员会）和重庆市商品交易市场协会的热忱关怀、支持和具体指导，提供了大量统计资料。在调查过程中，各区县商务局提供了必要的统计数据。本书的完成还参考了许多学者的研究成果，在此不一一罗列。特此深表谢忱！

本书列入重庆市高等学校特色专业建设项目——贸易经济专业的专著资助出版计划。

由于水平有限，研究中尚存诸多不足与不尽如人意之处，敬请学界前辈、同仁批评指正。

教育部人文社会科学重点研究基地长江上游经济研究中心　曾庆均

2017 年 4 月 20 日